사진 —— '코뿔소'는 경기도 부천「산 어린이집」이말순 원장의 별명.

공동 작업한 걸개 그림, "개울 가는 길에 핀 우리 들꽃."

코뿔소~
나들이 가자

코뿔소~ 나들이 가자

교사와 부모가 함께 보는 어린이들의 나들이 체험

공동육아연구원 지음

도서출판 **또하나의문화**

지난 20세기 후반기 우리 사회는 급속한 산업화·도시화로 엄청난 문화 변화를 경험하였다. 어른들이 새로운 문화에 적응하고자 애쓰고 있는 동안, 우리 아이들은 이전에는 상상도 못할 새로운 환경 속에서 자라나게 되었다. 어른들이 산업활동의 편의를 위해 아이들을 사회로부터 격리시켜 가두어 두거나, 아이들을 영리적 이익 추구의 대상으로 삼는 현상이 일반화되어 갔다. 눈앞에 펼쳐진 물질적 풍요의 그늘 밑에서 근본적 아동 인권 유린의 현실이 퍼져가고 있는 것이다.

산업화된 한국 사회에서 어린아이들의 인권이 무참하게 유린되고 있는 현실을 보여 주는 상징적 사례는 1990년대를 시작하며 발생한 혜영이와 용철이의 희생과 90년대를 마감하는 시점에 발생한 씨랜드 참사이다. 젊은 맞벌이 부부가 아이들을 안전하게 맡겨둘 곳이 없어 단칸방에 가두어 두고 일 나간 사이에 방안에 갇힌 채 불에 타 죽은 혜영이와 용철이의 희생이 최소한의 아동 복지 제도를 마련하지 못한 비정한 산업화·도시화의 현실 속에서 빚어진 것이라면, 자연을 찾아 간다는 명목으로 수백 명 아이들을 컨테이너 박스 속에 줄지어 재우면서 그 머리 수를 돈으로 계산하는 데에만 급급했던 어른들이 빚어낸 씨랜드의 참사는 맹목적 상업주의와 비인간적인 교육 풍토 속에서 발생한 희생이었다.

이 책은 우리 사회가 어린이들을 더 이상 가두어 두어서는 안 된다는 아동 인권을 선언하는 마음으로 엮은 것이다. 우리의 삭막한 산업화 논리로부터 우리 아이들의 삶과 체험이 해방되기를 바라는 마음으로 쓴 책이다. 더 이상, 우리 아이들이 어른들의 편의와 욕심 때문에 숫자로 취급되거나 대리 경쟁의 대상이 되도록 하여서는 안 된다. 더 이상 우리 아이들을 가두어 두어서는 안 된다. 그 첫 시도로 공동육아 어린이들이 한 걸음 한 걸음 어린이집 밖으로 나들이 가는 작은 발자국들을 소개하기로 하였다.

공동육아 운동의 지난 6년간은 90년대에 제정된 영유아 보육법의 틀 속에서 급격하게 제도화된 집단적인 환경에서 생활하고 있는 나이 어린 아이들에게 보다 해방적인 새로운 삶의 방식을 경험하도록 하기 위한 실험적 노력의 과정이었다. 어린이집이나 놀이방이 취학 전 아동들에게 새롭게 강요되는 작은 학교가 아니라 생활의 공간이 되도록 노력하였다. 나이별로 칸이 막힌 교실이 아니라 누구나 자유롭게 넘나들 수 있는 방들을 만들고자 하였고, 시간표로 꽉 짜여진 수업이 아니라 자발적 호기심에서 참여하는 활동이 되고자 하였다. 아이들을 관리하고 훈육하는 교사가 아니라 별명을 부르며 함께 이야기하며 노는 친구가 되고자 애썼다.

어려운 도시 환경 속에서도 어린이집의 울타리를 넘어 매일 바깥 나들이의 발걸음을 내딛었다. 주변의 야산으로, 공원으로, 쪽밭으로 자연을 찾아나서고, 빵집, 생선가게, 은행, 소방서, 파출소 등 다양한 어른들의 일터를 구경하러 다녔고, 박물관, 미술관, 극장에서 전시회와 연극과 무용, 음악회를 보고 느꼈다. 개나리, 진달래꽃을 머리에 꽂고 동네 야산 꼭대기에서 조그맣게 밑에 있는 우리 집을 내려다보았다. 어린이집에 돌아와서는 내가 직접 보고 느낀 것들을 이야기하고, 노래하고, 또 그림으로 그렸다. 개울가에 핀 봄꽃들, 거미들이 만들어 낸 그물들, 징그러운 애벌레와 아름다운 나비를 그렸다. 이상한 옷을 입은 아저씨와 열심히 물건을 파는 할머니를 그렸다. 어린이집에서 키우던 토끼와 오리의 나고, 자라고, 죽는 모습을 보았다.

공동육아 어린이집은 우리 아이들이 단순히 어른들이 만들어 놓은 세상에서 어른들이 사는 식대로 흉내 내며 사는 사람들이 되기를 바라지 않는다. 아이들의 오감을 해방하여, 스스로 세상을 보고 느껴서 우리 어른들이 생각할 수 없는 새로운 세상을 그리며, 새로운 삶의 방식을 만들어 나갈 문화 창조자가 되기를 바라고 있다. 따라서, 아이들의 생활과 경험을 어른들이 틀 지우기보다는 스스로 탐색하고 구성해 나가도록 하였다. 진정으로 해방된 몸짓으로 직접 모든 것을 손끝으로 더듬어 알고, 온 발바닥으로 진흙과 모래와 대지를 느껴 보도록 하였다. 활자와 숫자와 TV화면에 고정되기 쉬운 눈을 돌려 하늘과 구름과 사시사철 변하는 나무와 꽃들을 보는 여유로운 시간을 가졌다. 쵸코파이와 콜라에 길들여지기 쉬운 혀를 직접 만든 떡과 군고구마와 오곡의 다른 맛을 구별할 수 있게 하였다. 인공의 화장품, 비누 냄새만이 좋은 것이 아니라 들꽃의 향기와 소나기 뒤의 흙 냄새, 갓난아기의 기저귀 냄새의 푸근함도 함께 느끼고 표현해 보았다. 직접 피부로 추위와 더위를 느끼고 온몸으로 물, 바람, 햇볕 속에서 함께 사계절의 변화를 즐겼다.

　이 책은 우리 아이들이 진정 살아 있는 생명체로서 삶의 즐거움을 온몸으로 느끼고 더욱 바람직한 세상을 창조적으로 만들어 나가기를 꿈꾸는 어른들의 모색과 성공과 시행착오와 희망의 기록이다. 부디, 산업화의 리듬 속에서 허덕이며 살아온 기성 세대들이 한 걸음 물러서서 자신들의 삶과 자식에 대한 기대와 혹시는 맹목적 욕심과 강박 관념 때문에 강요했을지도 모를 조기 교육에 대한 생각을 돌이켜 볼 수 있는 기회가 되기를 바란다. 특히, 전국 수만 개소의 놀이방, 어린이집, 유치원 현장에서 애쓰고 있는 많은 교사들에게 참고가 되어 더 이상 우리 아이들을 가두지 않는 새로운 영유아 보호·교육을 실천하는 밑거름이 되기를 바란다.

2000. 3. 22

공동육아연구원장 정병호

차례
큰뿔소~ 나들이 가자

왜 나들이인가?

산업화를 통해 우리는

기성 세대가 그토록 갖고 싶었던

TV와 플라스틱 장난감과 과자와

사탕과 유행에 맞는 멋진 옷을

얻었지만 우리가 당연히

가지고 있었던 이웃과 친척과

쪽밭과 야산과 구름과

비와 맑은 바람을 잃었다.

자연과 공동육아

정병호

우리 사회는 최근에 인류 역사상 그 예를 찾아보기 어려울 정도로 빠른 변화를 경험하였다. 한 세대 안에 이루어진 농경 사회에서 산업 사회로의 변화는 너무나 극심해서 상전벽해(桑田碧海 : 뽕밭이 콘크리트의 바다가 되었다는 뜻이라면)란 말이 오히려 모자랄 형편이다. 이는 오랜 기간에 걸쳐 자발적인 역량으로 산업 사회를 만들어온 선진 산업 사회보다도 졸속과 무계획과 오염이 빚은 우리의 도시 환경이 더 반생태적인 것이 되었다는 것을 의미한다.

생활 환경뿐만 아니라 우리의 삶의 방식도 본질적인 변화를 겪었다. 물자가 풍부해진 대신 우리는 더 바빠졌고 과거와 같이 이웃과 친척과 가족과의 끈끈한 관계를 더 이상 유지할 수 없게 되었다. 어떤 의미에서는 더욱 활기차고 자유로워진 측면이 있지만, 개개인의 꽉찬 생활 속에 아이들과 노인들이 들어올 자리는 더더욱 없어진 것이다. 즉, 아이들과 노인들의 삶은 기능적이고 효율적인 생산 활동을 위해 짜여진 도시적 삶의 시간의 틈바구니에 끼이고 공간의 가장자리로 밀려나게 되었다. 집을 나서면 한치의 안전한 공간도 없는 아이들과 종종걸음으로 허둥대며 횡단 보도를 건너는 노인들을 보면서 우리가 만들어 놓은 새로운 삶의 꽉 짜여진 단면을 새삼 느끼게 된다.

이러한 사회에서 우리는 공동육아를 하려고 한다. 아니, 바로 이러한 상황 때문에 공동육아는 절실히 필요하다. 돌이켜보면 과거에는(먼 과거가 아니라, 바로 우리 기성 세대가 어렸을 적만 해도) 아이들을 사회적으로 고립된 어머니 혼자 돌보지 않았고 아이들은 집안에서만 놀지도 않았다. 아이들은 집 밖에서 다른 아이들과 함께 놀며 마을 공동체의 이웃과 친척들이 눈여겨보는 가운데, 자연과 더불어(당시의 도시 환경에서도 빈터와 쪽밭, 복개되지 않은 개천은 언제나 어린이들의 놀이터였다) 자라날 수 있었다. 이제 우리가 아이들만을 위한 공간, 즉 어린이집이나 놀이방을 많이 만들고자 하는 것은 육아 방식이 발전해서가 아니라, 바로 최근까지 어른과 아이가 자연스레 함께 나눌 수 있었던 공간과 시간을 모두 잃어버렸기 때문이다.

산업화를 통해 우리는 기성 세대가 그토록 갖고 싶었던 **TV**와 플라스틱 장난감과 과자와 사탕과 유행에 맞는 멋진 옷을 얻었지만 우리가 당연히 가지고 있었던 이웃과 친척과 쪽밭과 야산과 구름과 비와 맑은 바람을 잃었다. 그리고 수많은 놀이방과 어린이집, 또한 콘크리트 아파트 방구석에서 많은 아이들이 다정한 햇빛마저 잃은 생활을 하고 있다. 바람직한 공동육아는 우리가 산업화 과정에서 잃어버린 것을 되찾아 우리 아이들에게 돌려주는 작업이 되어야 할 것이다.

그 첫번째 과제는 우리 아이들에게 잃어버린 '자연'을 어떻게 되찾아 주는가 하는 것이다.

우리의 도시 환경과 육아

산업 사회의 대도시에서의 삶은 계절과 무관하게 움직인다. 어쩌면 우리는 계절의 변화조차 되풀이되는 불편함으로만 느끼고 있는지도 모른다. 겨울의 눈과 추위, 가을의 낙엽, 여름의 장마와 무더위, 봄의 먼지바람, 이 모두가 도시의 삶의 순탄한 흐름을 어지럽히는 방해꾼으로만 느껴질 때도 있다. 그래도 봄이 오면 삭막한 도시 한복판에서도 우리는 생명의 신비를 보게 된다. 겨우내 추위와 매연으로 말라비틀어진 새까만 가로수 가지가지마다 파란, 이루 말할 수 없이 깨끗한 새싹이 돋아나는 것을 볼 수 있다. 결국은 그 순결한 새잎도 도시의 매연과 먼지와 소음 속에서 자라면서 더러워지고, 색이 바래어 낙엽이 되고, 먼지가 되겠지만, 우리의 더럽혀진 도시 환경에 대해 끈질기게 항의라도 하듯이 그 새까만 마른 나뭇가지는 매년 봄이 오면 여린 새싹을 우리 앞에 어김없이 다시 들이미는 것이다. 이토록 강인한 생명력을 보이는 도심의 가로수는 산업화된 도시에 갇힌 생명들 중에서는 그래도 행복한 편일까? 산성비와 공해 속에서도 식물인 나무는 흙과 태양이 있고 바람이 있어 생명 활동을 계속할 수 있을 게다. 동물인 사람은 어떨까? 혹시 우리들은 흙, 공기, 물, 햇빛에 더하여 운동까지 필요한 존재는 아닐까? 혹시는 우리도 다른 가축들처럼 적응력이 뛰어나서 비, 바람, 흙, 태양, 운동이 없이도 살 수 있고, 클 수 있고, 살질 수 있다고 생각하고 있지는 않은가?

산업화와 과학이 가지고 온 생명에 대한 무자비한 폭력은 우리가 늘 먹고 있는 닭, 돼지, 소 등의 가축을 집단으로 기르는 과정에 잘 나타나고 있다. 더 좁은 공간에서, 더 많이, 더 빨리, 더 싼값에 기르기 위해 일찌감치 병아리의 부리를 잘라 태어나 죽을 때까지 철망 위 전등불 밑에서 사육하는 닭공장도 있고, 콘크리트 바닥에 쇠창살 속에서 항생제와 성장 촉진 호르몬이 섞인 인공 사료만을 먹여 지방살만 찌우고 있는 소와 돼지 공장도 있다. 효율적인 이윤 추구를 중시하는 산업 사회의 가치관을 통해 보면 이러한 생명 공장들은 오히려 더 위생적이고 과학적이며 안전한 사육 방식을 택하고 있는 곳이라 할 수도 있다. 생명 공학 발전의 상징일 수도 있겠다. 동물에 대한 이러한 태도는 때로는 사람에게도 그대로 투영된다.

우리는 우리 아이들을 어떤 곳에서 어떻게 키우고 있는가? 우리의 산업화된 도시 환경은 심각하게 반생태적으로 짜여져 있다. 자동차에게 빼앗긴, 콘크리트와 아스팔트로 덮인 골목길, 롤러 스케이트는 탈 수 있으나 흙장난은 할 수 없는 곳, 가지런히 정리된 고층 아파트의 칸칸이 막힌 방, 안락함은 있으나 햇빛도 바람도 통하지 않는 곳이 우리가 아이들에게 마련해 준 공간의 특징이다. 물리적 환경뿐만 아니라 사회적, 문화적 환경까지도 더욱 그러하다. 지하실에 아이들을 잠가 두고 생계 때문에 일을 나가야 하는 부모들이 사는 곳, 이웃 어른들의 관심의 손길을 경계의 눈길로 답해야 하는 아이들이 사는 곳, 아이가 생기면 모든 사회 관계를 포기하고 고립된 핵가족 속에 더욱 깊이 파묻혀야 하는 스트레스에 쌓인 어머니들이 사는 곳, 조각조각 난 사회적 인간 관계의 연결끈이 어린이들을 갇힌 공간으로 더욱 숨어들게 만드는 이 곳은 심각하게 반생태적인 사회이다.

이러한 물리적, 사회적 조건 안에서 우리는 문화적으로도 이기적 경쟁이라는 항생제와 조기 교육이라는 성장 촉진 호르몬만을 우리 아이들에게 먹이고 있지는 않은가? 자연과 접촉없이, 사물을 직접 대해볼 기회도 적고, 또래로부터도 고립된 아이들이 TV나 비디오 게임을 통한 자극과 관념적 상징의 홍수 속에서 간접 경험만을 쌓아나가는 문화적 환경을 당연시하고 있지는 않은가? 고립된 가정에서의 어머니와 아이만으로는 극복할 수 없는 이러한 자연과의 접촉의 결핍, 직접 경험의 결핍 현상을 '네오 호스피탈리즘'이라고 한다. 즉, 반세기 전 영국의 볼비가 고아원이나 탁아소 등에 수용된 아이들 중 어머니(모성적 애정)와의 접촉이 결핍되어 나타난 발달 지체 상태를 지적하여 이름 붙인 '호스피탈리즘'(시설병)에 대응하는 개념으로, 반생태적 도시 공간 속에서 사회적으로 고립된 어머니하고만 상호 작용하는 어린이들이 텔레비전 등의 매스컴과 상업 문화의 일방적 소비자로서 수많은 상징의 자극만을 과도하게 받게 될 때 나타나는 일종의 '감각 차단 현상'을 말하는 것이다.

'네오 호스피탈리즘,' 즉 '새로운 시설병'은 현대 산업 사회 전체를 하나의 거대한 수용소로 여긴다. 고립된 인간 관계와 수동적인 문화 자극을 통해 나타나는 '네오 호스피탈리즘' 식의 새로운 병리 현상은 어머니가 가정에서 아이를 돌보기만 하면 모든 것이 해결된다는 식의 고정 관념의 허구성을 여지없이 보여 주고 있다. 차라리, 아이들을 더 적극적으로 자연과 만나게 해주고, 또래 집단과 부딪치며, 다양한 직접 경험의 기회를 제공해 주는 바람직한 공동육아의 필요성을 새롭게 부각시키고 있다고 하겠다. 한편으로, 이는 더 많은 아이들을 더 좁은 실내 공간에 가두어 놓고, 카세트 음악과 TV 만화 영화와 플라스틱 장난감과 복잡한 IQ 테스트 같은 교재와 초코파이, 새우깡 간식으로 하루하루를 보내게 하는 수많은 우리의 집단 보육 현장을 고발하고 있다.

우리의 아이들은 하나의 생명으로서 햇빛과 바람과 비와 그리고 흙을 필요로 한다. 우리 아이들은 어디서 어떻게 자라고 있는가? 우리들은 아이들의 보육자인가, 사육자인가?

자연 속의 공동육아

세계에서 처음으로 유아를 보호하는 시설인 유아 학교(infant school)를 만든 로버트 오웬은 날씨가 좋으면 언제나 아이들과 산책을 갔다. 걸어가는 중에 많은 것을 보고 듣게 하는 경험도 중요시했지만 여러 가지 자연물을 가지고 오게 해서 방안에 늘어놓고, 교재로 사용했다. 말만으로 가르치는 것이 아니라 실제의 사물을 보고 만지며 느끼게 하는 것이 특히 유아들에게는 꼭 필요한 공부라고 보았다.

또한 프뢰벨의 유치원(kindergarten)은 그 이름에서부터 garten(가르텐, 흔히 정원으로 번역되지만, 밭이라는 뜻도 있음)을 중요하게 생각했다. 공동으로 농사짓는 밭 옆에 아이들마다 자기 밭을 만들어서 밭일을 하는 것이 아이들의 중요한 하루 일과였다. 이를 통해 아이들은 식물의 성장

과정에 대한 과학적 인식을 높이고, 밭을 함께 가꾸면서 장래의 시민적 공동 생활의 기초를 다지게 된다고 믿었다.

흔히, 정형화된 인지 발달 교구와 학습 방법의 창안자로만 알려진 프뢰벨이나 몬테소리도 아이들의 자발적인 관심과 무한한 호기심을 어른들이 조급하게 억제하거나 유도하지 말아야 한다는 주장과 함께 아이들이 일상 생활 속에서는 자연과의 접촉, 자연 속의 놀이를 통해 자연과 더불어 사는 인간으로 자라나기를 바랐다. 다만, 당시 급격히 팽창하던 국가주의의 기세와 산업주의의 논리가 그들의 프로그램 중 자연과 함께 하는 어린이들의 일상 생활의 내용을 빼고 뚜렷이 눈에 보이는 교구와 표준화할 수 있는 집단적 학습 방법만을 강조하여 오늘의 우리에게 전달했을 뿐이다. 즉, 학교 제도를 더 나이 어린 아이들에게로 확산시키는 일로 이해한 것이다.

그러나 다른 한편에서는 그들의 자연관과 어린이 중심적 사고에 바탕을 둔 자연주의적 유아 교육 프로그램도 꾸준히 시도되고 실천되어 왔다. 이들은 "어린이를 선생의 계획에 끼워 넣지 말라. 자연의 품안에서 놀도록 내버려두어라. 선생의 계획보다 어린아이의 꿈이 훨씬 큰 것이다"라는 철학을 더 많은 어른들과 함께 하고자 애썼다.

슈타이너를 비롯해서 동서양을 막론하고 다양한 자연주의적 유아 교육 방법론이 있다. 여기서는 '자연의 힘'이 어린이에게 무엇을 주는지, 어떻게 집단적 육아 환경에 이를 포함시킬 수 있는지를 알기 쉽게 정리하여 보기로 하자.

첫째, 자연을 즐기는 것은 진정한 탐구와 해방의 길이다.

어린이는 물웅덩이가 있으면 풍덩풍덩 뛰놀고 싶고, 나무가 있으면 올라가 보고 싶다고 생각한다. 비가 오면 비 오는 소리를 입으로 흉내 내며 놀 줄도 안다. 맑은 날은 맑은 것을 즐기고, 비가 오면 비를 즐긴다.

자연 속에서 생활하는 아이들은 세상에 대한 무한한 호기심을 마음껏 추구해 볼 수 있다. 이러한 살아 있는 호기심의 충족 과정은 마음껏 보고, 만지고, 맛보고, 냄새 맡아 보며, 자기 스스로 직접 세상을 탐색하는 일이 된다. 인공적 환경 속에서 억압되기 쉬운 모든 감각 기관의 해방 체험이기도 하다.

둘째, 자연은 훌륭한 교재가 된다.

돌멩이 하나 솔방울 하나도 훌륭한 교재가 된다. 돌멩이 하나도 이리 보면 닭 같고 저리 보면 코끼리가 되고 뒤집어놓으면 거북이가 될 수 있다. 어린아이의 무한한 상상력과 창조적 연상 작용을 자극하는 대상이 될 수 있다. 계속 변화하는 뭉게구름을 하염없이 바라보면서 끝없는 이야기를 지어내는 어린아이가 될 수 있다.

셋째, 자연에 대한 감동은 어린이들끼리 공감의 폭을 넓게 해준다.

어린이는 자연의 섬세한 움직임에도 순수한 감동을 느낀다. 바람이 한번 불어도, 낙엽 한 잎이 떨어져도, 살얼음이 얼어도 어린이는 감동할 줄 안다. 자연 속에서 체험을 통해 느낀 감동은 TV나 그림책을 통해서는 얻을 수 없는 실감나는 경험이라 친구들에게 이야기하고 싶어지고, 같은 경험을 함께 한 친구들끼리는 수없이 다른 표현 방식으로 되풀이하면서 이 느낌을 나누고 싶어진다.

넷째, 자연은 아이들에게 스스로 무엇인가 만들어 보고자 하는 의욕을 불러일으키고, 진실을 알고자 하는 탐구심을 길러 준다.

아이들은 물이나 모래 같은 유체를 좋아한다. 아이들은 자기가 직접 만지고 주물러서 모양을 변하게 하는 등 마음대로 해보고 싶어한다. 그러면 그것은 금방 새로운 반응, 감촉으로 다시 아이들에게 되돌아온다. 거기서부터 왜 그럴까 하는 사고력이나 탐구심도 살아나게 된다.

다섯째, 쪽밭 일구기 같은 생산 활동은 과학적 인식을 길러 주고, 인간 관계를 길러 준다.

감자를 자기 손으로 직접 길러본 아이들의 감자 그림은 그런 경험이 없는 아이들의 그림과 확실히 다르다. 오랜 직접 경험은 치밀하고도 확실한 관찰력을 길러 준다. 더욱이 감자 기르기는 "물을 주지 않으면 시들시들해진다"는 등의 인과 관계에 대한 과학적 인식뿐만 아니라, 감자를 기른다는 생산 활동에 대한 공통의 목표(미래 지향)를 향해 함께 일하면서 알게 되는 다른 사람의 입장, 자기의 역할을 이해할 수 있게 한다.

여섯째, 동물을 기르는 것은 동물의 생태를 배우게 함과 동시에 살아 있는 것에 대한 애정이 자라나고 생명의 존귀함을 배울 수 있게 한다.

어린이들은 "냄새 나" "똥오줌 범벅이네" 투덜거리면서도 토끼의 뒤치다꺼리를 한다. 귀찮고 힘들지만 그렇게 하는 중에 토끼에 대한 애정이 자라난다. 토끼가 병이 나면 진심으로 걱정하고, 건강해지면 모두 함께 기뻐한다. 만일 불행히 죽기라도 한다면 마음으로부터 슬퍼할 줄 아는 어린이로 자라게 된다. 이렇게 가까이 있는 동물을 통해 '생명의 존엄성'을 느낄 줄 알게 되는 것은 어른이 된 다음에는 할 수 없는, 눈에 보이지 않는 보물 같은 귀한 경험이다.

일곱째, 자연은 계절 감각을 길러 준다.

봄, 여름, 가을, 겨울의 계절의 변화 속에서 우리는 자연의 아름다움을 느끼고 있지만, 이러한 계절의 변화는 긴 시간을 인식할 수 있게 하는

데도 중요한 것이다. 어린이들은 계절의 변화에 대한 인상과 재미있던 놀이들을 기억에 남겨 놓는다. 계절의 변화와 그것이 주기적으로 다시 돌아온다는 것은 긴 시간의 흐름을 알게 하는 나침반의 역할을 한다.

자연 속에서 어린아이들이 몸으로 익히게 되는 직접 체험과 함께, 이러한 느낌과 경험을 정리된 말로 옮겨서 그 특징을 인상 깊게 기억에 남기도록 하는 것도 중요하다. 즉 '자연의 세계'와 '말의 세계' 간의 교류를 이야기하는 것으로, 또래 집단이 한데 어울려 각자의 경험과 느낌을 표현하고 서로의 느낌의 차, 표현의 차이를 알게 하는 공동 육아의 생활 환경이 필요하다. 어린이들은 서로 어울려 생활하는 속에서 많은 점을 배우게 되고, 그런 어린이들의 공동 생활 속에서 '자연'은 더욱 근원적인 의미에서 중요하다. 어린이들의 생활 주변에서 자연과 또래와의 만남을 없애는 것은 어린이들이 인간으로서 성장할 수 있는 가능성을 처음부터 앗아가는 일이 된다는 말이다.

자연 되찾기

자연이 꼭 필요하고 좋은 것임은 모두가 알고 있지만, 이 삭막한 도시 환경 속에서 과연 어디서, 어떻게 자연을 찾아서 우리 아이들이 만지고, 느끼고, 함께 살 수 있게 해줄 수 있겠는가? 이미 불가능한 낭만적인 꿈이 아닐까? 누구나 의문을 품는 문제이다.

그러나, 어린아이들에게는 꼭 큰 자연, 아름다운 자연만이 필요한 것은 아니다. 평소에는 방안에만 가두어 두던 아이들을 일 년에 한두 번

버스에 실어 아름다운 자연으로 데려가 그것으로 아이들에게 ‘자연’을 찾아 주었다고 생각하는 어른들의 사고 방식이 문제일 수 있다. 우리는 어느새 ‘자연’을 ‘보는 자연’으로만 생각하게 되었다. 좋은 그림처럼 비싼 값을 주고 사야만 즐길 수 있는 소비의 대상으로 생각하는 경향까지 있다. 우리 아이들이 필요한 자연은 이따금씩 포식하는 요리가 아니라 매일의 음식 같은 것이다. 매일 조금씩 먹고 소화함으로써 우리가 건강하게 살아갈 수 있게 하는 필수 영양소 같은 것이다. 우리 아이들이 필요한 자연은 바로 우리 곁에서, 일상 생활의 영역 속에서 찾아야 한다. 더러운 도시 한복판에서도 가로수는 한 줌의 흙과 비, 바람, 햇빛을 받아 푸른 새싹을 힘차게 키워 내고 있다. 반생태적인 산업 사회 안에서 아이들을 키워야 하는 우리는 이렇게 자연의 힘을 받아 생명을 키우기 위해서 집요한 노력을 하는 가로수와 같은 운명인지도 모른다.

　자연을 찾기 위한 첫번째 발걸음은 놀이방, 어린이집의 문 밖으로 내디뎌야 할 것이다. 즉, 매일같이 아이들과 함께 긴 바깥 나들이를 할 필요가 있다는 것이다. 바깥에 나간다 하여도 금방 ‘자연’이 있는 것은 아니지만, 바로 이렇게 각박한 도시의 생활 공간 문제는 우리 놀이방, 어린이집이 결코 충분한 바깥 놀이 공간을 울안에 갖추지 못하게 하고 있다. 좁은 울안에 가두어 두는 것보다는 그래도 울 밖에서 자연을 찾는 것이 낫다. 도시가 온통 콘크리트와 아스팔트로 뒤덮인 듯해도 찾아보면 그 구석구석에는 작은 자연의 틈바구니가 있다. 빈터가 있을 수 있고 누군가의 쪽밭이 있을 수 있다. 공원이나 놀이터가 있을 수 있고 혹시는 가까운 곳에 야산이, 개천이, 작은 수풀이 있을지도 모른다. 나무 한 그루, 풀 한 포기가 자랄 수 있는 작은 자투리땅이 아직은 그래도 여기저기 흩어져 있다. 이러한 점들을 선으로 연결하여 나들이 코스로 개발해 나가야 한다.

바깥 나들이는 아이들에게 절대적으로 필요한 육체적 운동도 되지만, 가는 길 오는 길에 무수한 사물과 사람들을 직접 만나 보게도 해준다. 방안에서 그림책이나 TV가 줄 수 없는 살아 있는 세계를 보여줄 수 있다는 말이다. 더욱 중요한 것은 바깥 나들이를 통해 아이들은 바람과 구름과 하늘과 햇볕을 충분히 받고, 계절의 변화를 느낄 기회를 갖는다는 점이다. 자연의 변화에 민감하고 풀잎 하나에도 섬세한 관심을 가지는 어른과 함께 긴 바깥 나들이를 할 수 있다면 아이들은 삭막한 도시의 하늘에서도 뭉게구름의 여러 얼굴을 볼 수 있고, 매일 새로운 노을을 느낄 수도 있을 것이다.

아이들과 함께 하는 바깥 나들이는 지역 사회에 아이들의 존재를 알리고 그들의 필요성을 구체적으로 보여 주는 또 다른 효과가 있다. 골목길에 자동차가 못 다니도록 요구할 수도 있고 아파트 단지의 정원을 아이들이 마음대로 뛰어놀 수 있는 살아 있는 공간으로 변화시킬 수 있다. 즉, 우리의 반생태적인 지역 사회 생활 공간을 생태적 공간으로 변화시켜 나가도록 아이들과 함께 요구하여야 한다는 말이다.

그러나 바깥 나들이가 우리 아이들을 위험한 상황에 맨몸으로 마주치게 해서는 안 될 것이다. 처음부터 놀이방, 어린이집의 위치 선정이 중요한 것은 바로 이 점 때문이다. 대로변 빌딩 2,3층의 상점 같은 공간이 아니라, 주택가의 가장자리, 야산이나 공원 옆, 조용한 골목길을 낀 곳이 바람직할 것이다. 공동육아를 위한 공간은 풍부한 바깥 나들이의 가능성을 고려한 곳이어야 한다. 아이들을 방안에서만 돌보는 것이 안전한 육아라고 생각해서는 안 되겠다. 바로 그 막힌 공간 안에서 이 시대의 새로운 병리 현상이 움틀 수도 있기 때문이다.

바깥 나들이를 통하여 공동육아의 생활 공간을 밖으로 지역 사회의 넓은 범위까지 확대시키는 일과 함께 또한 중요한 것은 일상 생활의 삶의 터전 안으로 작은 자연을 불러오는 일이다. 중요한 점은 우리 아이들에게 흙, 물, 바람, 햇볕이 늘 필요하다는 것을 깊이 인식한 생활 공간을 만드는 것이다. 집을 정할 때부터, 아무리 좁더라도 햇볕이 잘 드는 마당(뜰)이 있어야 한다고 생각하자. 한 뼘이라도 작은 밭을 일궈야겠다고 결심하자. 귀찮더라도 작은 동물을 아이들과 함께 키워 보자. 지저분해지더라도 모래밭과 물놀이와 흙장난이 아이들에게 무엇보다 귀중한 놀이 기구이자 교육이라는 믿음을 갖자.

공동육아의 생활 환경을 만드는 데 더욱 중요한 일은 일상 생활의 시간을 어떻게 짜는가 하는 것이다. 활동 시간이 기계적으로 구분된, 산업 사회의 시간의 템포로 꽉 짜여진 하루 생활이 아니라, 자연의 시간 감각으로 하루하루를 보내는 것이 중요하다. 일사불란한 훈련과 규율의 집단 생활이 아니라, 아이 하나하나의 호기심과 자발적인 움직임의 자연적 시간 흐름을 어른의 감각에서, 혹은 '교육'이나 단체 생활의 효율을 높이기 위해 조각조각 끊지 않도록 참을성 있는 노력을 기울여야 할 것이다.

우리 아이들에게 자연을 되찾아 주는 일이 가능하려면 무엇보다도 아이들과 함께 하는 어른들의 의식 변화가 필요하다. 우리들 스스로가 일상 생활에서 자연을 즐기고, 느낄 줄 아는 사람이 되어야 한다. 자연을 찾아 나서고, 자연을 공동육아 공간 안에 끌어들여 만들어낼 줄 아는 어른이 되어야 한다. 수동적인 교육 내용의 전달자이기만 해서는 안 된다는 말이다. 자연에 대한 호기심과 모험심에 충만한 적극적으로 새로운 실험, 실천을 해나가는 어른들이야말로 우리 아이들에게는 가장 중요한 자연 환경이 된다.

　새롭게 시작하는 우리 사회의 공동육아의 영역에서는 모두가 그대로 갖다 쓸 수 있는 획일적이고 표준적인 교육 프로그램보다는 우리 모두가 처한 끔찍하게 황폐한 생활 환경 속에서, 각자가 지역 실정에 맞게 하루하루를 새롭게 짜나가는 기발한 실천의 이야기가 필요하다. 새 시대의 바람직한 공동육아 교과서는 우리 아이들에게 자연을 되찾아 주려고 애쓰고 있는 모든 어른들이 함께 써나가야 할 것이다. ■

* 글쓴이 정병호는 1955년 출생. 인류학을 공부하였고 일본 등지에서 보육 제도, 지방 자치와 교육, 소수 민족에 대한 현지 조사를 하였다. 한양대 문화인류학과에 재직중이다. 현재 공동육아연구원의 원장이기도 하다.

공동육아란 요즈음 흔히 '탁아' 혹은 '보육'으로 부르는 제도적 집단 양육 방식을 말한다. 탁아, 보육, 공동육아는 각각 다른 시대의 사회적 요구에 대응하여 만들어진 말로 서로 다른 세계관, 인간관에 바탕을 둔 각각의 지향점이 본질적으로 다른 개념이다. '탁아'는 금세기 초에 일본에서 custodial child- care를 번역하여 만든 일본식 한자 조어로 어른들과 사회의 필요에 따라 '아이를 맡긴다'는 뜻이다. 이는 '아이를 지키고 돌본다'는 custodial의 의미보다 더 뚜렷이 어른 중심의 기능론적 의미를 강조한 번역말임과 동시에 근대 일본의 국가주의를 반영한 말법이다. 전쟁과 산업체의 필요에 따라 사회적으로 동원된 어머니들의 노동 생산성을 높이기 위해, 거추장스러운 아이들을 국가가 만들어 놓은 '아동 보관소'(러일 전쟁기의 일본의 탁아소 명칭)에 맡기라는 사회적 명령을 뜻한다. 패전 후 일본은 '탁아' 대신 '보육', '탁아소' 대신 '보육원'으로 명칭을 바꾸었다.

우리 사회는 영유아보육법 제정(1990)을 통해 결과적으로 반 세기 늦게 또다시 일본의 번역어를 수입한 셈이다. '보육(살피고 기른다)'이란 말이 '탁아(아이를 맡긴다)'보다 뜻은 나아졌으나, 영유아를 가정에서 개인적으로 보호하기 어렵게 된 오늘의 육아 현실은 사회의 변화와 삶의 변화가 낳은 결과이며, 이는 마땅히 사회적으로 함께 책임을 지고 해결해야 할 문제라는 인식은 포함되어 있지 않다. 또한, 보육을 '보호와 교육'으로 풀어 써서 '교육'을 강조하는 의견에는 우리 사회의 교육에 대한 고정 관념을 어린아이들에게까지 그대로 적용시킬 수 있는 위험성이 내포되어 있다. 즉 취학 전 아동에 대한 '교육'은 '머리가 좋아지는' '남보다 빨리 하는' 조기 교육이 되기도 하고, 학교 같은 공식적 조직체의 구성과 표준적 교육 시설, 표준적 교과 과정에 대한 강조로 나타나기도 한다. 이것은 바로 이기적 경쟁과 기계론적 세계관을 더 효율적으로 더 어린 연령층에게 내면화시키는 새로운 반생태적인 교육 체제의 확산이란 결과를 불러올 수 있다.

공동육아의 개념은 우리에게 아직 생소하지만 바로 그 때문에 우리의 현실을 극명하게 표명하는 '탁아'란 개념이나 오용될 가능성이 있는 '보육'이나 '보호와 교육'이란 개념 대신에 주장된다고도 할 수 있다. 공동육아란 말 그대로 '아이들을 함께 키우자'란 뜻이다. 여기서 '아이들'은 '내 아이'를 맡기거나, '남의 아이'를 보호해 줄 때의 '아이'가 아니라 처음부터 '우리 아이들'을 함께 키우자는 뜻의 '아이들'이다. 여기서 '함께'란 나뿐 아니라 이웃, 지역 사회, 국가 모두가 우리 모두의 아이들을 함께 책임지고 키워 보자는 뜻이다. 즉 육아에 대한 어른들의 인식 변화와 동시에, 육아를 통한 어른들의 생활 변화 그리고 크게는 사회 문화의 변화를 요구하는 것이다.

공동육아의 생명 교육

김정희

오늘날 우리가 처해 있는 정치, 경제, 문화, 생태학적인 여러 위기를 근대적인 발전 모형의 종식의 증후로 보면서 21세기는 새로운 형태의 문명 창조여야 한다는 일군의 소리가 일고 있다. 이같은 담론은 생명주의, 생태주의 사상으로 불린다. 이 생명주의, 생태주의 사상은 다양한 스펙트럼을 갖고 있지만 대부분 다음 한가지에는 동의하고 있는 것 같다. 그것은 생명·생태주의 사상은 새로운 인간형에서 궁극적인 변화와 창조의 동력을 찾고 있다는 것이다. 그렇다면 변화의 핵은 정치·경제적인 것 못지않게 교육에 있다는 말이 된다. 사람의 변화는 교육의 문제이기 때문이다. 가정 교육, 사회 교육, 자기 교육 등등의 교육이 변화와 새로운 문명 창조의 핵으로 자리 매김된다는 말이다.

오늘날 우리는 교육이라고 하면 학교 교육을 중심으로 생각하는 경향이 있다. 교육 개혁 또한 학교 교육만을 중심으로 논의되고 있다.

학교 중심의 교육 개혁의 담론에서 결정적인 교육의 한 부분이 비껴나간다. 유아 교육이 바로 그것이다. "세살 버릇 여든까지 간다"는 말이 있듯이 유년기는 한 사람의 인성의 틀, 일생 동안 영향을 미칠 심신의 기본 틀을 형성해 가는 시기이다. 이미 우리 사회의 유아 교육은 조기 교육으로 불리는 학원 교육, 학습지 교육, 외국어 교육의 열풍이 지배한 지 오래되었다. 서너 살 아이를 둔 엄마들의 교육적 관심은 "무슨 학습지 하세요?" "그 학습지 어때요?"라는 말로 시작되는 것이 일반적 풍속도가 되었다. 사실 우리 사회에서 대입이라는 대장정의 마라톤은 이미 서너 살에 시작된다. 28개월 된 아이에게 글자를 가르치는 학습지 광고가 TV의 황금 시간대에 버젓이 광고되고 있는 현실이 이를 단적으로 말해 준다. 우리 사회에서 획일적이고 비민주적인 권위에 길들여졌고 '함께'라는 의식보다는 '내가 먼저' '내가 더 잘'이라는 의식을 가진 아이를 길러 내는 첫 교육 기관은 더 이상 학교가 아니다. 아이들은 가정과 어린이집과 유치원에서 먼저, 순응과 경쟁 의식으로 길들여진 다음 학교 체제에 편입된다.

이러한 현실은 우리에게 교육 개혁의 시발점이 어디가 되어야 하는지 암시해 준다. 모래밭을 봐도 신발을 벗고 들어가 앉을 줄 모르고 진흙탕을 보면 첨벙 담가 보고 만져 보고 싶기보다는 고운 옷 흙탕물 튀길까 조심조심해 하는 아이들을 주변에서 보는 게 그리 낯설지만은 않다. 장난감은 엄청 많지만 고정된 한두 가지 놀이(전자 오락, 틀에 박힌 인형놀이나 총칼놀이) 외에 다르게는 놀 줄 모르는 아이들이 우리 주변에 즐비하다. 새로운 인간 종(種)으로서의 도시형 유아들이 도처에서 주조되고 있다. 이미 서너 살에 길들여진 아이에게서 우리는 "아이는 우리 미래의 희망입니다"라는 말이 참이기를 기대할 수 없다.

수억을 들여 지은 으리으리한 궁궐 같은 어린이집에 마당이라고는 한 뼘밖에 안 되는가 하면, 빼곡하게 건물들이 들어서 있는 상가, 한 건물 모퉁이의 사무실을 개조한 공간에서 아이들이 종일 햇빛도 못 보며 지내는 것이 우리 현실이다. 이런 면에서 주류 육아 문화에 반기를 들고 우리의 방식대로 아이를 길러 온 공동육아는 작지만 의미 있는 반란이다. 이제 5년째 접어든 공동육아의 반란은 좀더 확산될 필요가 있다. 이 글에서는 공동육아가 일으키고 있는 반란의 의미를 '나들이'를 중심으로 생각해 보고자 한다.

생활라 나들이

최근 들어 체험 교육이 중시되면서 일반 유치원이나 어린이집에서도 나들이를 가기는 간다. 그러나 그 나들이를 보면 일상의 삶이 아니라 특별한 행사로 치러진다. '고구마 심으러 가기, 캐러 가기' 이런 식으로 몇 달에 한 번 갈 뿐이다. 자주 가는 경우가 아마 월 1회나 2-3회를 넘지 못하는 것으로 보인다.

공동육아 어린이집에서 나들이는 특별히 기획하고 별러서 모처럼 치르는 행사가 아닌 매일 매일의 삶이다. 어린이집 문을 열고 1년쯤 지나면 아이들이 30분 정도 걸어서 갈 수 있는 동네의 곳곳은 이미 친숙한 장소가 된다. 아이들은 요일별로 스스로 갈 곳을 정한다. 산 너머 형촌 마을 놀이터, 약수터, 코오롱 아파트 놀이터, 우면산 올라가는 길의 암산 마을 놀이터, 문화 예술 공원, 양재 시민의 숲같이 익숙하면서도 언제나 새로운 곳들로 아이들은 돌아가며 나들이 나간다. 선생님과 함께 큰 맘 먹고 우면산을 넘어 예술의 전당까지 가보기도 한다. 때로는 아마(일일 자원 교사로 참여하는 아빠, 엄마)의 차량 지원을 받거나 버스를 두 번씩 갈아타면서 이웃 동네의 어린이 도서관 나들이도 해본다(사실 어린이 도 서관은 아이들이 걸어서 갈 수 있는 동네 곳곳에 있어야 한다). 17, 18개월이 면 오빠, 형, 누나, 언니들을 따라 나들이를 나선다. 형, 언니를 저만치 앞세워 보내고 놀기 좋은 동산 기슭에 머문 동생들은 나도 빨리 커서 형아, 언니들을 따라 더 멀리까지 가보리라고 마음 먹는다.

목적지에 도착해서 하는 활동만이 나들이의 주 프로그램은 아니다. 어린이집 문을 나서서 목적지까지 갔다가 돌아오기까지의 전 과정이 아 이들에게는 보고 듣고 느낄 거리다. 늘 보는 거리지만 거리 풍경에는 새로움이 있다. 어느 날은 처음 보는 청소차가 앞바퀴와 뒷바퀴 사이에 있는 커다란 원형의 빗자루로 비질을 하며 지나간다. 공사장에서는 포크 레인의 커다란 삽이 흙을 덥석덥석 집어 큰 트럭의 짐칸에 옮겨 놓는다. 한참을 뚫어지게 보아야 아이들의 발걸음이 떨어진다. 도로에 구멍을 뚫고 공사를 하는가 싶더니 다음날 깨끗하게 포장이 되어 있다. 비 온 다음날, 곳곳에 생긴 물웅덩이에 일부러 발을 담가 보고, 손으로 만져 보아야 직성이 풀린다. 초등학교 입학을 앞둔 아이들은 길거리 간판에서 자기가 아는 글자를 발견하고 "야, 'ㅇ ㅇ'자다"라고 소리치며 좋아하고 선생님은 아이가 물어오는 새로운 간판 글자를 하나 더 가르쳐 준다.

목적지에 도착해서는 알아서 놀기도 하고 선생님이 준비한 프로그램에 따른 활동을 하기도 한다. 놀이터에서라면 이것저것 타보고 빼지 않는 것이 모래밭에 털썩 주저앉아 모래 놀이를 하는 거다. 어떤 녀석은 아예 모래밭에 덜렁 드러누워 버린다. 그럴 때 아이들의 표정은 그렇게 진지하면서도 편안할 수 없다. 자기 집 안방이나 엄마 무릎에 누워도 더 이상 편안할 수는 없을 것 같다. 그런 아이들을 보고 있노라면 "그래 우리의 고향은 흙이지"라는 생각을 절로 하게 된다. 지렁이를 잡아서 만져 보고 가재와 연못에 사는 새우도 잡아 본다. 집에 돌아온 아이들의 주머니에서는 도토리, 작은 조약돌들이 들어 있게 마련이다. 아이들은 얼마 동안 자기들이 주워 온 그것들을 신주단지 모시듯 소중히 간직하기도 한다.

나들이는 치밀하게 준비되고 의도된 교육 프로그램이라기보다는 그저 일상의 삶이다. 아이들은 매일매일 같으면서도 새로움이 있는 마을의 모습과 자연의 변화를 있는 그대로 온전하게 보고 듣고 느끼고 표현한다. 거리에서 세계적으로 유명해진 특정 조기 교육법을 실행하는 유치원, 어린이집임을 알리는 간판을 쉽사리 볼 수 있다. 선생님이 준비한 교재 교구로 그 아이들이 실내에서 프로그램을 수행하고 있을 때 우리 아이들은 거리에, 산에, 공원에 있다. 삶을 가능한 한 총체적으로 보고 듣고 느끼는 그 자체가 산 교육이라는 공동육아 어른들의 믿음이 아이들에게 나들이란 일상의 생활을 지속시켜 주고 있다. 매일의 나들이를 통해 아이들은 변해 간다. 일요일이면 좀이 쑤셔 엄마를 끌고 어디든 나가려 드는 꼬마 녀석의 입에서 어느덧 "백화점 가자"는 소리는 들어가고

"엄마 산 넘어 형촌 마을 가자"는 소리가 나온다.

아이들의 성장과 나들이

요즘은 유년기에 가장 중요한 것이 마치 잘 먹이고 빨리 글자 깨치고 빨리 영어 단어를 읊조릴 수 있게 되는 것인 듯한 분위기가 사회 전반에 팽배해 있다. 최고 품질의 이유식임을 강조하기 위해 "내 아이만은 다르게 키우겠습니다"라고 말하는 어머니를 모델로 하고, 아이에게 아무런 의미도 못 갖는 "엄마 청와대가 어디야"라거나 신문 제목 기사를 읽어 대는 아이를 보여 주는 문자 학습지 광고와 같은 대중 매체는 이런 분위기를 조장하고 반영한다.

과연 아이에게 가장 중요한 것이 무엇일까? 그것은 아이들이 다 자란 어른이 아니라 성장기에 있음을 분명히 인식할 때 드러난다. 아이들은 생물학적으로 아직 생장(生長)중이다. 계속해서 새로운 세포를 생성해 내고 이것이 아이들의 오장육부의 생장, 체중의 증가, 키 크기 등의 생물학적 성숙으로 원활하게 이어져 가야 한다. 오장육부는 10세까지 생장을 계속해 가면 형성되고 키는 남자는 17, 18세, 여자는 16, 17세까지 계속 큰다. 최근에는 두뇌는 전신의 신체적 기능과 일대일로 대응하고 있음이 밝혀지고 있다. 이는 전신(全身)의 균형 있는 발달이 두뇌 발달의 기초이며 그 역은 아님을 말해 준다. 그러면 전신의 균형 있는 발달은 어떻게 이루어지는가? "애들은 잘 놀고 잘 먹으면 돼"라는 어른들의 일상적인 말에 그 답이 담겨 있다.

성장기의 생물체는 세포 분열 및 세포 증대로 인하여 생장한다. 생장은 단순히 생물체의 정상 기능을 유지하는 데 필요한 것보다 더 많은 물질과 에너지 흡수에 의하여 이루어진다. 원활하고 신속한 물질과 에너지 흡수가 일어나기 위해서는 역으로 원활하고 신속한 물질과 에너지 소비가 이루어져야 한다. 생세포에서 에너지원으로 흔히 이용되는 것은 포도당이며 포도당은 완전 연소되어 이산화탄소와 수분으로 분해되는데 이때 유리 에너지를 생성한다. 유리 에너지는 대부분은 열로 방출되어 우리 몸을 따뜻하게 하고 일부는 세포에서 필요로 하는 아미노산 등으로 전환된다. 그런데 포도당의 연소에는 산소가 필요하다. 원활한 산소 공급을 위해 생물체에게는 이산화탄소를 몸 밖으로 내보내고 산소를 흡수하는 호흡이라는 기제를 갖고 있다. 따라서 원활한 호흡이 제대로 된 성장의 필수 요소임을 알 수 있다. 원활한 호흡은 몸을 활발하게 움직임으로써 이루어진다. 이 원활한 산소 공급을 위해서는 다 성장한 어른도 하루 30분의 운동이나 1만 보 이상 걷는 것이 필요하다. 그렇다면 성장기의 아동과 청소년에게는 그 몇 배의 원활한 몸놀림이 필요하다는 것을 알 수 있다. 옛사람들은 이러한 신체 성장의 논리를 "아이들은 놀면서 커야 돼"라는 삶의 지혜로 표현하였다. 잘 노는 아이들은 잘 먹게 되어 있다. 인공 조제된 영양소나 특별 영양식을 먹이는 게 잘 먹이는 게 아니라는 말이다.

그러면 요즘 어머니들을 보자. 동네에서 잘 노는 애들을 어머니들은 기특한 눈으로 쳐다보지 않는다. 나이에 맞지 않게 빨리 한글을 깨친 애라면, "애가 영리하네요"라는 소리를 듣게 된다. 내가 사는 우면동은 서울의 끝 동네로 어느 동네보다도 공원, 산 등 그린벨트가 많은 지역이다. 그러나 공원에도 놀이터, 산에도 아이들은 붐비지 않는다. 아이들은 모두 셔틀버스가 데려다 주는 상가 내 빌딩의 놀이방이나 영어 학원, 미술 학원, 실내 활동 중심으로 진행되는 유치원 건물에서 반나절을 보낸다. 그리고 아파트의 집으로 온다. 10분만 걸어가면 있는 공원은 주말에나 가족 동반 나들이 장소로 이용될 뿐이다. 현대 도시 삶에서는 역사상 유례를 찾을 수 없을 정도로 그 어느 때보다도 창의력 교육에 대한 관심이 고조되어 있다. 그런데 그 어느 때보다도 아이들은 부실한 몸으로 크고 있다. 뇌는 몸의 일부이고 따라서 몸의 부실은 뇌의 부실이고, 이는 창의력의 부실화 내지 말살로 연결된다.

공동육아에서 2-3년 자란 아이들의 특징 중 하나는 지칠 줄 모르고 원기 왕성하게 실컷 논다는 것이다. 몇 년만에 동창생 부부들이 함께 한 여행을 다녀온 한 부부는 공동육아가 아이를 다르게 길렀다는 것을 확연히 알 수 있었다고 전해 준다. 다른 아이들은 좀 놀다 심드렁해지곤 하는데 자기 아들은 한순간도 쉬지 않고 마냥 놀아 대는데 부모도 그 왕성한 생명력에 입이 벌어졌을 지경이라고 한다. 일요일에 아이들의 평소 산행길을 따라나서 본 후 한결같이 놀라지 않는 엄마, 아빠들이 없다. 아빠가 걷기에도 쉬운 길이 아닌 그 길을 아무렇지도 않게 집 앞 슈퍼 다녀오듯이 다녀오고 집에 와서는 지쳐 떨어지는 엄마나 아빠와 달리 계속 놀아 대는 아이들의 체력에 입이 벌어지는 것이다. 위인들을 보면 어릴 때 개구쟁이들이 많다. 우연의 일치일까?

감응력의 발달

일반 어린이집에서 자란 첫애는 어린이집에서 좀더 빨리 집에 올 수 있

「재미난 어린이집」 겨울 들살이.

는 것이 매일매일의 소망이었다. 5세 이상이면 교사 1인이 20명의 아동을 보아야 하는 일반 어린이집에서는 네다섯 시면 교사가 준비한 프로그램이 다 끝나는 듯싶다. 자유놀이 시간이라지만 대개 어린이집에는 마당이 없거나 있어도 아이들 수에 비해 턱없이 작기 때문에 아이들은 마음껏 놀 수가 없다. 5시면 아이들은 TV 앞에 앉아 있게 되는 것이 보통이다. 당시 6시 반이나 되어야 귀가하는 나는 딸의 소원을 들어줄 수 없었고 궁여지책으로 일찍 어린이집에서 나와 피아노 학원을 보내기도 하였다. 지금 둘째 아이는 공동육아 어린이집에 4년째 다니고 있다. 그 어느날도 엄마 따라 나서겠다고 벌떡 일어서는 법이 없다. 아이를 데리러온 엄마나 아빠는 10-20분 때로는 30분 이상 아이가 놀거나 작업하는것을 멈출 때까지 기다릴 수밖에 없다. 사실 부모들도 그 시간을 즐긴다.

아이들이 커다란 전지에 협동 작업으로 그린 동네 지도 그림, 아이마다
의 개성이 분명하게 드러나는 작품들을 감상하며 아이들의 창의력과 개
성에 감탄하고 선생님과 아이의 하루 생활에 대해 애기를 나눈다. 그렇
게 놀고도 집에 와서 자기 직전까지 또 놀아 댄다. 혼자서 블록 놀이,
일인 다역의 역할 놀이, 엄마나 누나를 상대로 한 씨름, 권투, 로봇 놀이,
칼싸움, 그림책 보기 등 다채롭게도 놀아 댄다.

아이들이 이렇게 지칠 줄 모르고 노는 것은 바로 아이들이 자기와,
자기 주변의 친구, 선생님, 부모, 그리고 주변 환경에 생동감 있게 반응
한다는 것이다. 우리는 이를 일컬어 "기(氣)가 살아 있다"고 말한다. 공
동육아 아이들의 활발한 행동은 어느 날 나들이에 나선 교사의 눈에 다
른 유치원 아이들의 모습과 충격적으로 비교되기도 한다.

온 동네가 놀이터였던 우리의 어린 시절 생활 흐름을, 기형화된 도시
생활 공간에서 그나마 가장 근접한 형태로 복원하고 있는 것이 바로 나
들이다. 나들이는 아이들이 살아 있는 감응력을 갖게 한다. 아이들의 살
아 있는 감응력, 그것은 바로 아이가 장차 이웃과 사회, 세계를 주체적으
로 대면하면서 홀로/함께의 삶을 일구어 갈 수 있게 하는 생존력의 기초
이다.

나들이 길의 우발적 탐험

초등학교 3, 4학년 때쯤의 일일 것이다. 지금의 노량진 극장 옆 골목으로
한참 올라가서 — 어릴 적 내 기억으로 한 20분 이상 올라갔다 — 상도
동으로 넘어가는 고개 밑의 동네에 살고 있을 때였다. 하루는 동네 오빠

들을 따라 한강 나들이에 나섰다. 노량진 극장에서 한강까지는 어른 걸음으로도 수월하지 않은 거리다. 그 먼 길을 오빠들을 따라 대로변이 아니라 동산 하나 넘고 시장도 지나고 이름 모를 마을 몇 개의 큰 골목길들을 지나 한강 가까운 대로변으로 빠져나와 한강에 간 적이 있다. 가는 데만 족히 한 시간이나 한 시간 반은 걸렸을 것 같다. 당시 한강에는 지금처럼 인공 조경이 되어 있지 않았다. 강가에 나무들이 우거져 그늘을 만들어 주었고 찰랑거리는 물가에는 바위들이 있었다. 그 먼 길을 동네 오빠들을 우연히 따라 나섰던 나와 친구들은 다음에는 우리들끼리만 두번째 탐험을 시도했다.

나는 새로운 일을 시작할 때마다 이 두 번의 '탐험'을 떠올리곤 한다. 내가 떠올리는 건 정확하게 강변에서 한 놀이가 아니라 한강에 가기까지의 과정이다. 가보지 않은 미지의 곳으로의 나섬이었던 한강 나들이는 미지의 무언가를 시작해야 하는 기점에 있는 내게 어김없이 떠오르고는 한다. 그것은 저 깊숙한 잠재 의식과 무의식의 사이 어디쯤엔가 자리잡고 있으면서 내 인생을 때로는 암시하고 때로는 지침을 주고 인도해 가는 원형적(原形的) 경험이기도 하다.

'스스로 그러함'(自然)으로의 삶과 자연을 전면적으로 대하며 사는 아이들은 이같은 원형적 경험을 하게 마련이라는 생각이 든다. 공동육아의 삶은 무계획적은 아니지만 반(半) 계획적이거나 비계획적이다. 다른 어린이집들이 아이들의 하루 생활 리듬을 분 단위로 나누어 구획적으로 관리하고 있는 것과는 큰 차이가 있다. 분 단위로 구획되어 분절적으로 관리되는 아이들의 삶에서 우발적인 탐험이란 있을 수 없다. 그러나 공동육아에는 언제나 이런 우발성이 도사리고 있다. 우발성은 아이들이 주어진 시간을 자기 것으로 활용할 수 있게 한다. 교사들은 이같은 우발성에 열려 있는 아이들의 시간이 방치되는 시간이 아니라 성장의 시간이 되도록 해야 한다. 따라서 교사는 열려 있는 시간을 교육적으로 인도할 수 있는 소양을 갖추고 있어야 하기 때문에 제대로 된 공동육아 교사 노릇은 열심히 교재 준비만 하면 되는 일반 어린이집 교사 노릇보다 사실상 훨씬 더 힘들다.

방과후 아이들을 데리고 과천 쪽의 우면산 등반에 오른 교사는 산 속에서 길을 잃었다. 아이들과 산 속을 헤매다 찾아 내려오고 보니, 사당 전철역이다. 과천에서 남태령을 넘어 사당동에 이르는 산속의 대장정을 초등학생 1학년생들과 교사는 반은 호기심과 탐험심으로 반은 두려움으로 감행한 것이다. 다른 어린이집에서 이런 우발적이고 무책임한(?) 사건이 발생했다면 교사는 최소한 경고를 받거나 심한 경우는 사직당했을 수도 있을 것이다. 그러나 그 교사는 그날의 우발적 탐험을 정리해 조합원 소식지에 실었고 그것을 본 조합원들은 다소 위험 요소가 있었지만, 탐험을 치러낸 아이들과 교사에 대해 흐뭇한 미소를 보냈다.

삶과 교육의 바탕

현대인의 삶은 분절적이다. 직장과 거주지, 어른과 아이, 배움과 삶(학교와 가정), 그리고 무엇보다도 우리의 몸과 마음, 이 모든 것들이 분절되어 있다. 분절하는 삶은 뿌리 내리지 못한 부유하는 삶이다. 여기서 배운 것이 저기서 통용되지 않으니 늘상 다시 배워야 하고 서투르고 삶은 과도하게 낭비적이고, 그러니 늘상 바쁘게 뛰어다녀도 충족할 수 없고 모자라고 부족하며 소외감만 짙어간다. 삶은 안정된 유기체적 연결망을 상실했다. 아이들의 배움의 형식과 내용 또한 마찬가지다. 한 시간 국어 했다, 다음 시간에는 사회, 며칠 전에 배운 것을 다 까먹을 즈음 다시 진도 나가게 되는 역사, 지리, 자연… 다 이런 식이다. 배움의 분절성의 심각한 반(反) 교육성을 자각한 교사나 대안 교육 실험들에서는 통합 교과를 대안으로 제안하고 실험한다. 몇 주 동안 한 과목을 계속해서 한 단원을 끝낸 다음 다른 교과를 또 그같이 집중적으로 하는 식, 혹은 각 과목을 연계해서 가르치는 방식 등이 제안되고 실험되고 있다.

우리 사회에서는 유년기에도 이같은 분절성은 심각한 양상으로 나타나고 있다. 1년, 매일매일의 교육 프로그램이 시간과 분 단위로 쪼개져 제시되어 있는 유아 교육 지침서에 따라 교사가 아이들의 하루 생활을 재단할 때, 아이가 스스로 지내는 생활은 사라진다. 아이는 교사가 시간대와 프로그램에 맞추어 움직이는 꼭두각시가 된다. 분절성의 극한 상황까지 아이들의 생활은 와 있다.

반면에 공동육아 어린이집의 하루 생활은 연결되어 있고 이 통합성의 중심에는 나들이가 놓여 있다. 나들이에서 본 풀, 벌레 이름을 큰 아이들은 백과사전에서 찾아보느라고 열심이다. 나들이 풍경을 오후에 협동으로 그려 내는 데도 익숙하다. 텃밭에서 자라는 무, 배추를 관찰하여 세밀화를 그리고 세밀화가 쌓여 자연 관찰 일기가 만들어진다. 집에서 외출 나갔을 때 생긴, 쓸만한 쓰레기들 — 상자, 플라스틱병, 양철통, 나무 막대, 병뚜껑 등 — 을 아이는 챙겨서 터전으로 가져간다. 아이들의 일감이기 때문이다. 집에서의 나들이도 이같이 아이들의 어린이집 생활과 연결된다. 프로젝트 교육으로 불리우는 과정 / 과제 / 주제 중심의 일감 교육은 아직은 몇몇 어린이집에서만 시도되고 있을 뿐이나 점차 그 방향으로 발전해 나갈 것으로 보인다. 1, 2년만 있으면 6, 7세 조무래기들이 몇 개월씩 걸리는 대형 작품도 만들어 낼 수 있게 될 것이다.

순리의 깨달음

차는 차도로 사람은 인도로 다녀야 하듯 무릇 모든 생명체는 궁극에는 조화라는 하나의 궤도로 이어지는 자기의 길이 있다. 이 길을 옛 어른들은 순리(順理)라고도 말했다. 또한 동양에서의 자연은 대상으로서의 자연이 아니라 바로 이 도, 순리의 다른 이름이기도 한 '스스로 그러함'이다. 도를 깨친다는 것은 제대로 보고 제대로 듣고 제대로 행하는 것 외에 다름이 아니다. 성인(聖人)은 제대로 듣고 제대로 말하는 이가 곧 왕된 자라는 의미를 담고 있다. '제대로' 보고 듣는 것은 이같이 만물과 생활의 원리를 터득하고 그 원리에 어그러짐 없이 살아가는 초석이다. 문제는 어떻게 하는 것이 '제대로' 하는 것인가에 맞추어진다.

체험 교육이 강조되어서인지 최근에는 자연 기록물 성격의 비디오가 많이 만들어지고 있다. 비디오 자체는 잘 만들어졌다고 보이지만, 자연, 사철의 변화를, 오늘 다르고 내일 다른 거리 풍경을 비디오로 보여 줄 수 있는가? 생명은 생명 그 자체로, 삶은 삶 그 자체로 보고 듣고 느끼고 감촉하는 것 외에 달리 알 방법이 없다. 그래서 우리는 '백문이 불여일견'이라 하고 체험 교육이 되어야 한다 말하는 것이다. 그렇다면 아이를 기르는 최상의 방법은 무엇인가? 그것은 아이들을 안에서 가두어 기르지 말고 밖으로 데리고 나가는 것이다. 밖에는 아이들 스스로 감수(感受)

할 생명과 삶이 도처에 널려 있다. 유년기의 아이를 집안에서 조기 교육의 교재, 학습지, 비디오로 교육할 수 있다고 생각하는 망상에서 어른들이 하루 빨리 벗어날 일이다. 이것은 교육이 아니라 교륙(狡戮)이다.

공동육아 나들이는 "아이들은 밖에서 커야 한다. 이것이 아이가 삶의 순리를 심신으로 아는 인간으로 성장할 수 있게 한다"는 단순한 믿음에 기반한다.

육아와 교육의 핵심은 무엇인가? 그것은 아이를 아이답게, 생명을 생명답게 기르는 것 외에 다름이 아니다. 생명은 살아 있음이며, 스스로 움직임이고 자유이다. 어른들의 지식 중심적 사고는 오늘날의 아이들의 생명을 시들게 하고 있다. 어린이집에서 종일 보내야 하는 아이들에게 이같은 반(反) 생명적 유아 문화의 부작용은 더욱 심각하게 나타났다. 이같은 사정은 아이를 어린이집에 보낼 수밖에 없는 맞벌이 부부들로 하여금 아이를 아이답게 기를 수 있는 육아 문화를 일구게 하였다. 이제 공동육아가 조금씩 조금씩 알려져서 최근에는 공동육아 프로그램에 관심 있어 하는 일반 어린이집이나 유치원의 문의가 오고 있다. 참으로 소중하고 반가운 변화이다. 품앗이 공동육아(전업 주부나 시간제 일을 하는 엄마들이 돌아가며 함께 아이들을 돌보는 육아 방식)의 시도도 하나, 둘씩 생겨나고 있다.

사람 인(人)자가 말해 주고 있듯이 인간은 애초에 홀로 살아갈 수 있는 존재가 못된다. 육아도 마찬가지다. 모성, 부성에 대한 각성은 부모 되기를 선택한 각자의 몫이지만, 홀로 양육으로는 아이를 아이답게 생명답게 기르기 어렵다. 오늘날과 같은 마을과 이웃과 고립된 핵가족은 수백만 년 된 인류 역사에서 2세기 전에야 출현한 매우 특이한 일시적 형태임을 분명히 볼 필요가 있다. '함께 아이 기르기'가 이웃에서, 유치원에서, 어린이집에 널리 확산될 때 아이들은 생명력을 꽃피우며 커갈 것이다. 실내 놀이보다 어른의 보살핌이 더 필요한 나들이 같은 프로그램을 실행하기 위해서는 엄마들의 품앗이든, 교사와 엄마·아빠와의 협조 체계든 '함께 하는 육아 문화'가 정착되지 않고는 가능하지 않다. 교사는 자신감 있게 부모 협조를 요청할 수 있어야 한다. 집 앞에서 아이를 차 태워 보내고 "더 이상 신경 쓰지 않게 해주세요" 식으로 내 편의만을 위해 어린이집, 놀이방, 유치원에 아이를 보내는 어른들이 변하지 않는 한 우리 아이들의 오늘과 내일은 살아 있는 것이 될 수 없다. ■

* 글쓴이 김정희는 공동육아연구원 부원장이며, 이화여자대학교 한국여성연구원 전임 연구원이다.

미래를 여는 교육적 체험인 나들이

이기범

어느 11월의 아침 10시 반쯤 공동육아 어린이집 아이들이 나들이를 나선다. 코끝이 싸하지만 동무와 손을 잡고 선생님과 함께 가로수 단풍을 보며 나아가는 걸음은 씩씩하다. 그리고 눈 오는 오후의 나들이. 푸릇푸릇 새싹이 돋아나는 봄을 재촉하는 가랑비 속의 나들이. 뒷동산 텃밭으로 엄마, 아빠와 함께 심은 배추를 돌보러 가는 나들이. 강에서 좋아하는 물놀이를 실컷하는 들살이. 엄마, 아빠의 어린 시절 삶을 엿볼 수 있는 종이 인형 전람회로 가는 나들이.

나는 공동육아의 어린이와 교사들이 부럽다. 이렇게 좋은 가을날 단풍 나들이 한번 못 가고 나들이에 관한 글을 쓰고 있자니 더 그렇다. 공동육아의 나들이는 그 자체로 이미 충분하다. 명색이 교육학자인 것이 죄라서 거기에 무슨 말을 더 보태고 그 교육적 의미를 더 꼽아본들 무엇하리. 내가 어릴 적 이렇게 매일매일, 사시사철, 비 오나, 눈 오나 나들이를 하고 자랐다면 훨씬 더 몸과 마음이 풍요로운 사람으로 자랐을 것을. 어린 시절 모자랐던 체험을 커가며 책을 통해 사람을 통해 얻어 보려고 애쓰지 않아도 됐을 것을. 지금이라도 직장에 있는 엄마도 아빠도 어른들도 일을 내던지고 나가라고 하고 싶다. 전국의 모든 어린이들이 하루 적어도 두세 시간은 나들이를 즐기도록 해야 한다. 당연한 말이 되겠지만 그래도 왜 그래야 하는지 애써 이야기해 보자.

나들이로 아이들을 살리고, 미래를 열자

내가 이야기하고 싶은 것을 한마디로 줄인다면 "나들이는 농경 사회의 목가적 삶을 동경해서 과거로 돌아가자는 교육 활동이 아니라, 우리 어린이들이 삶의 주체로서 미래를 열어갈 수 있게 하는 교육적 체험"이다. 이제는 누구나 인정하듯이 어린이집은 아이들을 먹이고 재우고 보호하는 것에 그쳐서는 안 되고, 그 나이가 그 발달 단계가 요구하는 풍부한 교육의 체험을 제공하여 미래의 주역이 될 수 있는 자생력을 기르는 삶의 현장이다. 18세기 부패, 허위, 위선으로 가득 찬 불란서 사회를 비판하며 사회 변혁의 힘을 교육을 통해 기르려 했던 루소(교육고전문화연구회 편, 1977: 217)의 다음과 같은 주장은 지금 우리가 귀담아들을 만하다.

사람들은 아이를 보호할 생각만 하고 있다. 그것만으로는 불충분하다. 아이들이 어른이 된 후 자신을 보호하고 운명의 타격을 감내하고 풍족함과 비참함을 도외시하며 아이슬란드의 얼음 속에서나 말타 섬의 찌는 듯한 바위 속에서도 난관을 극복하고 살아 갈 수 있도록 가르쳐야 할 것이다… 아이를 죽지 않도록 하는 것보다 살아가게끔 하는 것이 더욱 중요하다. 산다는 것은 호흡을 한다는 것이 아니고 행동하는 것이며 우리들의 기관·감각·능력 기타 우리에게 생존의 감정을 줄 수 있는 모든 부분을 활동시킨다는 것이다. 가장 장수를 한 사람이란 가장 오랜 세월을 산 것이 아니고 가장 삶을 감지한 사람을 말하는 것이다. 세상에는 백년의 장수를 해도 생후 곧 죽은 것과 같은 사람도 있다. 그런 사람이 오래 사는 것은 차라리 젊어서 무덤으로 가느니만 못할 것이다.

교육은 아이를 살리는 활동이기 때문에 아이들이 살아 있는 느낌이 들도록 살아 있는 체험을 제공해야 한다. 오늘을 적극적으로 사는 아이가 미래를 주체로서 힘차게 열어나갈 수 있다. 오늘을 개척하는 아이가 미래를 개척하는 사람이 된다. 그래서 루소는 "알지도 못하는 미래를 위하여 현재를 희생하고 모든 종류의 쇠사슬로 아이를 구속하고 결코 즐길 수 없는 가상의 행복으로 어린 시절을 불행하게 하는 것 같은 그러한 교육"을 하는 "학교라고 부르는 가소로운 건물을 공교육 기관이라고 생각지 않는다"고 강조한다(교육고전문화연구회 편, 1977 : 221-215). 루소는 지금 현재 우리의 교육 현실을 비판하고 있는 것이 아닌가?

삶과 삶의 의미를 느낄 수 없도록 아이들을 몰아가는 교실이 이제야 붕괴하고 교육이 해체되어, 아이들이 학교를 떠나고, 학교에 있어도 마음이 있는 건 아니란다. 오늘날 우리 교육의 틀 안에서 아이들은 미래 사회에 대한 비전커녕 현재 삶의 의미조차 확인하지 못하고 있다. 학교 교육이 더 이상 학생에게도 교사에게도 의미가 없어졌다. 포스트맨은 "의미가 없다면 교육은 그 목적이 없는 것과 동일시된다. 목적이 없다면 학교는 배움의 터가 아니라, 수용소와 같은 것이다"라고 선언한다(Post-man, 1999 : 25). 수많은 학생들이 학교를 다닐 의미를 찾지 못하고 학교 부적응, 학업 부적응, 학교 거부 현상을 보이고 있다. 학교는 학생들에게 더 이상 삶의 공간도 의미가 있는 공간도 아니다. 학습을 하되 학습은 자신의 삶과 연관되지 않은 화석화된 지식의 주입이 되었을 뿐이고,"극한 경쟁을 통해 사람을 고르고 버리는 데 유용한 학습만 인정되는 장소이다"(정유성, 1997). 최근에야 학교 교육 해체 현상의 심각성이 지적되어, 교육방송은 99년 10월 16일「학교를 거부하는 아이들」이라는 프로그램을 방영하였고, 한국방송공사 제2텔레비전은 같은 달 21일에「절망하는 아이들, 분노하는 교사들」을 통해 학교 '붕괴'의 실상을 공론화하기 시작하였다. 그 프로그램에 대한 스케치는 다음과 같다.

제작진이 학교 이름을 밝히지 않겠다는 약속 아래 촬영한 4개 중고교 교실 풍경은 충격적이다. 수업 듣는 아이는 대여섯 명뿐. 3분의 2 이상이 책상에 엎드려 잠자거나 잡담을 한다. 교사는 갖가지 방법으로 수업하려 하지만, 이미 아이들은 자신의 통제력을 벗어났다는 것을 알고 있다. 되도록 학교를 다니지 않겠다는 아이가 10명 중 4명에 이른다. 학교 주변 피시방엔 밤새워 게임을 즐기는 학생들이 넘쳐나고, 학교를 거부하는 학생들끼리 만든 모임까지 등장했다. 펜티엄 세대의 아이들은 학교란 억압과 구속의 상징일 뿐, 학교에서 아무 의미를 찾지 못한다.(중앙일보, 1999. 10. 20: 22)

고등학교를 자퇴한 한 학생은 매일 아무런 의욕 없이 수업 시간마다 자고 있는 자신의 모습을 돌아보고 소스라치게 놀라 "한번 사는 삶인데 이렇게 죽을 수는 없다"고 생각해서 자퇴를 결정했다고 한다. 오늘날 우리 교육의 가장 큰 문제는 입시 제도가 아니라 교육이 아이들에게 살아 있는 체험과 삶의 의미를 제공해 주지 못하는 무기력증이다. 무기력한 교육은 무기력한 아이를 낳는다. 오늘 무기력한 아이들이 어떻게 내일의 비전을 가지고 밝은 미래를 일구어 갈 수 있겠는가?

아이들을 다시 살려야 한다. 우리 어른들이 경험했던 것보다 훨씬 더 많은 도전을 요구하는 21세기를 우리 아이들이 살아가기 위하여 아이들은 살아나야 한다. 21세기는 10가지 사회 혁명에 의하여 촉진될 거라고 한다. 그것들은 지식과 정보 혁명, 인구 혁명, 지구화와 지역화 혁명, 사회 관계의 혁명, 경제 혁명, 기술 혁명, 생태 혁명, 미학적 혁명, 정치 혁명, 가치 혁명이다(Dalin & Rust, 1996). 이러한 사회 변화에 적극적으로 참여하여 자신과 사회의 미래를 열어갈 수 있도록 아이를 살리는 교육이 필요하다. 그러한 교육은 루소의 표현대로 "우리들의 기관·감각·능력 기타 우리에게 생존의 감정을 줄 수 있는 모든 부분을 활동시킨다는 것이고" 그래서 "가장 삶을 감지한 사람"을 기르는 것이다. 나들이는 그 활동 자체로도 또 활동을 통한 살아 있는 학습(lived learning by doing)으로 이러한 목적을 이룰 수 있다. 바로 이러한 교육적 체험을 제공하는 활동의 전범(典範)으로서 나들이는 우리 아이들이 삶의 주역으로 당당하게 성장하게 하는 미래 지향적 교육 활동이다.

자발성과 능동성

미래를 여는 교육적 체험으로서의 나들이는 다음의 몇 가치 원칙으로 구성되어야 한다.

나들이는 아이들의 자율성, 능동성, 자생력을 신장할 수 있도록 구성되어야 한다. 오늘날 학교 교육이 위기를 맞게 된 근본적인 원인은 분업 방식의 학습에 의하여 표준적인 학생을 가장 효율적으로 대량 생산하여, 분업 생산 방식으로 표준화된 상품을 대량 생산할 수 있는 노동자로 활용하고자 하는 산업 논리를 계속 세습하는 데서 생겨났다. 이러한 학교는 '공장형 학교'이며 이러한 학교를 슈레스티 Schlechty (에드워드 캐롤린 외. 1996 : 68-69에서 재인용)는 다음과 같이 묘사하고 있다.

학교는 점점 어린이들이 들어가서 처리중인 원료의 질에 따라 달라지는 공장의 조립 라인과 같아진다. 원료의 질은 주로 학생의 가족 배경에 의해 결정되고 '진학 적성'(Academic aptitude)이나 학교에서 부여하는 과제를 잘 해내는 능력에 의해 측정된다… 이런 시각에서는 표준화된 과정과 절차에 의해 만들어지고, 엄격한 기준으로 검사되고 다음 과정을 위해 다음 작업대로 넘겨지기 전에 자세히 조사받는 원료처럼 학생들을 본다.

산업 사회와는 달리 하루가 다르게 급변하는 후기 산업 사회에서는 필요한 인력을 예측하여 학교에서 필요한 기능을 훈련시켜 수급하는 방식은 더 이상 유효하지 않다. 후기 산업 사회에서는 학교 교육이 이제까지 추구했던 산업 사회적 효율성이 비효율적인 방식이 된다. 교육이 추구해야 할 효율성은 경제적 효율성에서 교육적 효율성으로 바뀌어야 한다. 교육적 효율성은 '기능인'이 아니라 '사람'을 가장 효율적으로 교육할 수 있는 방안에 관련된다. 즉 교육은 특정 기술, 기능, 직무 능력을 전수하여 기능인을 양성하는 것이 아니라 삶에 대하여 바람직한 태도를 가진 사람을 육성하는 교육이 되어야 한다. 그래서 경제 전문가들도 학교가 기능인이 아니라 성숙한 인간을 길러 줄 것을 요청한다. 예를 들자면 아보트 Abbott(Dalin & Rust, 1996 : 143)와 같은 전문가는 학교가 단순반복 노동에 적합한 기능을 전수하기 위해 단독 학습, 기계적으로 수행하는 과제, 단일 교과, 분석 능력을 강조하고 있기 때문에, 직업 세계에 적합한 인간, 즉 협업적 인간, 불확실성과 변화에 적응하는 인간, 다양한 영역에 관심과 탐구심이 있는 인간, 의사 소통에 적극적인 인간을 육성하지 못하고 있다고 비판한다. 교육이 사회적 요청을 수용한다고 하더라도, 그 교육은 자율성, 개성, 창의성, 탐구 의식, 실험 정신, 자발성, 양성성, 문화적 감수성을 육성하는 과정이어야 한다. 이탈리아에 있는 레지오 에밀리아 유치원은 이러한 지향점을 잘 표현하고 있다.

우리에게 가장 기본적이고 기초적인 것은 어린이에 대한 이미지입니다. 이론과 연구와 실제에 기초한 우리 경험의 주춧돌이 되는 것은, 어린이를 풍요롭고 강하게 보는 이미지입니다. 어린이를 단순한 욕구를 가진 존재로 보기보다는, 권리를 가진 독특한 개체로 보고 있습니다. 어린이들은 잠재력, 유연성 plasticity, 성장하려는 욕구, 호기심, 다른 사람과 관계를 맺고 상호 작용하려는 욕구를 가지고 있습니다.(에드워드 캐롤린 외, 1996 : 159)

이러한 교육을 지향하는 나들이는 아동을 고유한 인격을 가진 주체로 보고 아동들의 자율성과 능동성을 계발할 수 있도록 그 활동을 구성해야 한다.

탐구성

나들이에서 아동들의 자율성과 능동성은 탐구 활동을 중심으로 계발되어야 한다. 물론 나들이에 여러 가지 활동이 포함되지만 그것들은 궁극적으로 이 세계와 세계 속의 자신을 마음껏 탐구하는 활동으로 집약된다. 탐구 활동은 아이들이 가진 오감을 충분하게 열어서 충분하게 보고 느끼고 맛보고 냄새 맡고, 만져 보는 활동이 기본이 된다. 집을 떠나 산 속에서 6개월 동안 혼자 살아온 아이의 다음과 같은 체험이 곧 나들이 탐구 활동의 기본적인 모습일 것이다.

> 나는 날씨와 하나가 되어 살았다. 날씨의 품안에서 살 때, 내가 날씨의 움직임을 볼 수 있다는 것은 놀랍다. 내 눈에 띄지 않고는 어느 구름도 지나가지 못했다. 내 느낌을 벗어나서는 어느 바람도 불어가지 못했다. 나는 눈보라의 기분도 알았다. 어디서 왔는지, 모양과 색깔이 어떤지를 알았다(조지, 1995 : 190).

나들이에서의 오감을 활용한 탐구 활동은 언어 탐구 활동으로 연결되고 발전이 된다. '언어'라는 마술을 자발적으로 깨달았을 때의 황홀함과 가능성을 소프라노 가수 조수미는 자신의 자서전에서 잘 표현하고 있다.

…세상의 이름 없는 모든 것들이 제 이름을 가지게 되었을 때 아마 그런 기분이었으리라. 초등학교에 들어가기 전, 어느 날 동네 약국 앞을 지나가다 간판에 씌어 있는 '약국'이라는 글자를 읽게 되었다. 나는 마치 그 약국이 오늘 막 문을 연 것처럼 느꼈다. 글자를 읽게 되면서부터 나는 괜히 동네를 돌아다니며 간판 읽는 재미를 붙였다. 만물 슈퍼, 조아 분식 등 하나씩 읽어가 노라면 이름 없던 세상이 이름을 얻고 내 가슴으로 달려드는 기분이었다. (조수미, 1997 : 199-200)

어릴 적 이렇게 자발적이고 능동적으로 세계를 탐구할 수 있게 된 계기가 오늘의 조수미를 가능하게 한 것은 아닐까? 이를 조수미(1997 : 254)는 "인생을 살아가면서 누구나… 특별한 순간들을 맞게 된다. 하지만 누구나 그 기회를 내 것으로 만들 수 있는 것은 아니다. 준비가 된 사람만이 특별한 순간을 소유할 수 있다. 긴장해서 사물을 바라보고 무엇에서 배울 자세가 되어 있어야만 하느님의 선물을 받을 자격이 주어지는 것이다"라고 표현한다. 현재 교육의 최대 문제는 아이들의 자발적 탐구심을 망가뜨리는 것이다. 레지오 에밀리아 유아 교육(에드워드 캐롤린 외, 1996 : 83)의 믿음대로 "어린이들에게 수, 양, 분류, 차원, 형태, 측정, 변환(형), 방향, 보존과 변화, 공간과 속도 등을 탐색하도록 하는 것은 어차피 놀고, 생활하고, 협상하고, 사고하고, 말하는 어린이의 일상적인 경험"에서 가능한 것이고, 우리의 경우 나들이 경험에서 자생적으로 깨닫게 되는 것이다. 온몸을 활용한 자발적 탐구 활동으로 아이들이 시간과 공간의 주체가 되어 의미 없었던 세계의 의미를 탐험해 가는 과정이 나들이의 핵심 부분이다.

교사 중심성

이러한 목적을 달성할 수 있는 나들이는 교사가 중심이 되어서 조직되는 교사 중심 교육 과정(teacher-centered curriculum)이어야 한다. "아동 중심 교육 과정"이 활발하게 논의되고 있는 요즈음 웬 교사 중심 교육 과정이냐는 의아심이 들 수 있다. 아동이 교육의 중심이 되어야 한다는 이야기와 교육 과정 조직의 중심은 교사가 되어야 한다는 이야기는 모순이 아니다. 아동이 교육의 중심이 되어야 한다는 주장은 아동의 개성과 발달 단계에 따른 욕구, 관심, 능력, 필요성을 아동이 표현하고 교사가 존중하여 그것들이 반영되고 그것들에 적합한 교육 과정을 계획하는 것으로 이해해야 한다. 무엇이 아동 개개인과 집단에 교육적으로 의미 있는 활동인가에 관한 결정과 조직은 교사가 중심이 되어 결정해야 한다. 그래서 "마냥 학생들의 기분을 맞추는 것"이 아니라 교사의 판단에 "'필요한 것'이라면 학생들이 당장은 하기 싫어하더라도 참고 행하는 동안 필요를 깨닫고 보람을 얻을 수 있도록 학습 경험을 구성한다."(조용환, 1998 : 126) 나들이 장소, 시간, 복장, 준비물, 활동 내용, 교통편, 추후 활동 등을 계획하고 운영하는 데 아동들이 의견을 발표하고 준비에 함께 참여해야 한다. 또 나들이 준비나 진행 과정에서 아동들의 의견에 따라 변화가 있을 수도 있다. 나들이를 하는 주체는 당연히 아이들이다. 그러나 아동들의 욕구, 관심, 능력, 필요성을 고려하는 가운데 능동성과 자생력을 계발하기 위하여 어떠한 나들이 활동을 어떻게 구성하는 것이 적합한지에 대한 계획과 결정에는 교사의 전문성이 필요하기 때문에 교육 과정의 조직에는 교사가 중심이 되어야 한다.

나들이의 구성에서 교사는 아이의 자율성과 능동성을 계발하는 데 가장 적합한 교육 체험을 선별하고 감식하는 교육 감식 전문성(connoisseurship)을 발휘할 수 있어야 한다. 또한 나들이의 과정과 평가에서 아동들의 의견도 충분히 반영되어야 하지만 총체적 판단과 평가는 교사가 수행해야 한다. 성공적이라고 지목되는 교육 현장은 아동을 중심에 두는 교육과 이러한 교육 과정 구성에서 교사의 중심적 역할을 조화시키고 있다. 교사가 치밀하게 아동을 중심에 두고 나들이 활동을 구성하고 아동들의 변화하는 요구를 탄력적으로 수용할 때 아동은 자유롭게 마음껏 활동한다. 나들이의 계획과 운영은 아동을 중심에 놓고 그 욕구, 관심, 능력, 필요성을 전문적으로 고려해야 하기 때문에 교사가 중심이 되어 그 활동이 구성되어야 한다.

다양성

나들이 활동은 다양하게 구성되어 다양성을 교육의 계기로 활용해야 한다. 나들이는 우선 그 한 단위 단위의 내용에 가급적 다양한 학습 요소가 담겨 있어야 한다. 굳이 구분하여 이야기하자면 탐구 활동과 같은 인지 학습, 돌봄과 협업의 원리를 깨닫는 정의 학습, 신체 발달을 도모하는 심동 학습 활동이 고루 포함되는 것이 바람직하다. 또 월, 분기, 반기, 년의 나들이 활동을 종합적으로 구성할 때 이러한 학습이 다양하게 분포되어야 한다. 나들이의 장소(자연, 학교, 문화 공간, 지역 사회, 부자 동네와 가난한 동네 등), 이동 경로와 방식(도보, 자전거, 버스, 지하철, 승용차), 만나게 되는 자연, 문화, 사람, 시간, 그리고 참여하는 친구들(연령, 성별, 장애

정도, 자원 봉사자)도 다양해야 한다.

근본적으로 나들이가 다양한 체험을 제공해야 하는 이유는 인간의 생명력과 창조력이 얼마나 다양성에 의존하고 있는가를 깨닫고(Postman, 1999 : 117), 다양한 관계와 의사 소통에 아이들이 활발하게 참여함으로써 자신과 세계 그리고 현재와 미래를 더 타당하게 이해하고 구성할 수 있다고 믿기 때문이다. 이러한 믿음에는 인간을 포함한 세계의 구성 요소들이 상호 작용을 통해 유기적 관계를 형성하고 하나의 체계를 이룬다는 인식이 깔려 있다. 아이들은 관계와 의사 소통에 참여하여 친구, 교사, 다른 사회 구성원들, 지역 사회, 자연을 이해하고 함께 살 수 있는 태도를 갖게 된다. 이러한 태도로 말미암아 아이들간에, 아이들과 교사들 간에, 아이들과 지역 사회 간에 그리고 아이들과 자연 간에 온전한 이해, 협동적 유대, 관계가 형성되고 상호 유기적 생태계가 구성된다. 공동육아에서는 아이들의 개별성과 자발성을 장려하지만 동시에 자기 자신과 다른 것을 긍정하고 배우는 것은 매우 중요하다. 나들이를 통하여 체험하는 다양성은 학습의 계기이다. 다양성을 존중하고 이해하는 태도로 자신과 다른 생각, 행동, 삶 그리고 자연의 순리에 개방적인 자세를 갖게 되고, 이러한 개방성으로 스스로의 생각, 행동, 삶을 성찰하는 교육적 계기를 갖게 된다.

협업성

마지막으로 나들이는 협업적 관계로 구성되어야 한다. 도덕의 측면에서 보면 우리가 함께 살아가기 위해서는 개개인의 자유와 존엄성을 강조하는 것과 동시에 독립적인 개인들이 서로를 긍정하며 돌보는 자세가 필수적이다. 이를 돌봄의 윤리라 부르며 이는 성별, 능력, 생각, 사회 배경의 차이를 넘어서 어린이집에서, 지역 사회에서, 국가에서 그리고 지구촌의 문제를 함께 해결하여 함께 성장하기 위하여 꼭 필요한 원리이다. 특히 21세기의 지구촌이 공동으로 맞게 되는 위기를 협업적으로 해결해야 하기 때문에 돌봄의 윤리는 더욱 필요하다. 국가간 빈부 격차의 심화, 인구 증가로 인한 환경 파괴의 가속화, 생산 체제 변화로 인한 실업의 증가, 정보를 둘러싼 국가간의 갈등과 정부와 국민 간의 갈등의 확대 등의 문제들은 단지 한 사회의 문제로 그치지 않고 확대되고 유입되어 다른 사회에 영향을 미친다. 그렇기 때문에 이러한 도전의 해결은 인류 공동의 과제라는 절박한 인식에서 상호 호혜적이며 공동체적 입장에서 돌봄의 윤리를 필요로 한다. 이러한 윤리는 거창하게 학습되는 것은 아니다. 나들이에서 작은 아이들과 장애 친구들을 돌보기, 길에서 만나는 노인 도와 드리기, 생태 보호, 공공 장소에서 다른 사람에게 피해 주지 말기 등의 작은 행위를 통해 학습된다.

협업적 관계는 학습의 측면에서도 중요성을 가진다. 비고츠키 Vygotsky는 학습은 고립된 활동이 아니라 사회적 활동이기 때문에 협업적 관계에 의하여 강화된다고 주장한다. 이러한 주장은 좋은 교육 기관에 관한 많은 연구에서 확인되고 있다. 최근에 부각되고 있는 프로젝트 접근 방법도 협업 학습의 유용성에 기초하고 있다. 나들이도 때로는 특별한 프로젝트로서 사전 활동과 추후 활동으로 연결될 수 있고, 그렇지 않은 경우에도 협업 학습이 진행되도록 구성되어야 한다. 나들이 전의 토의, 준비 과정에서의 협동, 나들이 과정에서의 토의, 추후 토의와 추후 활동, 즉 나들이 전체의 과정을 교사와 아이들이 함께 공유하고 협업함으로써 나들이의 학습 기능이 강화된다.

이제까지 나들이가 풍부한 교육적 체험을 제공하도록 구성되기 위한 몇 가지 원리를 제시하였다. 그러나 이 원리들은 가장 기본적인 구성 원리이며, 현장 교사와 아이들의 창의력과 의욕이 비로소 나들이를 공동 육아 교육의 핵심 활동으로 구체화시킬 것이라고 기대한다. 바람직한 교육 활동으로서의 나들이는 그 스스로를 학습자의 변화하는 욕구와 필요성에 적합하게 변화시킬 수 있어야 한다. 나들이는 변화하는, 즉 끊임없이 스스로를 수정하는 교육 활동이어야 한다. ■

*** 참고 문헌**

교육고전문화연구회 편, 1977, 『교육 고전의 이해』, 서울 : 이화여대출판부.

정유성, 1997, 「너그러이 용서하려무나」, 또 하나의 문화 제13호 『새로 쓰는 청소년 이야기 · 1』, 서울 : 도서출판 또 하나의 문화, 17-25쪽.

조용환, 1998, 「대안 학교의 가능성과 한계에 관한 문화 기술적 연구」, 『교육 인류학 연구』, 1(1), 113-156쪽.

조수미, 1997, 『노래에 살고 사랑에 살고』, 서울 : 창해.

조지, 진, 1995, 『나의 산에서』, 김원구 옮김, 서울 : 비룡소.

조혜정, 1996, 『학교를 거부하는 아이, 아이를 거부하는 사회』, 서울 : 도서출판 또 하나의 문화.

중앙일보, 1999. 10. 22. 「학교를 거부하는 학생들」. 22면.

에드워드 캐롤린 외, 1996, 『레지오 에밀리아의 유아 교육』, 김희진 · 오문자 옮김, 서울 : 정민사.

포스트맨, 닐, Postman, Neil. 1999. 『교육의 종말』, 차동춘 옮김, 서울 : 문예출판사.

Dalin, Paul & Val D. Rust, 1996, *Towards schooling for the 21st century*, London : Cassell.

* 글쓴이 이기범은 서울에서 태어나서 고향이 없다. 어린이들의 고향을 찾는 일을
하려고 70년대 '탁아'에 참여해서 공동조합까지 왔다. 요즘은 남과 북의 어린이들과
함께 놀고 싶어서 「남북 어린이 어깨동무」 일도 하고 있다.

나들이의 교육 라정라 의미

이부미

나는 '공동육아'에 관한 논문을 쓰기 위해 지난 2년간 공동육아와 함께 살았다. 2년 전 공동육아 현장에 처음 들어갔을 때 나에게는 공동육아에 대한 선지식이 약간 있는 상태였는데 그 중의 하나가 나들이였다. 그런데 지금 돌이켜보면 그 당시 내가 알고 있던 나들이는 정확하지도 구체적이지도 못했던 것은 물론이거니와 자연에 관한 인식 자체도 막연히 생태 운운하는 선무당적인 관념에 불과했다. 나는 생명의 기운이 파릇파릇 돋아나는 봄, 녹음이 짙푸른 여름, 온 산이 붉게 물들고 감이 익어가는 가을, 그리고 낙엽을 푹신하게 덮은 나목들 위로 하얗게 눈이 내려앉은 설경을 만나고서야 비로소 나들이의 참맛을 깨달았다. '아하! 나들이의 맛이 바로 이것이구나'를 깨닫는 데는 열 마디의 말이 아니라 아이들과 직접 나들이를 다니는 체험적인 시간이 필요했으며 그 안에서 자연과 인간의 관계를 깨닫게 된 것이다.

나는 내가 참여하고 관찰한 공동육아 아이들과 교사들의 나들이의 과정과 의미를 교육적인 차원에서 조망하려고 한다. 여기서 말하는 교육 과정이란 경험으로서의 교육 과정을 말한다. 다시 말해 나들이에서 일어나는 어린이들과 교사들의 포괄적인 작용 관련(作用關聯) 체계로서 특히 어린이들이 경험하는 의미에 주목을 둔 것이다. 이 체계를 구성하기 위한 나의 참여와 관찰 안에는 나의 직접 체험은 물론이며 어린이, 교사, 부모들의 체험과 기록, 나와 그들과의 나들이에 대한 대화가 포함되어 있다.

매일 바깥으로 나가는 나들이를 공동육아 구성원들은 '밥'으로 비유한다. '밥'을 먹음으로 해서 에너지원을 공급받듯 나들이를 통해 자연에서의 체험과 놀이 생활 모두를 경험할 수 있다. 그러나 내가 '밥'이라는 표현에서 중요하게 여기는 것은 일상성이다. 어떤 활동이나 현상의 내밀한 의미를 알아내는 데 그것의 반복성은 중요한 단서가 된다. 인간이 세계와 관계를 맺는 것은 일상 생활을 통해서이다. 어린이 역시 일상적인 삶 속에서 세계와 관계를 맺는다. 그래서 매일 두 시간씩 자연으로 쏘다니는 나들이는 어린이들에게 어떤 경험을 제공하고 그것의 교육적인 의미는 무엇인지를 진지하게 탐색하는 일은 중요하다.

나들이의 교육 과정

일상적인 나들이 활동을 크게 분류를 하면 자연으로의 나들이와 사회로의 나들이이다. 그런데 자연으로의 나들이가 사회 문화적인 나들이보다 실제 이루어지는 횟수나 비중이 큰 것으로 보아 자연이 더 강조되고 있음을 알 수 있다. 자연이라는 공간과 사회라는 공간에서 이루어지는 나들이는 그 만남의 세계가 다르다. 하지만 나들이 장면을 자세히 들여다보면 자연으로의 나들이에도 사회적 공간이 부분적으로 포함되고 사회적인 나들이에도 자연적 공간의 경험이 부분적으로 포함되어서 엄밀하게 가를 수 있는 구조는 아니다. 다시 말해 우리의 삶의 세계는 자연과 사회가 어우러진 구조이다. 그러나 공동육아 어린이들이 일상적인 나들이를 통해 가장 빈번하게 만나는 세계는 자연이기에 자연과 아이들이 만날 때 이루어지는 경험의 과정을 교육 과정으로 구성해서 이야기를 풀어가려고 한다.

발산적 체험

어린이집에 와서 처음 가게 되는 나들이는 아이에게는 미지의 세계를 탐험하는 것과 같다. 어린이집에서는 약 **18-9**개월을 전후해서 서서히 아이들을 나들이에 데리고 나가기 시작하는데 그 전까지 형과 누나들이 나들이 가는 것을 배웅만 했던 아이들로서는 기대가 되는 사건이다. 아이의 첫 나들이는 아이 못지않게 어른들도 설레게 한다. 첫 나들이는 세상으로 여행을 떠나는 인생의 긴 장정을 상징하는 것으로 그 속에서 어른들은 아이들에게 성장의 기분을 느끼기 때문이다.

자연으로의 나들이는 아이들의 오감적인 체험과 함께 온 몸을 놀리는 활동이다. 자연은 인간의 온 몸과 관계하기 때문이다. 이런 면에서 나들이는 아이들의 발산적이면서도 역동적인 활동이다. 이 발산을 호흡으로 말하자면 날숨이다. 그러나 이 날숨에도 발산의 정도가 있는데 이는 아이의 전체적인 발달 정도와 상황에 따라 다양하다. 아이가 어릴수록 감각적으로 더 민감하게 자연을 대하는 경향이 있다. 그러면 여기서 만 2세가 채 안 된 어린이가 나들이를 다니기 시작한 초기에 섬세한 감각으로 자연을 포착하는 모습을 교사의 눈을 통해 보자.

오전에 동네에 있는 무덤가 동산에 다녀왔습니다. 날씨가 포근해서 겉옷도 안 입었는데 땀을 흘렸어요. 나뭇잎이 많은 곳을 지나가다가 "어, 이게 무슨 소리지? 까꿍 엄마 잘 들어봐. 이게 무슨 소릴까?" 그래요. "글쎄, 무슨 소리가 나니? 재연이가 말해 볼래?" "바스락, 바스락 소리가 나네." 사실은 나뭇잎이 젖어 있어서 소리가 조금밖에 안 났었거든요. "까꿍 엄마는 바스락 소리가 잘 안 나네. 이것 봐 젖어 있어. 밤새 이슬이 내렸나, 아니면 비가 왔나?" "비가 왔어."

지난번에 갔을 때 꽤 소리가(나뭇잎 밟는 소리) 크게 났었거든요. 그걸 기억하고 하는 소리인데. 다시 밟으며 잘 들어보라는 얘기에도 재연이는 계속 바스락 바스락 소리가 난다는 거예요. 어느새 사고가 정형화되어 가는 건 아닐까 조심스러워지기도 하지만 한편으로는 학습된 것에 대한 확인이라는 측면에서 볼 수도 있겠지요. 기차 소리는 '칙칙폭폭', 물소리는 '졸졸' 식으로 학습시키는 것은 상당히 경계해야 할 부분임을 요즘 교육에서는 지적하고 있거든요. 오는 길엔 포크레인이 땅 파는 걸 보고 또 꼴찌가 됐어요…
— **97.11.24 날적이에서 발췌**

교사들은 아이의 연령이 어릴수록 나들이 경험을 세세히 관찰 기술하는 경향이 있는데 이는 아이가 포착하는 자연에 대한 미세한 감각 경험을 교사 또한 감지하기 때문이다. 나뭇잎을 밟은 경험과 '바스락 바스락' 소리의 연결 그리고 과거의 경험에 대한 기억으로 인해 바스락 소리가 나지 않는 현상을 무시하는 아이. 이에 대한 교사의 은근한 언어적 상호 작용과 그리고 아이의 행동에 대한 교사의 복합적이고도 신중한 판단 유보는 상황적인 교육 과정으로, 미리 계획되어 있고 구조화된 교육 과정으로는 나들이의 역동성을 따라잡는 데는 한계가 있다.

나들이는 거창한 목적을 두고 떠나는 여행이 아닌 매일의 짧은 여행이라서 일상의 평이함과 함께 그 안에는 지속적인 자연의 변화가 펼쳐진다. 아이들은 계절의 변화에 민감해서 첫눈이 온 다음날 나들이 길에서 "복숭아, 지금이 겨울이야?", "글쎄", "우리 엄마가 겨울이라든데?", "그래, 가을이 가고 있지" "아하, 지금 차가운 바람이 가을을 막 밀어내고 있는 거지?"와 같은 표현을 한다. 어찌 보면 자연의 변화란 삶과 죽음으로 연결되는 것이기도 하다. 아이들은 삶과 죽음을 거창하게는 아니지만 오고 가는 나들이 길에서 만나게 되고 그 속에서 아이들 나름의 삶의 미학도 생겨난다. 죽은 지렁이를 통해 아이들이 경험하는 삶의 장면을 보도록 하자.

아침부터 유리를 만나서 나들이를 함께 갔다. 먼 한강으로 갔다. 누워서 하늘도 보고 달리기도 하고 연도 날리고 비둘기가 차에 치어 죽은 것도 보고 죽은 비둘기가 들어 있는 휴지통에 둘러서서 묵념도 해 보았다…
산에 가는 길은 처참한 지렁이 조각들이 발 밑에 수두룩해 땅을(아니 시멘트 바닥을) 안 쳐다보게 된다. 지렁이가 살 수 없도록 만들어 낸 인간들의 편리함은 너무 즉흥적이다. 우린 요새 시멘트 바닥에서 지렁이를 흙 속에 묻어 주는 일을 하고 있는데 — 그 지렁이가 잘 자라기를 바라면서 — 유리 는 잘 잡지도 못하면서 그 일을 도맡아하는 도희가 지렁이를 잡으려 하면 소리부터 지른다. 그러다가 오늘은 유리가 양손에 지렁이를 한 마리씩 들고 왔다. 묻어 달라고…

— **97.7.25 날적이에서 발췌**

아이들에게는 지렁이와 같은 작은 동물도 그냥 지나칠 수 있는 하찮은 미물이 아니라 삶과 죽음을 경험하는 생명체인 것이다. 공동육아 어린이 집 아이들은 살아 있는 지렁이도 덥석덥석 손으로 잘 잡는다.

나들이 길에서 아이들은 토끼 먹이를 위한 칡잎, 그림을 그리기 위한 망개잎, 들꽃, 나뭇가지, 돌멩이 등등을 필요한 만큼 꺾거나 주워 온다. 자연으로부터 채취해 오는 것에 대해 교사들은 욕심을 부리지 않고 필요 한 만큼만 취하는 것은 자연을 훼손하는 것이 아니라 인간과 자연의 적 절한 관계 맺음을 배우는 과정이라고 정리하고 있다. 콥 Cobb(1975)은 모래, 돌, 나뭇가지 같은 자연 세계의 소재들이 어린이들이 '세상을 만들 어 가고, 세상을 조형해 나가는' 활동에 사용될 수 있다고 하면서 자연 세계와의 관계를 형성하고자 하는 어린이들의 욕구는 자연 세계에서 흔 히 발견되는 물건을 사용하거나, 자신의 상상 속에 남겨둘 자신만의 작 은 세상을 만드는 것을 통해 만족될 수 있다고 하였다.

나들이에서 아이들은 걷고 뛰고 미끄러지고 넘어지고 보고 만지고(아 이들은 나무결을 쓰다듬고 만지고, 뾰족한 밤가시에도 찔려 보고 그리고 교사 들은 아이들의 코를 닦을 때나 똥을 닦을 때 6월 전에는 부드러운 어린잎으로 닦아 준다) 냄새 맡고 먹고(자연이 선사하는 먹거리는 의외로 많아서 봄이면 찔레순, 앵두, 오디, 여름에는 솔잎을 씹고 가을에는 온 산에 지천인 감과 밤을 주워 먹느라고 신이 난다) 마시고 타고(칡넝쿨, 나무) 노래 부르고 풀피리도 불고 소리 지르고 떠들고 말하고 웃고 울고 논다. 이는 나들이가 배우고 가르쳐야 할 무엇이기보다는 자연 속에서의 생생한 발산이며 감각적 체험에 가깝다고 할 수가 있다.

다음은 어느 봄날, 연령이 서로 다른 어린이들이 각자 발산의 기를 유감 없이 발휘하는 나들이 장면이다.

…재연이는 산길로 접어든 후 "앞산 호랑이 어홍, 뒷산 호랑이 어홍"하는 '호랑장군' 노랫말을 소리 치는데 특히 '어홍'을 아주 크게 해서 산이 쩌렁쩌렁 울리자 그 울림소리에 신이 나서는 20분 이상을 '어홍' 하며 공간 안에서 울리는 자신의 소리를 계속 확인해 가며 올라온다. 간간이 다른 아이들도 '어홍' 하고 화답하기도 한다. 용주는 아직도 "태종태세문단세… 역사는 흐른다"는 장보고 노래를 부르고 있었다.

이때 맨 뒤에서 따라가던 내 귀에 뒤쪽에서 아기들 소리가 들리는 듯했는데 별 신경을 쓰지 않고 스쳐 지나갔다. 앞서 가던 항아리와 인재가 다시 돌아와서 아주까리씨를 털면서 "애들이 나보다 더 유식해서 아주까리씨가 있다는 거야"라며 씨를 털고 나서는 왕관같이 생긴 아주까리 열매가지를 따서 인재에게 선물로 준다. 이때 아무래도 뒤에서 들려오는 아기들 소리가 예사롭지 않아서 돌아다보니 대준이가 종종종종 뛰어오는 모습이 나뭇가지 사이로 바람같이 보이면서 그 뒤를 싱글벙글과 도글이들이 오종오종 올라오는 것이 아닌가! 내가 뒤돌아 뛰어가서 "싱글벙글 지금 오는 거예요?" "애들이 마당에 오뚜기랑 있다가 난리가 났어. 지네들 안 데리고 간다고…" 잠시 뒤 동생들을 본 하진이가 "왜 애기들만 왔어?" "동생들도 나들이 왔어"라고 싱글벙글이 대답해 준다.

아니 세상에 뒤늦게 출발한 이 꼬맹이들이 훨씬 먼저 출발한 대열의 끝과 만날 정도면 이 아이들의 능력은 대단한 거다. 산 속에서 예기치 않게 만난 것이 더 반갑고 이 존재들이 더 신기하다는 생각을 하며 도글이들을 유심히 보니 넘어져도 벌떡 벌떡 일어나는 것이 바위 어린이집 식구가 다 되어 있었다. 또 큰 아이들과는 달리 산길을 쭉 가는 것이 아니라 올라간 길을 도로 내려오고 또 올라가고 반복하는 것이 특히 그것을 즐기는 대준이는 영락없이 바지런한 다람쥐 그 모습이다…(중략)

싱글벙글이 도글이들을 한 명씩 들어올려 옆으로 벌어진 아름다운 나무를 손으로 만져 보게 한다. 그래 사람은 자연과 이렇게 교감하는가? 뒷산 무덤가 가는 길에는 내가 작년 가을에 점 찍어놓은 아름다운 자태의 참나무 두 그루가 10미터 거리를 사이에 두고 있다. 그래서 이 두 나무를 프레임으로 삼아 아이들 노는 모습을 사진으로 많이 찍었었다. 그런데 그 첫번째 나무에서 싱글벙글이 아이들과 나무를 접촉해 주고 있는 것이 아닌가! 뭔가 오묘함을 느끼며 고개 들어 멀리 보니 이번에는 그 두번째 나무에다 칡넝쿨로 그네를 매다는 항아리와 아침햇살, 그네가 매어지길 기다리는 아이들의 모습, 이미 그 아름다운 나무에 올라가 있는 민재와 가연이의 모습이 보이지 않은가? 단박에 렌즈를 들고 그곳으로 뛰어갔다. 칡넝쿨 그네를 타고 난 원조가 아침 햇살에게 자기도 나무에 올라가고 싶다고 한다. 아침햇살이 원조를 안아 올린다. 원조가 아침햇살이 잡고 있는 다리에만 힘을 줄 뿐 상체를 전혀 조절하지 못해서 첫번째는 실패! 두번째는 아침햇살이 '다리는 아침햇살이 잡고 있을 테니까 팔로 나무를 잡아야 함'을 일러주고 다시 도전! 원조는 아침햇살 말대로 팔로 나무를 잡기는 했는데 이번에는 하체가 전혀 작동을 안 해서 또 실패… 아침햇살도 힘이 빠지고 원조도 약간 머쓱하기는 했지만 "아, 다시 나 한번 기회를 줘." 그래서 또다시 시도를 해보는데 여러 사람의 훈수와 응원에도 불구하고 발 하나가 나무를 짚기는 했는데 그 상태에서 상체가 안 움직여서 결국 실패! 이번에는 자윤이가 해보고 싶다고 도전을 한다. 자윤이도 실패하고 땅으로 떨어지며 "나는 무거워서 탈이야"라는 자윤이 말에 모두가 한바탕 웃는다. 원조와 자윤이가 올라가고 싶어하던 그 나무를 지혜는 아침햇살의 도움을 받아 사뿐히 오른다. 이때 나무 위에서 민재가 하는 말 "언니들이 못하는 것 봤냐?" 의기양양하다. 원조의 '나도 올라가고 싶어'라는 말에는 지혜와 민재에게 좀 약이 올라 있다.

이때 다른 아이들은 뭘 하나하고 여기저기 쳐다보니 아이들은 위에 있는 무덤가 편편한 잔디밭에서 놀고 있다. 혼자 뛰어 노는 아이, 엉덩이로 구릉을 내려오는 아이, 상석 위에 셋이서 머리를 맞대고 앉아 무덤을 막대기로 찔러보는 아이들… 사과로 간식도 먹고 민들레와 함께 아주 긴 기차놀이도 하고 칡넝쿨 그네도 타고… 저쪽 끝에서는 나무 타기에 실패한 원조가 봄햇살을 받으며 싱글벙글과 깊은 대화를 나누는 듯한 평화로운 모습도 들어오고… 나무 위의 두 여자아이는 무엇이 그리도 즐거운지 아직도 지절대고… 여간해서 끝날 것 가지 않은 이 놀이판…
— 참여 관찰, 비디오 기록, 1999.3.4

아이들은 자기 나름대로 자연에 흠뻑 빠져서 활동하고 논다. 자연적 놀이감은 잠시도 아이들을 지루하게 하지 않는다. 나무 꼭대기에 오르고 싶어하는 아이, 처음 타 본 칡넝쿨 그네를 40분 내내 연습해서 내려올 때는 선수가 다 된 다섯 살 박이 여자아이도 있다. 이처럼 아이들은 자신의 욕구를 자연 안에서 유감 없이 펼쳐 본다. 그래서 자연은 아이들을 초대하고 아이들은 그 초대에 기분 좋게 응하는 것이 나들이이다.

자연을 소중히 할 것을 교육받으면서 자란 아이들에게 있어서 자연적 세계는, 무엇보다도 거기에서 좋아하는 것을 할 수 있는 '자유의 왕국'이며 '과업에서 해방된 장소'라고 한 와다슈유지 和田修二(1997)의 말에서 자연의 발산적 세계를 발견할 수 있다.

한편, 아이들과 함께 나들이를 다니는 교사들에게도 나들이는 '가는 것'이지 '가르치는 그 무엇'이 아니다. 큰 연령의 아이들을 맡다가 제일 어린 아기방을 맡은 지 두 달쯤 된 싱글벙글은 "까꿍이들 맡아서 가장 아쉬운 것은 나들이를 못가는 거야"라고 했다. 또 대표 교사를 맡아 아이들을 직접 가르치지 않게 된 호랑이는 "나는 나들이 안 가고는 못사니까 끼리방 나들이 갈 때 같이 가서 도와줄게"라고 아침햇살에게 말한다. 이처럼 나들이는 교사나 아이들 모두에게 사는 것과 관련된 체험이다.

나들이의 교육적 가치가 무엇인지에 대해 교사들은 다음과 같이 대답했다.

아침햇살 —— 작은애들은 교사 방향대로 따라가는 경향이 있는 반면, 큰아이들은 계절의 변화들을 먼저 알아차리고, 방향을 스스로 찾아가요. 책 10번 읽는 것보다 한번 보는 게 교육이라고 생각해요.

진달래 —— 요즘 산에 진달래가 무척 많이 펴서 산에만 가면 아이들이 진달래를 불러대서 행복한데 진달래 색이 아이마다 다 다르더라구요. 어떤 아이는 보라색, 어떤 아이는 분홍색, 또 누구는 두 가지가 섞여 있다고 말하고… 아이들이 직접 보았으니까 다 색이 다르게 표현되는 것 아닌가 싶어요. 교사한테도 좋아요, 나들이는.

아침햇살 —— 정말 그래요.

진달래 —— 5-6세가 되면 발산 욕구가 아주 커지는 것 같은데 마당놀이나 자유놀이의 발산과 나들이의 발산은 다른 것 같아요. 마당놀이나 자유놀이가 좁은 공간, 목적한 대로 놀 때의 발산이라면 나들이는 의도함이 없는 발산으로 나들이 갔다올 때 아이들의 표정은 생기가 넘치고 개운한 표정이에요.

아침햇살 —— 진달래 말대로 의도되지 않은 교육이 뜻하지 않게 일어나요. 나들이 갈 때 교사로서 이번에는 이런 걸 좀 해볼까 하고 생각하고 가 보면 계획하지 않은 것이 일어나고 그럴 때 교사가 아이 관심대로 자연스럽게 이동할 수 있게 되는 점이 있어요. 커서 아이들한테 좋은 영향을 줄 거예요.

민들레 —— 보통의 교육 기관에서는 봄, 여름, 가을, 겨울 주제가 나오면 이를 그림이나 사진으로 간접 경험을 하는데 나들이는 직접 경험으로 느끼고 오감으로 느끼는 살아 있는 교육이라 할 수 있죠.

— 면담, 1999.4.8

교사들의 평가 속에는 직접 체험, 경계가 없는 발산, 사물을 본 대로 느낀 대로 표현하는 능력, 교사가 아이의 관심을 따라 이동할 수 있는 가능성 등이 포함되어 있다. 교육은 성장의 가능성을 깨닫는 과정이라고 할 때 4계절의 흐름과 변화 속에서 아이들이 스스로 방향을 찾는다는 것도 교사들이 판단하는 교육적 가치이다. 어떤 교육 활동을 평가한다고 할 때 수량적이거나 아니면 적어도 객관적인 평가가 보편적인 데 비해, '생생하고 개운한 아이들의 표정에서 살아 있는 교육임을 확인한다'는 언표는 나들이가 객관화할 수 있는 경험 이전의 체험인 까닭에 교육적인 설득력이 있다. 경험과 비교해 볼 때 체험이란 몸에 배는 경험을 말하는 것으로 '몸소, 친히'라는 의미가 강하게 배어 있다는 점에서 생생한 체험의 의미를 알 수 있다.

침묵의 과정

자연으로의 나들이에 발산이라는 날숨의 과정이 있다면, 이 날숨은 들숨을 필요로 하고 날숨에 동적인 몸놀림이 있다면 들숨에는 정적인 몸놀림이 있다. 그래서 나들이에서 한바탕 놀아 제친 아이들에게는 그들 나름의 조용한 시간이 있다.

다음의 예는 나들이에서 나이가 많은 아이가 자기보다 어린 동생을 손잡고 내려오는 장면으로 여기에서 들숨의 몸놀림을 볼 수가 있다.

싱글벙글이 자리에서 일어서며 "우리, 가자" 한다. 그래도 갈 사람은 가고 놀 사람은 논다. 싱글벙글이 소원이를 먼저 무덤가 흙 계단으로 손을 잡아 내려주는데 옆에서 내려오던 가연이가 자연스레 소원이 손을 잡고 내려간다. 그 뒤를 씩씩한 대준이가 혼자 따라가고 싱글벙글은 차현이와 현민이를 각각 두리와 민재에게 짝을 지어 주는 모습이 들어온다. 얼마 있다 먼저 출발한 이 아이들을 따라 내려와 보니 싱글벙글과 도글방은 벌써 내려가서 모습이 안보이고 두리와 차현이가 손을 잡고 내려가는 모습만이 보인다.[1]

두 아이는 아무 말 없이 손만 잡은 채 내려간다. 우리 세 사람의 발자국 소리만 들릴 뿐이다. 오히려 침묵 속에서 두리가 차현이를 어떻게 배려하는 지가 확연하게 내 눈에 들어온다. 차현이는 신발이 커서 자꾸 넘어진다. 그때 마다 손을 놓지 않고 꼭 잡은 채 차현이가 일어나기를 기다리는 적절한 시간 동안, 두리가 차현이를 향해 서 있는 각도, 눈빛, 무표정한 듯한 표정은 마치 아닌 것 같으면서 차현이를 배려하는 섬세함이었다.

이런 배려가 두리도 쉽지만은 않은 듯 급하게 꼬부라진 길이 나타날 때면 무의식적으로 흔들어대며 방향을 잡는 손사래짓에 나는 배시시 웃음이 나왔 다. 산길이 끝나갈 즈음, 뒤에서 원조와 동렬이가 뛰어와 앞질러가자 공들여 걸어온 자기 길이 방해를 받는다고 느꼈는지 두리는 두 친구에게 줄서가라고 말한다. 그러나 그 소리를 들었는지, 못 들었는지 두 놈은 벌써 뛰어가고 없다. 마을 골목에 접어들자 이번에는 정원이 엄마와 현민이가 손을 잡고 뒤따라오자 두리는 또 차례대로 뒤에 따라오라는 주문을 한다. 정원이 어머니가 "우리가 먼저 가면 안돼?" 하자 두리는 별 대답이 없다. 이에 정원 어머니와 현민이가 앞서간다. 어린이집 골목 어귀에 들어서자 두리가 현민이를 부르는데 대답이 없자 "쟤는 지소리밖에 안 들리나 봐" 하며 차현이와 대문 안으로 들어간다. 그리고 이 두 짝꿍은 터전의 현관 앞에 있는 백일홍 나무 앞에 와서야 손을 놓는다. 손을 놓고 차현이는 대준이가 타고 있는 장난감 차가 타고 싶어서 그 주위를 맴맴 도는데 두리는 여기저기를 두리번거리다가 안으로 들어가는 것이 싱글벙글을 찾는 듯한 눈치였다. 아니나 다를까! 잠시 뒤 두리가 나오면서 "차현아, 싱글벙글 안에 있어"라고 말하지만 차현이는 어떡하면 이 차를 차지하나가 관심이어서 오빠의 말은 들은 척도 안 한다. 두리는 다시 들어가 창문 밖으로 차현이를 부르며 싱글벙글이 오란다는 이야기를 해준다. 그래도 차현이는 차가 더 좋다. 잠시 후, 뒤늦게 출발한 아이들이 나들이에서 들이닥친다. 그리고 호랑이가 나와서 대준이하고 차현이한테 밥 먹으러 들어가자고 해서 오늘의 나들이는 끝을 내린다.
— 참여 관찰, 비디오 기록, **1999.3.4**

산에서 어린이집으로 오기까지 이 두 꼬마 사이에는 한마디 말도 오가지 않았다. 말 없는 침묵 속에서 처음 잡은 손을 한번도 놓지 않았을 뿐이다. 침묵의 공간 안에서도 인간의 대화는 얼마든지 가능하다. 잡을 수 있는 손이 있고, 너를 보고 있다는 각도가 있고, 기다려 주는 눈빛이 있고, 안심을 주는 표정이 있고, 우리 둘이 같이 가는 거야라는 발걸음이 있고 이제 다 왔어라고 말하지 않아도 백일홍 나무 앞에 서면 누가 먼저랄 것도 없이 손을 놓을 수 있는 교감이 있다. 그리고 침묵이 끝나는 자리에 "차현아, 싱글벙글 안에 있어. 들어오래"라는 말이 들어선다. 이 말은 이 아이들의 침묵의 과정을 모르는 이한테는 단순한 말에 지나지 않지만 이 과정의 소유자들한테는 의미 있는 언어이다. 동생을 책임지고 선생님한테 인도하고 싶은 일곱 살 난 꼬마의 진실한 마음인 것이다. 이 말의 의미는 침묵과 연결되어 있고 이 침묵은 그저 텅 비어 있는 공간이 아니라, 두 아이의 신체를 통한 교감으로 꽉 채워진 공간이므로 말이란 체험적인 신체를 통해 그 의미를 더 한층 표현해 낸다고 할 수 있다.

말은 본질적으로 침묵과 연관되어 있고 진정한 말은 침묵의 반향(反響)이라고 한 피카르트 Picard(1985)의 "어느 말 속에든, 그 말이 어디서 왔는가를 보여 주는 한 표시로서 어떤 침묵하는 것(erwas schweigendes)이 들어 있고, 또한 어떤 침묵 속에든 침묵으로부터 이야기가 생긴다는 한 표시로서 어떤 이야기하는 것(etwas Reidendes)이 들어 있다"는 표현에서 침묵의 교육적 면모를 볼 수가 있다. 나들이에서의 침묵의 경험은 어린이가 세계를 인식하는 또 하나의 방식일 수 있다.

시인이 된 아이들

벚꽃이나 아까시꽃이 눈처럼 내리는 산 속에서 아이들이 꽃눈과 뒤엉켜 뛰면서 "새끼 물방울 같다", "별나뭇잎 같다"와 같은 탄성을 내지를 때, 처연한 초가을 풍경을 접한 네살박이들이 "아름답다. 우리 동생들도 데리고 오자"와 같은 대화를 도란거릴 때 자연과 인간이 하나됨을 느낀다. 오랜 동안 일상적으로 이루어진 나들이의 긴 과정에서 아이들의 몸과 정신에 접혀 들어간 자연에서의 체험은 아이들의 몸과 정신을 통해 드러나고 표현된다. 아이들에게 자연에 대한 감성적 표현이 나올 때 교사들은 아이들을 시인이라 부른다.

다음은 첫눈을 맞은 하루 동안 아이들이 토해 낸 싱싱한 시어들이다.

점심을 먹으려고 마루에 앉아 있는데 갑자기 느껴지는 눈발… 순간 눈이다! 혜지를 선두로 베란다로 달려나가는 아이들… 일렬로 서서 손뼉치며 발을 동동 뛰는 아이들… 밥 먹고 눈 보러 나가자는 말에 다시 들어와 밥을 먹었는데… 첫눈은 맞으면 안 좋다는 까마귀 말에… 모두들 우산을 펼치고 마당으로 나갔지요. 우산은 손에 들었지만 하늘을 쳐다보며 입을 쩍 벌리고 있는 지운(눈 맛을 아는 지운). 끼리방에서 창 밖을 바라보던 나는 너무나 하얗게 변해 버린 나무를 보며… "이야, 나무가 하얀 옷을 입었다, 너무 멋있다" 그러자 지한이 하는 말, "저거 소나무지. 나 어디서 읽었는데… 소나무는 겨울에도 계속 초록색이다" 그렇게 말하면서 잠시 창 밖을 바라본 지한이 하는 말 "아프겠다" 놀란 난 "응? 아프다고?" "눈이 소나무 때문에 따갑겠다…" 후후 소나무에 내려앉는 눈을 보며 하는 말이었다. 내리는 눈을 보며 지한이(만 7세)가 느끼는 걸 과연 어른들은 느낄 수 있을까?…

간식 시간에 아름이 창밖을 바라보며 거북이에게 귓속말로
아름(만 6세) —— 거북이 배추에 눈이 쌓여 있어서 배추가 춥겠다. 나가서 눈 털어 주자.

시인이 된 소근이들(만 4세 어린이들)
주용 —— 눈이 바람처럼 내린다.
소영 —— 눈이 길을 막았다.

수영 —— 눈이 꽃이다.

한결 —— 눈이 하늘까지 막았다.

— 「함께 크는 우리 아이」 1998.1, '아이들 수다'난에서 발췌[2]

자연의 사물과 현상을 사람의 정신 생활과의 유비(Analogy)에 의하여 이해하고, 사람과 자연 사이의 내적 관련성을 나타내는 것이 의인화라고 할 때, 의인화된 표현은 어린이의 물활론적 사고로 인하여 아이들 세계에서는 더욱 두드러진다. 이 아이들도 눈이 오는 자연적 현상에서의 사물들을 의인화함으로써 사람과 자연을 정신적으로 관련짓고 감성적으로 이해하고 있음을 그들의 시적 언어에서 알 수 있다.

아이들이 생산해 낸 시어 안에는 감성적인 인지적 과정이 충분히 들어 있다는 점에 대해 콥(1975)은 "유아기에 가지고 있는 우리와 자연간의 선천적인 연결과 시적인 목소리는 우리가 성인이 되어서 발휘하는 창의력의 근원이다. 유아기 때는 인지적 과정이 감성적이고, 운율이 있고, 발생의 측면에서 볼 때 막 형성되고 있기 때문에, 필연적으로 시적일 수밖에 없다. 즉, 인지적 과정은 언어적 표현을 기다리면서 자신과 환경 간의 감각적 통합을 이루는 것이다"라고 말했다.

아이가 '안다는 것' 또는 인식한다는 것은 아이가 자신의 세계를 만들고 그리고 그의 몸이 독특한 도구가 되는 순간에서 그리고 자연과 인간 본성이 만나는 자리에서 발생하는 것이다. 바로 이러한 순간들이 어른이 되어 전망을 새롭게 하고 강화시켜 창의력을 확장하려 할 때 자신의 삶을 되짚는 과정에서 재연되는 그 순간이기도 하다(Cobb, 1975).

지금까지 살펴본 대로 아이들과 교사는 나들이를 다니면서 자연과 일상적인 관계를 맺게 되고 또 친숙해진다. 나들이가 공동육아의 중요한 교육 활동이기는 하지만 그것은 명시적인 교육 의도를 띤 활동이기보다는 발산적이고 신체적인 체험 그 자체인 만큼 교육적 의도는 암묵적이다. 즉 나들이는 언어로 서술하는 나열적인 지식을 축적하고 형성하는 과정이라기보다는 손이나 발, 감각과 같은 우리의 몸에서 이루어지는 또 다른 형태의 지식을 구성하는 암묵적인 교육 과정으로 물론 이 안에는 언어의 과정도 포함되어 있음을 알 수 있다.

언어적인 것과는 전혀 상관없이 부지불식간에 몸으로 익혀 호흡에 맡기는 지식을 가리켜 폴라니 Polany는 '암묵적 지식'(暗默的 知識, tacit knowledge)이라고 하였으며(김재희, 1994), 메를로-퐁티 Merleau-Ponty는 반성된 언어는 이차적인 것이고 몸의 언어는 근원적인 것이라고 했다. 그는 모호하게 구성하는 몸의 말, 몸의 표현을 '암묵적인 생각'(tacit cogito)이라고 했다(김형효, 1996).

나는 나들이의 과정에 몸을 통한 지식 구성과 언어를 통한 지식 구성 과정이 다 들어 있다고 본다. 하지만 나들이의 체험적인 특성상 전자에 보다 비중을 두고 보는 관점에서 나들이를 통해 어린이들이 세계와 교섭하는 과정을 암묵적 교육 과정이라고 일컫게 되었다.

나들이의 교육적 의미

나의 반성

나의 나들이 체험은 내 자신이 얼마나 이성을 우위에 두는 기계론적 삶의 방식에 젖어 왔었는지를 깨닫는 과정이었다.

내가 연구 초기에 교사들에게 왜 나들이의 장면을 적극적으로 교육 장면 안으로 끌고 들어오지 않는가 하는 문제점을 지적한 적이 있었다. 나의 지적에 대해 교사 두 명이 '자연'의 교육적 효과와 경험은 서서히 심지어는 성인으로 성장한 후에 나타난다고 말했다. 나 역시 그 생각에 는 동의하지만 그 많은 잠재적 경험 중에는 현재 교육 활동 속에서 구체 화시켜 줄 것도 있다고 반박을 하였다. 자연의 교육적 효과가 성인이 된 후 나타날 수 있다는 교사들의 발언에 충격을 받은 채 나는 집으로 돌아왔다. 그리고 왜 내가 충격을 받았는지를 생각했다. 그것은 십수 년 유아 교육을 공부한 나 자신이지만 교육적 효과가 성인으로 성장한 후에 나타난다는 것에 대한 낯설음 때문이었다. 눈에 보이는 교육적 효과에 눈이 멀어 교육적 잠재성에 대해서 퍽 무딘 내 자신에 대한 놀라움 때문 이었다. 그러면서도 한편으로는 자연을 가까이하는 경험의 외적 드러남 이 서서히 온다고 생각하는 것은 두 선생님의 개인적 경험의 한계는 아 닌지 나는 왜 그 자리에서 반문하지 않았던가 하고 아쉬워, 아니 더 정확 히는 억울해 했다. 그 순간 어쩌면 자연에 대한 나의 제한된 경험 탓은 아닐까라는 생각이 퍼뜩 지나갔다. 그 후 나는 복잡한 심정을 접고 터전 의 나들이에 대해 뭐라 하기 전에 나 자신을 돌아봐야 한다는 마음을 먹고 나들이를 따라다니기 시작했다.

또 내가 맨 처음 공동육아에 들어오기 전 또는 들어와서 초기에 의아 했던 것 중의 하나가 나들이 참 좋은데 두 시간은 좀 길지 않은가? 그리 고 왜 정신이 맑은 아침에 굳이 힘들게 나들이를 하는 걸까? 차라리 오 전에는 실내에서 조용히 집중적인 활동을 하고 오후에 아이들이 좀 지루 해할 때 슬슬 나들이를 가는 것이 더 낫지 않을까 하는 생각을 했었다.

그러나 부지런히 나들이를 따라다니던 어느 날 더 이상 말로는 표현할 길 없는 "아하, 이래서 나들이는 아침에 오는 거구나"를 몸으로 느끼면서 인간의 맑은 정신으로 자연과 전면적으로 만나는 이 좋은 시간을 나는 왜 자투리 시간에 하는 것이 좋겠다는 생각을 했는지 따져보았다. 정신이 맑을 때는 공부를 해야 한다는 잠재의식은 돌이켜 보니 어려서부터 집안 어른들에게 익히 들어왔던 "선선하니 정신 맑을 때 공부하고 이따가 나가 놀아"라는 말 때문이었다. 그래서 내가 생각하는 나들이는 정신 작용보다는 휴식이고 교육 활동이기보다는 단순한 체력 또는 놀이 활동이라고 본 면이 없지 않았다. 그리고 자연을 쉬러 나가는 하나의 대상으로밖에는 여기지 않았던 것이다. 더 근본적으로는 인간의 활동을 몸과 정신, 둘로 갈라서 보았으며 몸보다는 정신을 우위에 두고 보았던 것이다. 재미있었던 것은 예전의 이곳 원장 선생님(유아 교육을 전공했음)도 교사들에게 나들이를 오후에 해야 함을 주장했었다는 말을 듣고 교육자들의 학습 지향성을 속으로 확인하면서 혼자서 피식 웃은 적이 있다.

나들이를 통해, 나는 자연(自然)의 '스스로 그러함'의 본질과 속도를 체험적으로 터득하지 못한 자신을 발견하게 되었다. 특히 체험적 앎에 걸리는 시간과 인식의 방식에 있어 비 자연적 시간관과 인식의 방식을 갖고 있었음을 깨달았다. 그래서 성급했고 나들이의 체험적인 인식 방식이 나의 따지고 조이는 반성적인 인식 방식에서 볼 때 어설퍼 보였던 것이다. 즉 여백이 구멍으로 보였던 것이다. 그래서 내가 의문시했던 나들이의 한계점은 어찌 보면 자연에 대한 나의 제한된 체험과 시각의 한계였음을 반성하게 되었다.

나는 평소 입으로 그리고 의식 세계에서도 늘 통합적인 인식 방법을 주장해 왔다. 특히 유아 교육에 관해서는 더더욱 그랬다. 그러나 그 통합적인 인식 과정에 대해 체험적인 시간이라는 요소는 별로 생각을 해보지 않았다. 아마도 뼛속까지 스민 기계론적 세계관의 덕택일 것이다. 다음의 말라구찌 Malaguzzi(1993)의 말을 통해 나 자신의 체험적 시간, 어린이의 인식의 바탕을 이루고 있는 시간, 교육에서의 시간의 의미를 다시 생각해 보는 기회가 되었다.

진정한 교수와 학습이 일어나는 상황과 유아기의 주관적 경험이 이루어지는 상황에서는 특히 어린이의 시간을 시계로 재는 것은 잘못입니다. 성숙할 시간, 발달할 시간, 이해할 시간, 어린이의 능력이 완전히 나타나고, 천천히 나타나고, 엉뚱하게 나타나고, 맑게 나타나고, 계속적으로 변하며 나타날 시간을 존중해 주어야 합니다. 이것은 문화적, 생물학적 지혜에 따른 측정입니다… 자연은 실수를 수정하고(어른과 어린이 모두가), 편견을 극복하고, 어린이가 잠시 쉬면서 자신과 또래, 부모, 교사, 세상에 대한 자신들의 이미지를 회복할 수 있는 시간을 마련해 줍니다. 만약 우리가 기계와 이득에 따른 시간과 리듬이 인간의 시간과 리듬을 지배하는 시기에 살고 있다면 심리학, 교육, 그리고 문화가 설 자리는 어디인지 알고 싶습니다.

기계론적 시간관이나 세계관으로부터의 전환은 어느 날 머리가 인식했다고 해서 즉 '지적인 놀이'만으로는 변화할 수 없는 것임을 깨달은 것이다. 기계론적 세계관조차 머리 따로 몸 따로가 아닌 온몸으로 체험되고 쌓인 것이기 때문에 몸이 달라질 때 비로소 변화를 체험하는 것이다. 이 체험적인 과정이 나들이를 따라 다니는 과정에서 나에게 서서히 변화로 다가온 것이었다.

공동육아의 반성

공동육아 구성원들은 나들이의 교육적 경험과 가치를 생태적인 사고, 통합적인 앎의 방식, 감성 교육을 할 수 있는 활동으로 평가한다. 그러나 여기에 만족하지 않고 아쉬워하는 점도 있다. 특히 부모들의 경우, 암묵적이고 통합적인 앎의 방식에 만족하지만 아이들의 연령이 높아지면 명시적이고 객관적인 지식의 획득에 대한 욕구가 커짐에 따라 나들이에 뭔가 더 보완되기를 바라는 것이 부모들 내부에 갖고 있는 잠재적 요구이기도 하다. 또 새로 들어 온 부모들의 경우, 자연과 관련된 감성 교육은 만족하지만 인지 교육에 대한 결핍을 표명하게 되면 이에 대해 구성원들은 어떻게 해명할지 난감해 할 때도 있다.

나들이와 관련해서 어린이집에서 이분법적인 논리가 은연중에 드러나는 주제를 살펴보면 크게는 자연 : 문명, 물질 : 정신, 자연 : 인간, 작게는 통합적이고도 전신적인 앎의 방식을 방해하는 분절적인 앎의 방식의 근저에 있는 지성 : 감성, 몸 : 정신 등이다.

공동육아 구성원들이 보여 주는 자연에 대한 전반적인 생각들에는 자연을 근원에 둔 생태론적이고 통합적인 삶과 앎의 방식을 지향하는 점이 보인다. 이런 지향은 아직도 기계론적이고 이분법적인 세계관이 팽배한 우리의 현실에서 볼 때는 신선한 사고 패러다임이라고 할 수가 있다. 그럼에도 불구하고 그것을 실천하는 과정에 있어 크고 작은 문제점에 부딪치고 이러한 상황의 언저리에는 아직도 세상과 사물, 인간을 기계론에 뿌리를 둔 물질과 정신을 확연히 분리시켜 생각하는 환원주의식 선입견에서 오는 이분법적 사고 패턴이 잔존하고 있음을 알 수 있다.[3]

교사들이나 부모들은 나들이의 암묵적 교육 과정의 확장을 지향하면서도 여기에 의도적인 교육 과정을 보완해야 하는 것은 아닌가, 즉 나들이와 연결해서 뭔가 좀더 깊이 있는 활동을 해야 하는 것은 아닌지 고민한다.

방과후 교사인 '까마귀'는 평상시 나들이 코스인 우면산이나 관악산의 생태를 아이들과 조사해 볼 계획을 하게 된 동기에 대해 다음과 같이 말했다. "아이들한테 그 동안(2년 이상) 나들이하면서 무엇이 가장 좋았는지 또는 기억나는 것을 말해 보라고 하니까 아이들 말 중에 자신들이 아는 나무에 대해 열 안팎의 이름들이 나오더라구요. 그래서 그럼 그것을 그려 보자고 했더니 거의 못 그리는 거예요. 나뭇잎의 형태도 못 그리더라구요. 의외였어요. 우리가 나들이를 매일 가고 하면서도 실제 아는 것은 없는 거예요. 나도 그렇죠. 나도 몇 개 모릅니다. 이제 좀 그런 데서 벗어나야 할 것 같아요." 이 말은 나들이가 즐기고 체험하는 이상 무엇이 있어야 한다는 것을 말한다. 나들이의 경험이 어린이집의 안과 밖에서 유기적으로 연결되어야 하고 나들이의 1차적인 체험이 반성적 경험과 사고 속에서 다양하게 명료화됨으로써 어린이들의 체험과 지적 가능성이 통합될 필요가 있다는 뜻이다. 어린이들이 세상과 사물의 복잡한 현상을 인식해 가는 과정에는 아이들의 유추, 은유, 의인화, 현실적 논리적 의미들을 사고하고 표현할 수 있는 능력들이 개입된다. 이를 지나치게 1차적인 감각적 경험으로 머물게 하면 아이들의 신선한 호기심은 지속적인 방향성을 갖지 못하고 현상적 수준에서 사그라들 수도 있다. 따라서 공동육아의 나들이를 통한 체험의 강조에는 자연의 무한한 시간과 공간 안에서 이루어지는 아이들의 풍부한 활동과 심미적 감성이 교육 과정으로 구성될 가능성이 있지만 어른들이 분절적인 인지 교육에 식상한 나머지, 어린이들의 순수한 지적인 모험과 호기심을 끌어주고 북돋아주는 교육적 행위를 토막 난 지식의 전수라는 맥락으로 오해해서 무의식적으로 배제할 여지도 있다. 그래서 교사들은 터전 교육이 신체를 통한 체험과 그것을 통한 전신적인 앎을 강조하지만 그 속에서 생기는 틈에 대해 고민하고 있다. 분절적이고 조각조각 떼어내고 분석하는 교육 방식에서 벗어나 통합적이고 전체적인 앎의 방식을 추구하지만 그것의 완전성에 있어서는 어설프다는 것이 교사들의 평가이다. 이런 평가는 나들이의 암묵적인 교육 과정의 한계를 지적하기보다는 나들이를 더욱 깊이 있게 경험하기 위해서는 나들이의 체험을 경험화시켜 반성적인 교육 과정이 같이 이루져야 한다는 논지를 구성하고 있다고 볼 수 있다.

따라서 나의 체험과 교사들의 나들이 평가에 터해 볼 때, 체험적 인식의 방식이 더욱 깊이를 향해 나갈 때의 나들이 방향에 대한 제언을 해보자면 다음과 같다.

나들이 교육 과정에 대한 제언

나들이의 교육 과정에 신체를 통한 체험적 인식에 더해 언어적인 형태를 지닌 이론적인 경험도 포함될 필요가 있다. 나들이 체험과 같은 암묵적이고 비이론적인 경험은 반성적 사고 및 이론적 경험에 비해 명시적으로 드러나는 객관적 검증이나 재현은 어렵다. 그렇지만 이런 눈에 잘 보이지 않고 손에 잡히지 않는 비이론적 경험들이 인간의 삶을 풍요롭게 하고 이론적 경험과 더불어 인간 경험의 총체를 이룬다는 점을 또한 무시할 수 없다. 오히려 이들 경험은 일상적 삶의 세계 속에서 직접적으로 영향을 미치며 삶의 내용에 변화를 준다. 다만 인간 경험이 체험적 인식

외에도 이론적, 개념적 인식과 같은 다양한 구조를 가질 수 있으며 삶의 내용이 풍부해지고 정신이 폭넓게 발달하기 위해서는 다양한 경험 구조에 대한 적극적인 관심이 필요한 것이다.

이렇게 하기 위해서는 일상적인 나들이와 함께 의도적인 나들이 활동도 있어야 한다. 즉, 자연이 거기 있어서 가는 나들이도 필요하지만 무엇인가 궁금해서 그 궁금증을 풀어나가는 나들이도 있어야 한다. 그래서 사전 활동, 현장 답사, 그리고 추후 활동으로 연결되는 나들이 활동 안에서 체험과 의식이 연결되고 세상에 대한 호기심이 지적인 탐구와 의미 있는 학습으로 연결되어야 한다. 그래서 교사와 아이간, 아이들끼리의 진중하고도 집중적인 대화도 교육적으로 필요한 것이다. 이럴 때만이 복잡한 상황의 관계성과 차원에 대한 이해가 가능한 아이들의 잠재성을 발현시킬 수 있을 뿐만 아니라 교사 또한 아이들의 경험과 인식을 통합적으로 이해할 수가 있다. 나들이 활동이 더욱 의미 있는 학습으로 진행되는 데에 그 동안의 '직접 경험을 통한 학습(learning by doing)'에서 '직접 경험한 내용의 반성(재고찰)을 통한 학습(learning by reflecting do doing)'으로 연결하는 시도가 6-7세 어린이들에게 가능한 것은 오랜 시간 지속적인 나들이를 통한 자연에서의 생생한 체험이 아이들한테 기본적인 신뢰와 민감한 호기심을 충분히 제공해 주었기 때문이다. 듀이 Dewey(이돈희, 1992)의 "모든 경험은 먼저 있었던 경험으로부터 무엇인가를 받아들이는 동시에 뒤에 오는 경험의 질을 어떤 방식으로든지 바꾸어 놓는다"는 경험의 계속성의 원리는 나들이 활동 안에 다양한 경험의 구조를 교육적 과정으로 구성할 필요가 있다는 점을 수용하는 데 설명력을 갖는다.

이런 점에서 볼 때, 지금까지 해왔던 나들이 방식에서 구멍을 막는 것이 아닌 여백의 모양새를 수정하면서 풍부하게 할 수 있는 가능성이 있다. 이는 다음의 이기범(1995)의 말에서도 힌트를 얻을 수가 있다. "찰흙을 이겨서 그릇을 만들되 바로 거기가 비어 있어서 그릇으로 쓸 수 있다. 문을 내고 창을 뚫어 방을 만들되 바로 거기가 비어 있어서 방을 쓸 수가 있다." 이기범은 노자의 도덕경의 이치를 들어 공동육아의 아이, 어른 모두의 잠재적 가능성을 여는 방식에 대해 말했다. 이는 구멍을 막는 방식이 아니라 여백을 상황적으로 변형하는 방식인 것이다. 여기서 구멍을 막는 방식이라 함은 그릇의 쓰임새에 있어 차 있는 것과 비어 있는 것(虛)의 관계를 무시한 것으로, 다양한 경험 구조의 관계성을 무시하는 것이다. 여백이라 함은 그릇과 빈 공간의 관계를 상정해서 다양한 경험의 관계성을 유기적으로 살려 주는 방법을 말한다.

자연의 교육적 의미

집에서의 아늑함과 자연에서의 자유로움은 아이가 세계라는 존재와 직물을 함께 짜는 씨실과 날실과 같다. 어린이집에서 가정과 같은 아늑함을 경험하는 공동육아 아이들은 매일 자연으로 나간다. 매일 가는 나들이는 일상적인 삶 안에서 특별하게 주목됨 없이 지속적으로 경험되는 밥 먹는 일과 같다. 하지만 거기에는 집 안과 밖을 넘나드는 공간의 이동과 확장이 있다. 특히 나들이를 통해 경험하는 자연의 세계는 아이들과 자연의 지속적인 만남과 관계를 포괄적으로 형성함으로써, 아이들의 세계를 확장시켜 준다. 자연은 모든 생명체가 함께 어울려 이루어진 세계로 모든 것을 포함하는 포괄적이고도 근원적인 것이기 때문이다. 따라서 집밖의 공간, 자연은 언제나 인간의 마음을 당기고 있다. 자연은 아이들이 자기 존재의 전체성을 갖고 관계를 맺는 곳이며 자신을 마음놓고 드러내는 공간이다. 그 곳에서 아이들은 발산을 통해 공간을 확대한다.

자연은 무한히 펼쳐지는 공간으로써 아이들로 하여금 우연성, 또는 순간성에 자신을 내맡기게 허락한다. 또한 무한한 공간인 자연 안에는 다양한 생명체들이 저마다 자기에게 알맞은 삶터를 틀고 있어서 아이들이 스스로 자기에게 알맞은 삶의 형태를 찾아내도록 하는 교육의 장소가 된다. 자연이 인간과 무한하게 관계 맺는 장소라면 어린이집은 안정적 관계를 맺는 장소이다. 그래서 아이들이 한껏 자연에서 뛰어올랐다 내려오는 공간은 어린이집이 될 수 있다. 이때 집은 언제나 돌아올 수 있는 안전한 곳으로 인간과 자연의 중개자이다. 이 모든 공간적인 연결이 나들이를 통해서 안정되게 이루어진다.

공동육아 어린이집에서 이루어지는 하루의 흐름은 완만한 속도로 이루어진다. 하루가 완만하게 이루어지는 일과 안에서 자연으로의 나들이가 매일 반복된다. 아이들은 먹고 자고 깨고 놀고 하는 등의 생물학적이고도 신체적인 리듬으로 형성된 습관을 통해 세상에 적응하므로 이 리듬에 순응하는 일을 배우는 일은 아이에게나 아이를 키우는 어른들 모두에게 매우 중요하다. 따라서 아이들은 완만한 생활의 흐름 속에서 필요한 시간을 허용하는 능력과 시간적인 안정감을 획득할 수 있어야 한다. 즉 자연적인 시간을 체험하고 습득해야 하는 것이다.

아이들의 하루 일과 중 매일 아침에 이루어지는 두 시간의 나들이는 아주 어린 시절부터 시작되어 3년 이상을 지속하는 짧지만 긴 여정이다. 자연 안에서 어린이는 뛸 수 있는 시간, 걸을 수 있는 시간, 대화할 수 있는 시간, 침묵하는 시간 등 다양한 형태의 시간을 부여받는다. 자연은 언제나 변화를 보여줌으로써, 시간의 변이를 생생하게 포착하게 해주는 존재이다. 작고 부드럽기만 하던 연초록의 어리고 작은 잎들이 다 자라 무성해진 산길에서 어린이들은 달라진 나뭇잎의 색깔과 크기를 자기 손과 대보며, 나무의 성장을 느낀다. 또 매번 다니던 산길이 진달래꽃에서 철쭉꽃으로 또다시 하얀 싸리꽃으로 바뀌어진 산을 보며 생태계의 변화를 경험한다. 봄, 여름, 가을, 겨울을 지나 다시 새 봄에 찔레순을 따먹으며 작년에 따먹었던 찔레순의 맛을 기억하는 일도 자연에서 일어난다.

생태계의 변화가 드러내는 사태는 매일 다른 반복으로써 시간의 흐름을 지각하게 한다. 자연이 드러내는 색깔, 자태, 소리, 냄새, 온도의 변화와 이에 대한 인간의 반응이 곧 그것이다. 이런 점에서 자연이 어린이에게 보여 주는 매일 다른 반복은 아이들이 놀이 세계에서 경험하는 창조적인 반복과 닮아 있다. 자연적 질서의 순환성이 삶의 질서에 영향을 미칠 때 시간에 대한 올바른 관계로의 교육은 더 깊은 의미 규정을 지니게 된다.

공동육아 구성원들이 소중하게 여기는 삶의 태도는 관계 맺음이다. 여기에는 자연과의 관계와 인간 관계 두 가지 차원이 있다. 구체적으로 자연과의 관계는 교사들과 어린이들의 나들이를 통해 형성되며 인간 관계는 어린이집 생활을 중심으로 형성된다.

어린이집에서 이루어지는 나들이 활동은 자연에서의 직관의 세계와 상호 주관적인 문화 세계를 동시에 경험하는 활동이다. 어린이들은 자연이라는 확장된 세계와의 만남을 통해 확대된 관계를 맺는다. 그 만남은 어린이들의 끝없는 발산과 욕구의 표출과 침묵의 역동적인 교류 과정이다. 어린이들은 자연과의 관계를 심미적으로 표출하기도 한다. 자연에 놓여져 있는 사물을 살아 있는 존재로 그리는 어린이들의 표현에서 어린이들이 자연과 맺는 관계를 알 수 있다. 자연은 인간의 '나 - 그것'의 관계 방식에도 언제나 온 존재를 기울이는 근원적인 세계이다. 그래서 인간으로 하여금 '나 - 너'의 관계를 맺도록 도와주는 큰 선생님이다. 공동육아의 아이들과 교사는 우리의 삶의 세계에 드리워져 있는 자연을 매일의 나들이를 통해 만난다. 공간과 시간의 자유 자재로운 만남 안에서 자연과 진정한 '나 - 너'의 관계를 체험적으로 배워 나간다는 데 공동육아 나들이의 교육적 가능성과 의미가 있다. ■

* 주

1) 나들이를 여러 방이 같이 갈 경우, 걸음이 느린 어린 아이들이 먼저 출발한다. 두리(만 6세)와 차현이(만 3세)는 친남매간이 아니고 어린이집에서 만난 오빠-동생이다.
2) '함께 크는 우리 아이'는 바위 어린이집에서 매월 발간하는 소식지이다.
3) 기계론적인 세계관은 17세기에 걸쳐 주로 갈릴레이와 데카르트, 그리고 뉴턴에 의해 성립되었다. 데카르트는 우선 세상을 정신과 물질, 이렇게 두 가지로 확연히 구분하였다. 그리고 이 두 가지 영역은 속성상 서로 완전히 독립되어 있는 별개에 속한다고 못박아 두었다. 물질적인 세계는 데카르트에 의해서 하나의 기계로 이해되었다. 데카르트가 물질의 세계에서 추론해 낸 이러한 발상은 살아 있는 유기체에도 적용되었다. 데카르트식 인식론에서 가장 핵심적인 요소는 분석적인 사고 방식이었다. 이 말은 우리가 사유하는 모든 것은, 그리고 탐구하게 되는 모든 현상은 그 내용에 있어 결국 작은 조각으로 나누어 볼 수 있으며 이 조각들은 다시 논리적으로 정리하여 조목조목 묶어볼 수 있다는 환원주의(還元主義 : reductionism)를 말한다(김재희, 1994).

* 도움받은 글

김재희, 1994, 『신과학 산책』, 서울 : 김영사.

김형효, 1996, 『메를로-뽕띠와 애매성의 철학』, 서울 : 철학과 현실사.

이기범, 1995, 「공동육아 공동체의 가치와 의미」, 『함께 크는 우리 아이』, 서울 : 도서 출판 또 하나의 문화.

이돈희, 1992, 『존 듀이 교육론』, 서울: 서울대학교 출판부.

Cobb, E., 1975, *The Ecology of Imagination in Childhood*, New York : Columbia University Press.

Malaguzzi, 1993, "History, Ideas, and Basic Philosophy – An Interview with Lella Gandini," In Edwards, C., Gankini, L., Forman, G.(Eds.), *The Hundred Language of Children: The Reggio Emilia Approach to Early Childhood Education*; 김희진, 오문자 역(1996) 『어린이들의 수많은 언어 : 레지오 에밀리아의 유아 교육』, 서울 : 정민사.

和田修二, 1997, 『어린이의 인간학』, 박선영, 노명희 역, 서울 : 아름다운 세상.

* 글쓴이 이부미는 별명이 '복숭아'이고 현재 공동육아연구원의 현장 교육 전문가이다. 지난 1998년부터 1999년까지 2년에 걸쳐 공동육아에 대한 현장 연구를 과천에 있는 한 어린이집에서 실시하여 「'공동육아' 문화의 교육적 해석」이라는 제목의 박사 논문을 완성하였다.

나들이를 가며 크는 아이들

야~호!

먼저 도착한 아이들은 크게 소리를 질러 보고,

아직 올라오지 못한 아이들에게

"힘내라 힘, 힘내라 힘, 젖먹던 힘까지,

힘힘힘"하며 응원가를 불러 주었다.

우리 아이들은 정상에 선 기쁨을

나 혼자만이 아니라 함께 나누는 것이

중요하다는 것을 이미 알고 있었다.

모험과 도전

박미애 · 신경선

까꿍방(돌 전 아이들)이나 도글방 아이들은 언니, 형, 오빠, 누나들과
는 달리 터전 마당에서 놀거나 10분 거리 이내의 동네 놀이터나 동네
의 놀 만한 곳으로 나들이를 간다. 자신들을 두고 저 멀리 가버리는
언니, 형, 오빠, 누나들을 보며 자신들도 언젠가는 형님들의 나들이를
따라나서리라는 다짐과 꿈과 소망을 키워 간다. 이 글은 도글이들이
드디어 형님들을 처음으로 따라나서는 나들이와 이 첫 나들이 10개
월 후 역시 형님들과 함께 간 나들이에 대한 글이다. 어른도 다소 힘
겹게 등반할 정도의 높은 산을 생글, 당실이들과 함께 무난히 정복할
만큼 훌쩍 커버린 도글이들의 모습을 보여 준다. "소래산만큼 힘든
일이야." "아니야, 소래산보다는 안 힘들어"라는 아이들의 표현에서
는, 창의력의 기반은 생동감 있는 생활 체험이라는 것을 새삼 확인하
게 된다.

그날도 아직 이르다 싶었지만 낮더위는 이미 본색
을 드러냈다.

"나들이 어디로 가요?"

"약수터로 가죠."

"우리 애들은 힘들텐데… 안되겠다."

"아냐, 길 좋아요. 같이 가요."

피터팬(교사)의 간곡한(?) 권유로 도글이들도 형님들(소근이 30-42개월, 당실이 43개월 이상)을 따라 나서기로 하였다. 의림이(21개월)와 리림이(24개월) 희제(20개월)가 처음으로 나무가 있고 물이 흐르는 곳에 나들이를 가는 것이다. 그 동안은 큰 놀이터랑 작은 놀이터만 다녔으니 말이다. 우리는 「산 어린이집」 대문을 나서기 전에 차조심해서 잘 다녀오자고 '꼭꼭 약속'을 했다. 당실이, 소근이들은 두 친구 또는 세 친구가 나란히 손을 잡고 제법 익숙한 걸음으로 앞서 갔다. 형님들 뒤꽁무니를 쫄랑쫄랑 따라가는 도글이들이 대견스러웠다. 그러다가 길가에 세워진 차를 만져 보고 "뭐야?" 해야지, 돌멩이 주워서 던져도 봐야지, 도글이들 할 일이 많아져 손이 부족한 형편이랄까? 그래도 도글이들은 낯선 길이라서 긴장한 탓인지 언니 오빠들 뒤를 잘 따라가 주었다.

도글이들의 성주산 첫 나들이

나들이 장소를 몇 군데 답사해 보았지만 그리 좋은 곳을 발견하지 못했던 터라 약수터도 별 기대 없이 '너무 험하지나 않을까' 하는 걱정이 앞섰던 게 사실이다. 하지만 나의 우려는 산에 들어서자마자 '아니구나'로 바뀌었다. 도시 속에 있는 작은 산인데도 나무와 풀이 우거져 있고 오솔길도 잘 살려져 있는 것이었다. 큰 아이들은 "악어 있어, 악어" 하며 쩍 벌어진 입을 채 다물지 못한 나를 잡아끌었다. 도글이의 눈빛이 달라졌다. 다른 세상에 온 듯 경이로움에 취한 표정들이다. 아이들이 약간 긴장하고 오르락내리락할 수 있는 모험형 언덕이 있고 큰 아이들이 '악어'라 부르는 긴 나무등걸이 많아 너도나도 같이 타고 놀면 그야말로 천혜의 놀잇감이라는 탄성이 절로 나온다. 그새 더위는 싹 도망가 버렸고 "흠―하―" 숨을 들이마실 때는 코가 시큰할 정도다.

한 줌 싸가지고 온 방울토마토를 씹는 맛은 또 어찌나 시원한지 아이들은 더 먹겠다고 야단이 났는데 점심을 맛있게 만들고 있을 새코미(영양교사)를 생각하며 꾸욱 참자고 다독거렸다. 아이들은 약수물 뜨러 오가시는 어른들께 "안녕하세요" 인사도 곧잘해서 귀여움을 받고 좋아한다. 아이들 표현대로 "아카시아 꽃잎이 눈 내리듯" 날리는 약수터 산을 "꺄!" 소리 지르며 한 자리씩 헤집으며 놀고 있는 우리 아이들은 그지없이 자유로워 보인다.

풀 바람을 한 가득 더 마시고 "우리 꺼, 찜!"도 해놓고는 약수터 산을 내려왔다. 돌아가는 길은 더뎠다. 긴 나들이에 도글이들은 지쳐 보였다. 당실이, 소근이들은 길가에서 놀 거 다 놀면서도 저만치 앞서 갔다. "동생들인데 슬슬 가야지 뭐" 아예 느긋하게 마음을 먹고는, 집 앞에 주차 금지시키려고 세워둔 통들도 쓰러뜨렸다가 세워 놓고, 동네 아이들 놀고 있는 데 가서 구경도 했다가, "아이고 다리야" 하며 좀 앉아서 쉬다가 「산 어린이집」을 그리워하며 걸어갔다. 이젠 큰아이들이 보이지 않았다. 의림이와 기린이가 씩씩하게 오다가 주저앉아 씨름하다가 오다가 했고 희제는 어부바해서인지 잠잠하다. 몇 달 누나라고 리림이는 의연한 걸음이다.

산에 오르는 도글이들.
—「산 어린이집」

한 절반쯤 왔을 때였을까. "참새!" 하고 부르는 소리가 들렸다.

"리림아" "기린" "희제야, 빨리 와!"

벌써 어린이집에 가 있을 줄만 알았던 당실이, 소근이들이 한 무더기 꽃들처럼 서서는 뒤처진 우리를 기다리고 있는 거였다. 기다려 준 것도 고마운데 다시 두 팔 벌리고 달려오며 환한 웃음으로 반겨 주는 아이들… 언니 오빠들을 보고 도글이들도 서로 뜀박질로 달려가 와락 끌어 안기는 장면은 심청이가 아버지 심봉사를 만날 때 못지않은 감동을 자아 냈다고 하면 과장일까?

후후하하하 —

「산 어린이집」 첫해는 조심스럽게 성주산 자락(나지막한) 약수터를 누볐다.

이듬해 사월 한 살씩 더 먹은 기운으로 우리 아이들은 더 높은 소래산에 도전했다.

이듬해 4월에 도전한 소래산 등정

달콤한 봄햇살과 싱그러운 하늘을 벗삼아 산 식구들 모두 소래산을 향해 출발했다. 소래산은 아주 높다는 뜻으로 붙여진 이름이다. 우리 아이들은 일명 백두산이라고 부르고 있다. 얼음 약수터와 악어 약수터로 향하는 나들이길에 보았던 소래산은 어찌나 뾰족하고 높아 보였는지…

언니와 오빠들은 동생 손을 잡고 걸으며, 산새들마냥 재잘재잘거렸다. 힘든 곳을 갈 땐 서로 도와주며 함께 올라갔다. 제1약수터 산중턱에서는 간단하게 새참(빵, 방울토마토)를 먹으며 이야기꽃을 피웠다. 그때 누가 "진달래다!" 하고 소리쳤다. 그러고 보니 우리 바로 옆에 진달래가 봉우리진 채 봄소식을 전해 주고 있었다.

생글, 도글, 당실이들 중에서 힘들어하는 아이들은 제1약수터에서 놀다가 내려갔다. 홍두깨(장애우 통합 교사), 딱따구리, 현석이(장애우 7세)를 업은 코뿔소와 덩더쿵이들(6-7세), 눈물이 수도꼭지지만 깡으로 사는 당실방 호균이(5세), 무덤덤한 곰 같은 다훈이(5세), 몸이 날쌘 영주, 작지만 얕보면 안 되는 승하(5세 여아), 온몸으로 사는 남자 종화(5세), 이렇게 모두 정상을 향해 출발했다.

한 걸음 두 걸음 끝이 보이지 않는 계단 길을 올라갈 때마다 이마에는 땀방울이 맺혔고, 숨결은 헉헉 점점 거칠어졌다. 뛰다가 돌에 걸려 넘어질 때도 있었지만 그럴수록 우린 노래를 부르며 힘든 것을 이겨냈다.

♪ 개고리 개골천 방죽 안에 왕개골
　문지지 문지기 문 열어 주소
　바람아 바람아 불어라 ♪

나들이 가면서 크는 아이들

소래산은 **IMF** 영향인 듯 평일인데도 아저씨, 아줌마들이 많았다. 그분들은 아이들이 산에 올라가는 모습을 보고는 다들 한마디씩 건넸다.
　"애네들이 여길 올라가요?"
　"아이고 예뻐라!"
　"이렇게 작은애들이 올라가네."
　"기특해라."
　우리들은 산과 들, 모래밭을 벗삼아 마음껏 뛰어놀면서 도시 속에서 자연을 느끼며 지내는 「산 어린이집」 아이들인 걸요.
　얼마쯤 시간이 지났을까.
　끝이 보이지 않던 계단 길을 지나자 밧줄을 잡고 올라가야 하는 가파른 언덕이 나왔다. 다리를 후들후들 떨며 올라가지 못하는 아이, "안 도와줘도 돼, 나 혼자서도 갈 수 있어" 하며 끝까지 혼자 올라가는 아이… 우여곡절 끝에 밧줄을 잡고 올라가자 아줌마들이 과일을 먹다가 우리 아이들이 기특하다며 귤 네 개를 주셨다.

이를 어쩌나… 아이들은 귤을 보자마자 침을 꿀떡꿀떡 삼켰고, 눈이 동그래졌다. 아이들은 귤을 받아 자기 입 속에 넣는 것이 아니라 나에게 주며 나눠 먹자고 했다. 콩 반쪽도 나누어 먹는다던데, 귤 껍질을 벗겨 아이들과 두 쪽씩 나누어 먹으며 우리는 힘을 내어 정상을 향해 한걸음 더 나아갔다.

야~ 호! 먼저 도착한 아이들은 크게 소리를 질러 보고, 아직 올라오지 못한 아이들에게 "힘내라 힘, 힘내라 힘, 젖먹던 힘까지, 힘힘힘" 하며 응원가를 불러 주었다. 우리 아이들은 정상에 선 기쁨을 나 혼자만이 아니라 함께 나누는 것이 중요하다는 것을 이미 알고 있었다.

소래산 꼭대기에서 연날리기

와, 신나는 점심 시간! 산에서 먹는 점심은 그 어느 때보다 꿀맛이었다. 땀 흘린 자만이 그 맛을 알 수 있을 것이다.

"산에서 먹으니까 어린이집에서 먹는 것보다 더 맛있다."

"새코미, 고맙습니다."

"새코미는 정말 요리를 잘해."

소래산의 하이라이트는 연날리기였다. 정상은 바람이 많이 불었다. 아이들과 피터팬이 만든 연은 바람을 제때에 만나지 못해 어린이집에서는 제대로 날려보지 못했다. 오늘 그 한을 풀어보려고 가지고 왔는데, 잘 될지…

실을 서서히 풀고 연날리기를 시작했다. 바람이 너무 많이 불어서인지

가오리연은 제멋대로 하늘에서 뱅글뱅글 춤만 출 뿐, 날지는 못하고 몇 번씩 땅으로 곤두박질쳤다. 우리는 세찬 바람에 추워서 오돌오돌 떨면서도 연을 날려보겠다는 신념으로 또다시 도전했다.

우리는 바람의 힘을 이겨 낼 수 있도록 가오리연 꼬리에 종이를 덧붙였다. 옆에는 균형을 잡을 수 있게 종이를 덧붙였다. 바람이 부는 방향과 속도를 잘 맞추어 다시 연을 날렸고, 몇 번의 실패와 노력과 도전 끝에 성공을 거두었다.

"와! 떴다. 날았어."

옆에 계시던 아저씨는 우리들의 함성에 놀라 망원경으로 우리 연을 보았다. 피터팬은 아이들보다 더 방방 뜨며 좋아했다. 연은 푸른 하늘 위로 춤을 추며 자유롭게 날아다녔다. 우리는 산 아이들의 꿈을 실어 연을 날려보내기로 했다.

"하나, 둘, 셋!" 소리와 함께 돌멩이로 연줄을 끊자, 연은 하늘 위로 작은 점이 되어 날아갔다. 그 연은 지금쯤 어디에 있을까?

소래산을 다녀온 뒤 덩더쿵이들 사이에 새로운 표현 방법이 생겼다. 아주 힘든 일을 표현할 때는 이렇게 말하곤 한다.

"소래산만큼 힘든 일이야."

"아니야, 소래산보다는 안 힘들어."

덩더쿵이들이 「산 어린이집」을 1년 가까이 다니면서 소래산을 거뜬하게 다녀올 만큼 몸도 튼튼해졌지만, 마음도 많이 자랐다. ■

* 글쓴이 박미애와 신경선은 부천 산 어린이집 교사. 박미애는 사람들과 더불어 맑

은 생명력이 가득한 삶터를 꿈꾸는 어른애 '참새'다. 신경선은 아이들이랑 웃고 울고 뒹굴면서 지내는 걸 좋아하는 '딱따구리,' 공동육아 산 어린이집에 와서 사랑하는 사람 만나 결혼도 하고 예쁜 아기도 낳았다. 때론 힘들고 지치지만 우리 아이들의 웃음이 큰 힘이 되어 준다.

탐구하는 나들이

신정선

나들이에서 발견한 애벌레를 아이들이 애정과 호기심을 가지며 키우는 과정을 그린 글이다. 이 글에서 눈여겨보아야 하는 것은 프로젝트 프로그램이란 것이 아이들의 생활 속에서 어떻게 자연스럽게 이루어지고 있는가이다. 이같이 생활로 이루어지는 프로젝트에서 아이들은 자연스럽게 탐구심을 발휘하는 과학자가 되고 관찰 그림을 통해 관찰력과 표현력을 기르고 호기심을 풀기 위해 도서관과 곤충관을 이용할 줄 아는 지역 사회의 주인이 되고 있다. 미술 교육, 자연 교육, 사회 교육이 통합적으로 이루어지고 있다. 공동육아 어린이집에서 이같이 일정 기간의 탐구로 이어지는 나들이 경험은 흔한 것은 아니다. 그러나 우리는 아이들의 자발적인 관심에서 비롯되는 이같은 생활 탐구가 1년에 한두 번 일어날 뿐이라도 이것이 교사가 준비한 교안에 따라 정기적으로 진행되는 프로젝트 교육과는 비교할 수 없는 산 교육의 의미를 지닌다고 본다.

동네 나들이를 하다가 봉숭아꽃이 한 구석에 탐스럽게 피어 있기에 봉숭아 물을 들이려고 잎도 따고 꽃도 따며 그 앞에 서 있는데 혜리가 갑자기 소리를 질렀다. 혜리가 있는 곳으로 가 보니 어른 손가락만한 검고 굵은 애벌레가 봉숭아 잎 뒤쪽에 붙어 있었다. 처음에 그 애벌레를 보자 아이들은 징그럽다며 뒤로 물러섰다. 물론 뒤로 물러서는 몸짓에도 눈동자만은 호기심에 반짝였기에 나는 일부러 조금 과장되게 "이야~ 귀엽다. 이리 와서 봐봐" 하고는 애벌레에게 더 바짝 얼굴을 들이밀었다.

봉숭아 잎을 먹으며 큰 애벌레

아이들이 하나 둘씩 애벌레 주위에 모여들었다. 그리곤 서로 이렇다 저렇다 자세히 관찰하기 시작했고 드디어 아이들은 애벌레를 어린이집에 가져가 키우겠다고 했다. 나는 순간 애벌레를 가져다가 죽이는 건 아닌가 걱정이 됐지만 일단 시도해 보기로 했다.

어린이집에 데려와 까마귀에게 물어 보니 깨밭에서 많이 봤는데 나중에 나방이 될 거라고 했다. 그래서 아이들은 우선 애벌레 집을 만들어 주기로 했고 큰 바구니에 흙을 담은 후 까마귀 말에 따라 텃밭에 있는 깻잎과 마당에 있는 봉숭아 잎을 따서 넣어 주었다. 그리고 이슬을 먹어야 한다는 까마귀의 조언에 따라 방으로 가져가지 않고 마당에 두면서 보기로 했다.

마당놀이를 조금 한 후 다시 가보니 애벌레가 깻잎은 거들떠보지도 않고 봉숭아 잎을 너무도 열심히 갉아먹고 있었다. 그래서 애벌레의 먹이를 봉숭아 잎으로 정했다. 그리곤 그 다음날부터 하루에 한 번씩 동네에 나가 봉숭아 잎을 따오는 게 일과가 됐다.

하루가 지나 아침에 가서 보니 애벌레가 보이지 않았다. 그래서 '아이구 이거 하루도 못 가 애벌레를 잃어버렸구나' 하는 생각에 깜짝 놀라 이파리들을 들춰보니 그 아래에서 애벌레는 조용히 자고 있었다. 순간 휴~ 하는 안도의 한숨과 함께 괜스레 하룻밤을 잘지낸 애벌레가 고마웠다. 그것을 계기로 애벌레가 숨어서 잘 잘 수 있는 큰 잎들도 따서 넣어 주게 되었다. 그리고 애벌레 집에는 신기하게도 쭈글쭈글한 까만 콩 같은 애벌레 똥이 여기저기 보였다. 아이들은 신기해 손으로 만져 보고 눌러도 보는 등 너무 재미있어 했다.

애벌레 이름은 '똘똘이'

아이들과 애벌레 집을 마루로 가져와 관찰을 하기 시작했는데 아이들은 한 30분간을 꼼짝도 안하고 바라보면서 서로 얘기를 나누는 모습을 보였다. 그리고 애벌레를 투명한 유리병에 담아 애벌레가 움직일 때 다리를 어떻게 움직이는지 배는 어떻게 생겼는지 자세히 관찰했다. 애벌레가 봉숭아 잎을 갉아먹는 모습, 애벌레의 생김새, 애벌레가 어떻게 움직이는지 등을 재미있게 관찰한 후 그림으로 그려 봤는데 아이들은 각자 자신이 관찰한 내용들을 부각시켜 다양하게 그림을 그렸다. 즉 봉숭아 잎을 갉아먹는 애벌레 입이 인상적이었던 아이들은 입을 더 자세히 그렸고 애벌레 등 위에 뾰족한 뿔 같은 걸 유심히 본 아이는 그걸 놓치지 않고 그림에 넣었다. 마지막엔 애벌레 먹이는 무엇인지, 애벌레 색은 어떤 건지 애벌레 길이는 어느 정도인지 등 관찰 내용을 글로 적어 정리해 나가는 과정에서 아이들은 애벌레 이름을 '똘똘이'라고 지어 주었다.

똘똘이 관찰 일기 ― 이혜인

이름을 지은 후부터 아침에 어린이집에 오면 똘똘이에게 인사하는 것으로 하루를 시작했다. 그렇게 며칠을 열심히 봉숭아 잎도 따주면서 정성스레 키워 나갔는데 어느 날부턴가 더 이상 봉숭아 잎을 먹지 않았다. 그래서 좀더 싱싱한 잎을 따주기 위해 노력했지만 그래도 별 변화는 없었다. 그 후 끼리방 아이들과 얘기하면서 똘똘이가 필요한 무언가를 우리가 주지 못하고 있음을 알게 되었고 번데기가 되려고 하는 건 아닐까 하는 생각을 하게 되었다. 그래서 그냥 두면 애벌레가 죽을 것 같아 마당 꽃밭에 풀어 주기로 하고 나중에 어디에 번데기가 되어 붙어 있는지 찾아보기로 했다.

그 후부터 아이들은 똘똘이가 벌써 나방이 되어 날아갔으면 어떻게 하냐면서 걱정을 하기도 했고 꽃밭을 유심히 쳐다보기도 했다. 그래서 똘똘이의 이름은 무엇이고 어떤 나방으로 변하는지 도서관에 가서 찾아보기로 했다.

도서관에서 찾은 똘똘이 사진

도서관에 가서 1시간을 넘게 이 책 저 책을 찾아보았지만 우리가 기르던 똘똘이의 사진을 볼 수가 없었다. 그래서 포기하려고 할 때쯤 혜인이가 곤충의 보호색에 대해 나와 있는 책에서 똘똘이의 커다란 사진을 발견했다. 우리가 키우던 애벌레가 책 속에 커다란 사진으로 있는 것을 보았을 때 아이들은 조용한 도서관이라는 것을 잊어버리고 환호성을 질러댔다. 그 순간 나 또한 너무 기뻐 소리 지르는 아이들을 조용히 시킬 생각을 아예 하지 못했다. 그 사진 옆 설명을 읽어 보니 무늬가 마치 뱀처럼

생겨 다른 새들이 쉽게 접근하지 못해 잘 잡아먹히지 않는다는 내용이
적혀 있었다. 그러나 우리의 기쁨도 잠시였을 뿐 똘똘이의 이름은 뭔지
어떤 나방이 되는지에 대한 설명은 아무데도 없었다. 그래서 그 사진을
복사해 오는 것으로 만족을 해야 했다.

어린이집에 돌아와 똘똘이의 사진을 끼리방 벽에 붙여 놓았다. 아이들
은 정말 놀랍게도 매일 똘똘이 사진을 보면서 인사를 했고 "오늘 똘똘이
에게 인사 안한 사람?" 하면서 서로에게 물어보기도 했다. 그만큼 애정
이 많이 생겼었나 보다.

곤충 박사 만나러 서울 대공원으로

여기서 멈출 수 없다는 생각에 서울 대공원에 있는 곤충관으로 전화를
했다. 그래서 그 동안의 과정을 설명하면서 직접 그곳으로 나들이를 갈
테니 아이들에게 나방에 대해 설명을 해달라고 요청했고 담당자는 흔쾌
히 허락했다.

서울 대공원 동물원으로 긴 나들이를 간 날 끼리방은 따로 남아 곤충
관으로 향했다. 곤충 박사를 만날 것을 며칠 전부터 설명했기에 아이들
은 기대에 잔뜩 부풀어 있었다.

곤충관에 전시되어 있는 메뚜기, 방아깨비, 여치, 물방개, 물자라, 사마
귀 등을 모두 관찰한 후 곤충 박사를 만나 인사를 드렸다. 곤충 박사
말은 나방 종류가 워낙 많아 설명만 들어서는 알 수 없다고 해 결국 똘똘
이의 이름을 알아내진 못했지만 알에서 애벌레로 애벌레에서 번데기로
그리고 나중에 나방이 되는 과정을 알게 되었다. 그곳에서 나비에 대한

비디오를 보고 전시되어 있는 수많은 종류의 나비와 매미 등을 보면서 나비와 나방을 구별하는 방법, 매미의 종류 등에 대해 설명을 들었다. 또한 사마귀가 짝짓기 후 수컷을 암컷이 잡아먹는 것을 직접 목격하면서 아이들은 너무 흥미로워했고 그 이유에 대해 곤충 박사에게 물어보고 설명을 들었다. 비록 우리가 원했던 똘똘이에 대한 정보를 얻지는 못했지만 그것을 계기로 곤충에 대한 관심을 더 다양하게 넓힐 수 있었다. ■

* 글쓴이 신정선은 과천 튼튼 어린이집 교사. 엄마는 '공주님!' 할머니는 '백두산 도토리!' 초등학교 친구들은 '돌돌이!' 중학교 친구들은 '정선 아리랑!' 고등학교 친구들은 '만주벌판!' 튼튼 어린이 친구들은 '민들레'라고 부른다.

무덤가 나들이

조봉호

이 글에 나오는 도글이는 12~24개월의 아이들이다. 이 아이들은 한 방이 4~6명 정도다. 당실이는 5~6세의 아이들로 초등학교 입학 전의 아이들이다. 당실이들은 2, 3년을 공동육아 어린이집에서 자란 아이들이다. 이 아이들의 환상적인 놀이 모습은 공동육아가 기존의 보육과 어떤 점에서 다른지를 선명하게 보여 준다.

나들이 가기에 참 좋은 날씨였다. 교사들은 잠깐 모여 잔디가 부드러운 뒷산 무덤가로 나들이를 가는 데에 두말 없이 동의했다.

우선 여기저기에 흩어져 자유 놀이를 하는 아이들을 불러모아야 했다. 당실방에서는 제일 일찍 등원하는 지윤이와 정현이가 기다란 상 네 개를 이리저리 맞붙이고 소꿉놀이를 하고 있었다.

“지윤아, 정현아, 나들이 가자.”

그러나 두 아이는 대꾸는커녕 쳐다보지도 않았다.

그 아이들을 잠시 두고 현관문을 나서는데 형석이와 영조가 그제서야 등원해 들어선다. 나들이 다니는 걸 무척 좋아하는 영조는 가방을 내려놓기가 무섭게 물었다.

“아침햇살, 오늘 어디로 나들이 가?”

“뒷산 무덤가. 어때?”

“좋아.”

두 아이를 데리고 마당으로 나서니 연재, 자혜, 현우가 마당 한구석에 놓여 있는 상 위에서 모래로 무언가를 열심히 만들고 있었다.

“뭐 만들고 있어?”

아무도 대답을 안했다.

“이따 하고 나들이 가자.”

“싫어. 우린 안 가. 여기서 그냥 놀 거야.”

“걸어 다니는 거 너무 힘들어. 안 가. 그리고 난 다리도 아퍼.”

연재와 자혜가 놀이를 계속하며 말했다.

그러나 어린이집에 새로 온 지 얼마 안돼 나들이를 무척 좋아하는 현우는 금방이라도 따라나설 기세인데 두 친구의 눈치를 살폈고 마당 구석에서 놀던 가을이만 다가와서 손을 잡았다.

이미 어린 소근방과 도란방은 대문을 나선 후였고 누리와 용현이, 창렬이는 동생들을 먼저 따라 나섰다. 마당에 있는 아이들을 놔두고 다시 안으로 들어갔다.

이번 주만 나오고 어린이집을 그만두는 정현이를 우선 달래 가자고 했다.

"정현아, 오늘이 아침햇살하고 마지막 나들이야. 정현이가 안 가면 섭섭할 것 같은데."

그러나 정현이는 여전히 대꾸를 안했다.

"지윤이는? 지윤이는 가고 싶은데 괜히 그러는 거지? 손 잡고 싶으면 올라갈 땐 잡아 줄 수 있는데."

"알았어. 갈게. 그 대신 나 잠바 입혀 줘."

"혼자 입을 수 있잖아."

"아니 이거 팔이 속으로 들어간 것 좀 도와 달라고."

"물론 그건 도와줄 수 있지."

잠바를 입은 지윤이가 마당으로 나오자 정현이도 아무 소리 않고 잠바를 입으며 따라나섰다.

다시 마당으로 나와 세 아이에게 얘기하니 자혜는 계속 다리가 아파서 못 가겠다고 했고 연재와 현우는 자기들이 하던 소꿉놀이를 계속하겠다고 버텼다. 똑같은 얘기들이 반복 됐지만 아이들은 일어설 기미를 보이지 않아 나는 결국 아이들의 자존심에 승부를 거는 수밖에 없었다.

"오늘이 당실방 마지막 나들이야. 두 밤 자고 3월이 되면 너희들은 어린이집에서 제일 큰 끼리방 된다. 체력을 기르지 않으면 끼리방이 될 수 없을 걸. 끼리방 하고 싶지 않은 사람은 남아 있어도 좋아."

아니나 다를까 세 아이는 하던 놀이가 못내 아쉬운 듯 아주 천천히 일어섰다.

'어휴! 힘들어.' 한숨이 저절로 나오지만 대문 밖으로 나오면 나들이길은 아이들만큼이나 나도 들뜬다.

아이들은 하고 있던
자유 놀이를 그만두고
싶어하지 않기 때문에
나들이를 갈 때마다
어떤 미끼를 던져야
아이들이 쉽게
따라나설지 늘 생각을
해내야 한다.
─「산 어린이집」

이미 훈훈해진 바람결, 봄을 기다리는 오솔길의 나무들, 그리고 산울림처럼 울려 퍼지는 아이들의 재잘거림들…

아이들은 하고 있던 자유 놀이를 그만두고 싶어하지 않기 때문에 나들이를 떠날 때는 늘 이런 식이다. 머리가 컸다고 조금 힘들게 걸어서 가는 나들이에 대해서는 꾀를 부린다. 그래서 나들이를 갈 때마다 어떤 미끼를 던져야 아이들이 쉽게 따라나설지 늘 생각을 해내야 한다. 하지만 아이들이 터전에 남는 경우는 거의 없으며 일단 나들이 길에 오르면 돌아가겠다는 아이도 하나 없다. 아이들은 언제 그랬냐는 듯이 나들이 길이 마냥 즐겁다.

ㅇ   ㅇ   ㅇ

우리를 기다리던 남자 아이 넷과 용현이는 이미 저만큼 앞서고 있었다. 얼마 전 대문 밖까지 달려나와 가영이 엉덩이를 살짝 물었던 검둥개가 오늘도 왕왕 짖어대는 바람에 긴장을 했으나 다행히 문이 닫혀 있었다. 동생들은 벌써 골목을 벗어나 저만큼 산길을 오르고 있었다.

맨 뒤에 간신히 따라오던 자혜는 계속 툴툴거렸다.

"나 다리 아파서 못 걸어가!"

그리고 결국 오르막길에서 주저앉듯 넘어지며 더 이상 못 걷겠다고 했다. 만져 주고 주물러 준 후 내의를 올려 보니 아무렇지도 않았다. 우선 일으켜 세우며 손을 잡아 주었다. 나들이에서는 늘 씩씩했고 좀처럼 손을 잡지 않는 자혜였다. 왼손은 연재가 와서 얼른 잡았다. 그러자 멀쩡하게 앞서 걸어가던 지윤이가 되돌아와서 자기도 잡겠다고 야단이었다. 정현이도 뒤에서 옷 꼬리를 잡고 놓지 않았다.

"아니, 저기 동생들도 그냥 가는데 언니들이 뭐 그러냐? 내 손은 둘인데 어떡하지? 그래, 저 위까지는 연재 손 잡아 주고 그 다음에 지윤이 잡아 줄게."

"알았어. 이따 꼭 잡아 줘야 돼."

지윤이는 조금 화가 난 듯한 목소리로 대답하며 앞으로 갔다. 약간 불안정해 보이는 발걸음이 염려스러웠는데 아니나다를까 지윤이는 앞으로 쿵 넘어졌다. 얼굴을 찡그리며 되돌아와 내민 손바닥에는 밤송이 가시가 서너 개 박혀 있었다.

"아프겠다. 가시 빼줄게."

"인제 손 잡아 줘."

가시를 뺀 지윤이가 말했다. 그러자 자혜가 얼른

"야! 다친 손 잡으면 더 아프잖아."

하고 소리쳤다. 그 말 때문인지 지윤이는 아무 소리 않고 앞서 걸었다.

자혜는 여전히 다리가 아프다며 툴툴거렸다. 성장통일지도 모른다는 생각이 들어 딸 이야기를 해주었다.

"다리가 아프다고 해서 병원에 갔었는데 키가 크느라고 무릎이 아픈 거였어. 자혜도 키가 크느라고 그런 게 아닐까?"

그 이야기 때문이었는지 꾀병이었는지 다행히 자혜는 더 이상 다리 아프단 얘기를 않고 화제를 다른 곳으로 돌렸다.

"그런데 아침햇살 손이 꺼칠꺼칠해. 어른이 되면 다 그래?"

"그럼 자혜 엄마도 그럴 걸. 엄마가 되면 하는 일이 많잖아. 왼쪽 손은 좀 덜해. 자 봐. 오른손이 일을 더 많이 하거든."

"우리는 안 그런데. 하긴 우린 오른손으로 밥 먹는 일밖에 안 하니까."

연재, 정현이, 지윤이까지 내 양쪽 손을 만져 보고 비벼 보고 하더니 자기들 손바닥도 들여다보았다.

자혜는 어느새 손을 놓고 경중경중 뛰어가고 있었다. 그 뒤를 연재가 따라갔다. 그리고 내 손은 다시 정현이와 지윤이 손에 옮겨져 있었다. 나는 지윤이 손을 꼭 잡아 주며 귀에 대고 속삭였다.

"지윤아, 짜증내지 않고 기다려 줘서 고마워."

"뭐라고 그러는 거야?"

샘이 나는지 정현이가 소리를 꽥 질렀다.

"응, 아까는 모두 가기 싫다더니 모두 씩씩하게 잘 올라간다고 칭찬한 거야."

모두들 기분이 좋아졌다. 겨울을 떨어낸 봄 기운이 아이들의 마음을 녹여 버린 모양이다. 새순이 나올 듯 말 듯 찔레나무에는 고운 연두 빛 물이 올라 있었다.

어느새 우린 지난 주에 매어 놓은 커다란 참나무의 칡넝쿨 그네에 도
착해 있었다. 산 위 무덤가에서 동생들과 먼저 온 친구들의 재잘거리는
소리가 봄내음만큼이나 상큼했다.

○　○　○

"얘들아, 우리 이거 타고 올라갈까?"
내가 칡넝쿨 그네를 잡아당기며 말했다.
"좋아, 내가 먼저 탈게."
연재가 무덤가로 올라가다 다시 뛰어내려오며 대답했다. 지윤이, 정현
이도 먼저 타겠다고 야단이었다.
"차례를 지켜야지. 줄 서자."
아이들은 순서를 빼앗길세라 몸을 서로 바짝 대며 줄을 섰다. 지윤이,
정현이, 자혜의 순서였다.
"열 셀 때까지 탈까?"
"아니 노래 불러. 그거. 옛날 옛적에 꼬마 신랑이…"
겨울 들살이 때 차 안에서 내가 가르쳐 준 이 노래를 요즘 산에 오르면
서 즐겨 부른다.
"아니지, 연재야. 너는 신랑이 아니라 색시지."
"히히히."
자주 웃어대는 연재의 웃음소리는 은쟁반에 옥구슬 구르는 음색이다.
그 웃음소리를 들으면 아이들도, 나도 덩달아 따라 웃게 된다.
"옛날 옛적에 연재 색시가 시집간 첫날밤에 오줌을 쌌대. 난 몰라 난

몰라 집에 갈 테야…."

내가 꼬마 신랑을 연재 색시로 바꿔 노래를 부르자 함께 따라 부르던 아이들이 까르르 모두 배꼽을 쥐고 웃었다. 몸이 날렵한 연재는 칡넝쿨이 끊어질 정도로 힘차게 그네를 굴렀다.

다음은 지윤이가 탔다. 덩치가 큰 지윤이는 뒤뚱거렸다. 얼굴 표정이 안쓰러워 손을 위로 잡도록 해 안정감을 주었지만 여전히 뒤뚱거리다가 슬며시 내려온다. 그러나 아무도 지윤이를 핀잔하지 않았고 지윤이 역시 부끄러워하는 기색이 없다. 지윤이의 참 좋은 점이다.

노래와 웃음소리를 듣고 먼저 올라와 무덤가에서 놀고 있던 용현이랑 영조도 달려왔다. 영조가 그네를 탈 때는 원래 노래 그대로 "옛날 옛적에 영조 신랑이…" 하고 노래를 불러 주니 자기 이름이 불리자 영조는 입이 함박만해져서 좋다고 웃는다. 그때 연재가 그네 묶은 참나무를 가리켰다.

"아침햇살, 나 이 나무에 올라갈래."

연재 몸통의 두 배나 되는 참나무는 위를 올려다보니 아이들이 올라가 앉아 있기에 참 적당했다. 그렇게 여러 번 이 나무 곁을 지나면서 그냥 스쳐 지나간 것이 이상스러울 만큼 잘생긴 나무다.

나들이의 재미는 이런 데 있었다. 똑같은 장소를 반복해 다니면서 그때마다 발견되는 새로운 놀이들. 나는 속으로 '그래 우리도 어렸을 때 나무에 많이 올라갔었지' 생각하며 명쾌하게 말했다.

"그래 좋아, 엉덩이 받쳐줄게 올라가 봐."

연재는 별로 힘도 안 들이고 사뿐히 올라갔다. 현우와 용현이를 번갈아 가며 그네를 태웠지만 아이들의 관심은 이미 그네에서 연재가 기어오른 나무 쪽으로 옮겨갔다.

"자 봐! 나 꼭대기까지 올라간다."

연재는 큰소리를 치며 겁도 없이 계속 위로 올라가려고 했다.

"연재야, 너 지난번에는 팔이 빠졌지만 계속 올라가면 이번에는 아예 부러진다. 그만 내려와."

했더니 또 아이들이 까르르 웃었다. 나와 잡아당기기를 하다가 팔이 빠져 병원에 갔던 연재는 정말 겁이 났는지 더 이상 오르지 않고 양쪽으로 뻗은 한 줄기 나무 위에 편안하게 걸터앉았다. 자혜도 엉덩이를 살짝 밀어주니 사뿐히 올라갔다.

영조도 마음이 급해 올라가겠다고 야단이었다. 하지만 엉덩이를 세 번이나 받쳐 주었는데도 몸을 내 팔에만 의지하려고 해 도무지 나무에 기어오르지 못했다.

"안되겠어. 다음에 해야겠어."

영조는 겁이 많은데다 몸이 좀 둔한 편이었다. 영조의 그런 모습을 보며 아이들이 재미있다고 웃었고 영조도 계면쩍은 듯 웃었다. 덩치가 큰 현우나 몸이 가벼운 용현이도 의욕을 보였지만 아직 자신감이 부족해 보였다.

아이들은 계속해서 올려 달라고 했지만 두 팔로 아이들의 몸을 떠받쳐 주기가 벅찼다. 다음 나들이 때 하자고 했지만 모두들 계속하려 했다. 이럴 땐 새로운 놀이로의 전환이 필요했다.

"야! 힘들다. 더 이상은 못 받쳐 주겠다. 난 그만 올라갈란다."

소리치며 내가 무덤가를 향해 달려가자 놓치면 큰일이라도 나는 것처럼 아이들도 줄줄이 따라 올라왔다.

○　○　○

무덤가로 뛰어올라가자마자 숨이 차서 조끼를 벗어 던지고 잔디 위에 벌렁 누웠다.

"아! 편하다."

오르막길을 뛰어서 정말 힘이 들었다. 등엔 땀이 찼는데 누우니 정말 편했다. 하늘은 옅은 회색빛, 바람도 없는 포근한 날씨다. 그런데 편안함도 잠시, 갑자기 누가 배 위에 찰싹 엎드려 목을 눌렀다.

"누구냐?"

하고 밀어내는데 무덤가에 먼저 올라와 놀고 있던 형석이가 "나야! 형석이" 하고 외치며 찰거머리처럼 달라붙는다. 다시 현우, 가을이가 다리를 깔고 앉았고 형석이 위에 영조랑 작은방 아이들까지 올라탔다.

"살려 줘, 너무 무겁다!"

하고 소리쳤지만 사자가 먹이를 발견한 것처럼 이미 놀이감이 되어버린 교사를 그냥 놓아줄 리가 없다. 아이들은 깔깔대며 더 찍어누른다. 정말 숨이 막혀 왔다.

"에이, 할 수 없다. 비장의 무기다."

냅다 소리를 지르며 닥치는 대로 간지럼을 태웠다.

"에이, 요놈들 누가 이기나 보자."

그러자 하나 둘 몸을 움추리고 낄낄거리며 나동그라졌다.

"나 잡아 봐라."

아이들을 약올리며 내가 먼저 도망치기 시작했다.

이 놀이는 무덤가 나들이에서 아이들이 제일 좋아하는 놀이 중의 하나이다. 가족 무덤이 여남은 개 모여 있는 이곳은 제법 넓은 잔디밭을 함께 가지고 있어서 아이들이 놀기에는 그만이다. '남의 무덤가에서 이렇게 놀아도 될까?' 하는 미안함도 있지만 무덤 위에는 올라가지 않도록 주의를 주고 때로는 비석에 있는 한문도 읽어 준다.

무덤 사이사이를 교사는 도망치고 아이들은 잡으러 쫓아다니고, 그러면 여기저기 흩어져 놀던 아이들까지 합세해 사방에서 일어나 잡으려고 야단들이다.

"으흠, 아침햇살 뜀박질 잘하지?"

맨 위쪽으로 올라가 으스대 보지만 그도 잠시, "잡아라, 잡아"하며 벌떼처럼 달려드는 아이들을 당해낼 수는 없다. 내가 숨을 몰아쉬며 주저앉자 아니나다를까 아이들은 신발을 벗기고 양말도 벗기고 팔뚝을 인정사정 없이 잡아당긴다. 그리고 두 팔과 다리, 어떤 놈은 머리를 잡고 나를 들어보려 애쓴다. 그리고 계속 소리를 지른다.

"항복해, 어서 항복해."

그러나 쉽게 항복하기에는 체면이 서질 않는다.

잠시 시간을 벌 속셈으로

"어! 이거 봐라. 옷 찢어졌다. 너네들 이거 물어내야겠다."

하고 소리를 쳤지만 알아들은 건지 못 알아들은 건지 형석이는 마지막까지 기를 쓰고 들러붙는다.

그때 구세주 같은 진달래 목소리.

"땅실방! 너희들은 사과 안 먹니?"

그 소리를 듣고서야 아이들이 진달래에게 몰려간다.

'아, 진달래, 고맙다 고마워'

나는 여전히 누워 하늘을 바라보며 숨을 고른다. 잠깐 동안의 휴식이다. 그때 진달래가 아이들에게 노랫소리처럼 이야기를 한다.

"자, 솔방울 돈 가져오세요. 하나 가져와도 하나만 먹을 수 있어요. 많이 가져와도 하나씩만 먹을 수 있어요."

기분 좋게 진달래의 이야기를 들으며 누워 있는 나에게 가을이가 다가와 작은 솔방울을 하나 건넨다.

"아침햇살도 이걸로 사과 사 먹어."

"가을아, 고마워."

나는 가을이 손을 잡고 진달래에게 다가갔다.

"진달래, 요렇게 작은 솔방울로도 사과를 먹을 수 있나요?"

"그럼요."

한바탕 뛰고 나서 진달래가 건네주는 사과 한 조각은 꿀맛이다. 그러니 아이들이야 말해 무엇하랴.

○　○　○

유진이가 없이 무덤가에 오도카니 앉아서 꼼지락대는 가을이가 안쓰럽다. 어제까지 나오고 어린이집을 그만둔 유진이가 아쉽다. 유진이가 있었다면 둘이서 종알종알 떠들며 돌아다녔을 텐데.

내려오는 길엔 가을이 손을 잡았다. 오른쪽 손은 소근방 채원이가 살그머니 와서 잡았다.

지윤이가 손을 잡으려고 다가왔다.

"지윤아, 내려가는 길엔 가을이 손을 잡아 줘야 돼. 지윤이는 아까 많이 잡아 줬잖아."

"알았어."

나들이 갈 때마다 손을 잡겠다고 투정하던 지윤이가 다행히 오늘은 기분이 괜찮았다.

"가을이 손이 참 따뜻하네. 아침햇살은 작고 따뜻한 손을 잡으면 기분이 참 좋아."

"그래?"

대답도 질문도 아닌 가을이가 자주 쓰는 말투다.

"근데 이것 좀 봐. 가을아. 나무 좀 봐."

내가 진달래나무의 아주 작은 잎눈을 가리켰다.

"그럼, 봄이 오고 있는 거지?"

가을이가 좀 무표정하게 받아넘기며 말했다.

찔레나무도 한 가지 꺾어 연둣빛으로 물오르는 모습을 보여 주었다. 그러나 가을이는 여전히 심드렁하다. 아무래도 유진이 없어서인가 보다.

다시 걸으며 화제를 바꿔 보았다.

"아침햇살은 봄이 참 좋아. 딸 이름도 그래서 봄이라고 하고 싶었거든."

"그럼 딸 이름이 뭐야?"

"응, 나래랑 다래야. 나래는 옛날말로 날개라는 뜻이고 다래는 산에서 나는 열매지만 꽃이 참 예뻐. 둘 다 마음이 예쁘게 자라라고 그렇게 지었어."

"잠자리 날개, 나비 날개는 정말 예쁘더라. 근데 아침햇살은 누가 지은 거야?"

"아침햇살 딸들하고 같이 지었어. 근데 아침햇살이 뭔지 알아?"

"아침에 하늘에서 내려오는 거 아냐?"

"그래 맞아. 아침에 환하고 따뜻하게 비춰 주는 빛이 아침햇살이야. 본 적 있어?"

"있는 거 같은데. 그런데 내 이름은 가을이지만 사실은 여름에 태어났어."

"그래? 여름이라고 짓지 않길 잘했네. 여름은 너무 덥잖아. 가을이라는 이름도 정말 마음에 들어."

가영이랑 윤진이는 벌써 저 아래로 내려가고 있었다. 개 때문에 걱정이 돼 발걸음을 빨리 옮겼다. 내가 천천히 가라고 소리를 지르자 가을이가 말했다.

"개한테 또 물리면 어떻게 하려고. 저렇게 빨리 가냐."

얼른 개 세 마리가 묶여 있는 집을 내려다보았다. 모두 다 묶여 있었다.

가을이와 나는 다시 천천히 걷기 시작했다. 가을이의 따뜻하고 작은 손의 감촉이 봄기운만큼이나 부드러웠다. 둘씩 셋씩 짝을 지어 동생들 손을 잡고 산길을 내려가는 아이들의 모습도 마치 한 폭의 그림 같다. ■

* 글쓴이 조봉호는 과천 튼튼 어린이집 교사. 두 딸을 행복한 마음으로 키우고 불혹의 나이에 다시 그 마음을 찾고 싶어 많은 아이들을 만났다. 아이들은 '아침햇살'이라 부른다.

쓰레기로 텃밭 가꾸기

김미현

『꽃을 피우는 강아지 똥』 동화처럼 쓰레기로 텃밭을 가꾸는 아이들과 선생님의 모습은 감동적이다 못해 경건하게, 그리고 더할 나위 없이 아름답게 느껴진다. 「흙장난 어린이집」은 개원 초기부터 조합원들이 노동자로 구성되어 있고 또한 반 이상이 실업 상태이고 해서 재정난으로 많은 어려움을 겪었다. 쓰레기로 생명의 텃밭을 가꾸면서, 버려진 것들을 소중히 하는 마음으로 이 힘듦을 이겨내 온 선생님, 아이들, 조합원들의 노정이 아름다운 영상처럼 다가온다. 지금은 잠시 문을 닫고 있는 이 어린이집이 쓰레기로 생명을 키워낸 힘으로 다시 문을 여는 날이 오기를 학수 고대해 본다.

월요일 아침이다. 어린이집 음식 찌꺼기 모으는 통 2개에 조합원들이 가져다 놓은 통까지 합쳐 모두 8개의 찌꺼기통이 날파리를 날리며 마당 한구석을 차지하고 있다.

"애들아, 오늘 음식 찌꺼기 파묻으러 가자."

"알았어요."

만지고 놀던 장난감을 모두 내던지고 잠바를 걸치고 나오는 당실방 아이들.

"호호아줌마, 내 호미는요? 지난번에 쓰고 내가 감나무 밑에 나뒀는데… 어디 갔지?" 물건을 쓰고 제자리에 두지 않은 탓으로 한옥집 구석구석을 누비며 호미 세 개를 찾아 나선다.

"야 찾았다. 창고에 있네."

"그런데 한 개는 어디 있지?"

"낙엽 속에 한번 찾아봐. 거기 없으면 호호아줌마도 모르겠다."

"야 찾았다. 낙엽 속에 파묻혀서 안 보였어요."

"다음부터는 다 쓰고 난 다음 창고에 보관하자."

"알겠어요."

찌그러져 가는 끌수레 한 개에다 시장 어귀에서 주운(알고 보니 주인이 있는 거였다. 주인이 찾으러 왔는데 디딤대가 부러져서 어린이집에 주고 갔다) 끌수레 한 개. 모두 두 대다.

그런데 오늘은 그 끌수레가 움직이지 않는다. 바퀴가 끼여서 아무리 두드려도 안 된다. 어떡하지. 끌수레 두 개가 없으면 네 번이나 왔다갔다 해야 하는데… 새것보다 헌것을 더 좋아하게 하려는 노력 탓에 고민을 했다. 매주일 음식 찌꺼기 싣고 방천의 가로수 밑에 날라야 하는데, 때로는 이용 가치를 높이기 위해 꼭 필요한 새 물건은 사도 되겠지 하고 결심한 호호아줌마는 용감하게(?) 지갑에서 만 원짜리 지폐 한 장을 꺼냈다.

"애들아 잠깐 기다려. 가게 가서 쌩쌩한 끌수레 하나 사올게."

어린이집 코앞이 바로 시장이라 한달음에 달려왔다. 칠천 원짜리, 만 원짜리 중에서 스텐으로 된 만 원짜리를 샀다. 쉬 녹슬기 때문이다. 새 바퀴가 너무나 부드럽게 잘 굴러가기 때문에 기분이 좋았다.

끌수레 하나에 찌꺼기통 두 개를 실었다. 서로 끌고 가려고 야단이다. 결국 큰 아이 교언이, 지훈이가 수레를 차지했다. 작은 턱 같은 것을 만나서 찌꺼기통이 엎어지면 몹시 곤란하므로 아기 다루듯 아주 조심스럽게 운반해야 한다.

다행히 아직 한번도 길거리에 찌꺼기통을 엎어버린 경우는 없다. 횡단보도를 세 번 건너 방천길가 가로수 밑에 도착했다. 누구네집 찌꺼기통에서 심한 악취가 나. 너무 오래 모아 두었나 보다.

"호호아줌마 제가 땅을 팔게요."

"저도요."

"저도 호미 주세요."

지훈, 교언, 도영이가 땅을 파는 사이 도글반 영호랑 교휘, 승훈이는 잔디 미끄럼 타러 아래로 내려가고 있다.

"땅이 딱딱해서 잘 안 파져요."

"응, 깊게 파지 말고 옆으로 넓게 파면 돼."

"야 다 팠어요. 이제 음식 찌꺼기를 넣으세요."

"응. 야 잘 판다. 힘들제?"

"아니요. 그런데 이건 냄새가 별로 안 나는데요."

"음, 흙살림 연구소에서 만든 음식 찌꺼기용 '부엌살림' 효소라는 걸 골고루 뿌렸거든. 그것을 뿌리면 냄새도 안 나고 땅에 들어가 흙하고 빨리 섞여 친해진대."

"와 신기하다. 빨리 묻읍시데이."

더욱 신이 난 아이들은 열심히 호미질을 한다. 세 명의 큰 아이들이 땀을 흘리며 낙엽을 걷어 내며 땅을 파는 사이 끌수레 두 개가 사라지고 없다. 어느 틈에 밑으로 끌고 내려가 낙엽을 가득 주워 담는 아이들. 힘들여 끌고 올라와서는 "집에 갖고 갑시다" 한다.

지난번 달맞이 선생님의 제안으로 기흥이 아지아랑 낙엽 옮겨다가 낮은 수영장에 쌓아 놓고 그 위에서 뒹굴고 낙엽 뿌리고 한바탕 신나게 놀았기 때문에 또 낙엽을 모아 온 것이다.

"아직 한 번 더 찌꺼기통 날라야 해."

"여기 놀고 있어. 이번에는 호호아줌마가 끌고 올게. 힘이 세서 네 통을 한꺼번에 가지고 올 수 있지롱."

지난번에 묻은 자리를 호미로 파 보았다. 포도가지랑, 계란껍질, 땅콩껍질을 제외하고 나머지 찌꺼기들은 흔적도 없이 흙과 섞여 거름이 된 것 같다.

"전부 다 어디 갔지. 애들아 여기와 봐. 찌꺼기가 없어졌다."

"이 바보야. 흙하고 섞여 거름이 됐잖아. 호호아줌마 다음에 또 묻으러 옵시데이."

음식 찌꺼기 묻는 날은 가슴이 뿌듯하다. 아이들도 교사들도.

끌수레 끌고 어린이집으로 돌아오는 길에 낡은 인형을 하나 주웠다.

"이렇게 쓸 만한 걸 누가 버렸지 쯧쯧."

"씻어서 우리 합시데이."

어린이집에는 온통 헌 물건들뿐이다. 아이들의 이불장, 시소, 원형탁자, 의자, 장난감, 양치하는 컵, 플라스틱 대야, 자전거까지… 우리는 비록 아무것도 갖춘 게 없는 쓰레기만 모아서 장난감으로 쓰고 있지만 우리들이 주워 모은 작은 물건들을 소중히 여기고 있다.

가난한 생활 속에서 마음의 여백과 더 큰 풍요로움을 느낀다.

"호호아줌마, 이 쓰레기로 뭐(장난감) 만듭시데이!" ■

* 글쓴이 김미현은 전 대구 흙장난 어린이집 교사로, 별명은 '호호아줌마'.

우면산 탐험

신정선

이 나들이는 산에서 길을 잃어 헤맨 나들이이다. 아이들은 이같은 차질로 실컷 고생을 한다. 나들이를 잘못 인도한 교사에게 책임을 물을 수도 있어 보이는 사례이다. 그러나 생활은 시공간적으로 열려 있고 그렇기 때문에 매 순간 새롭다. 삶의 신선함은 계획에서 비롯되지 않는다. 삶의 열려짐에서 비롯되는 우발성을 소화해 낼 때 경험은 청량제와 같이 삶에 신선함을 준다. 교사와 아이들은 이 우발성을 잘 소화해 내고 있다. 그래서 고생바가지의 나들이는 '괜찮은 나들이', 아니 커서도 그날의 기억은 또렷이 떠오를 만한 원형적인 경험으로 아이들과 교사에게 경험된다. 우발성을 소화해 내고 즐길 수 있음, 그것이 바로 아이들의 튼튼한 생명력, 생존력의 기반이 된다면 지나친 과장일까?

여기가 아닌가봐…

방학을 맞아 모처럼 동생들과 함께 오전 나들이를 가려고 나선 우리들에게 까마귀가 꼬셨다. 그 길로

엉터리방터리길을 따라 ― 「튼튼 어린이집」

가지 말고 반대 방향으로 와서 중간 지점, 약수터에서 만나자고. 어린 동생들과 함께 가면 끼리방 아이들은 좀 지루해 할 거라고(걸음이 느려지니까).

엉터리방터리길을 따라

그래서 뒷산을 타기 시작했다. 그런데 아이들은 무덤가까지 가는 다른 길을 안다며 영 딴 곳으로 가려고 했다. 일전에 신해 엄마가 아마하던 날 무덤에서 내려오다가 헤매면서 알게 된 길로 일명 '엉터리방터리길,' 그 길을 따라 다시 가자는 것이다. 말릴까 말까 하다가 스스로 길을 찾아간다는 성취감이 큰 것 같아 그냥 따라갔다.

그런데 이 아이들이 무작정 아래로 아래로 내려가는 것이었다. 결국 오른쪽으로는 동네 놀이터 가는 길이 보이고… 그래서 가만히 있던 나는 한마디 했다. "이렇게 자꾸 내려가다간 선바위역까지 가겠다." 그러자 다시 올라가기 시작했는데 드디어 헤매고 헤매 무덤가에 도착했다. 뿌듯해 하는 저 아이들의 표정. 그러나 1단계 통과일 뿐. 다시 무덤가에서 까마귀가 말해준 샛길을 찾아야 했다.

길을 잘 몰라 숲을 헤치며 올라갔더니 조그만 길이 나왔다. 그 길을 따라 조금 가니 자동차 바퀴 자국도 있는 큰길이 나왔다. 날씨는 너무 좋았고 길 아래로는 멀리 마을들이 보였다. 한참을 걷자 날아가고 싶다고 말하더니 두 팔을 파닥거리며 발을 동동 구르는 아이들. 전봇대에 씌어진 숫자를 읽으며 가는 아이들. 나름대로 힘든 것을 놀이로 잊어버리며 걸었다.

"이 돌을 밟으면 힘이 난데~"

헤매다 다시 왼쪽으로 들어가는 길을 헤매다 찾아 들어섰는데 아이들이 조금 힘들어 하길래 나는 놀이를 시작했다. "이 돌을 밟으면 힘이 난데~." 그러자 너도 나도 돌을 밟고 그것도 모자라 낙엽은 에너지라는 둥, 저 바위는 나쁜 놈이라 물리쳐야 된다는 둥 금방 컴퓨터 오락에서 나오는 화면의 주인공으로 변신해 버렸다. 등산하는 사람들이 길 표시하는 노란 리본을 알려 주니 서로 그 노란 리본을 먹이로 먹으려고 난리다. 그렇게 한참을 가니 웬 초소가 그렇게 많은지 그래… 휴전중이지… 다시 한번 떠올리게 했다. 그런데 그 초소 안에도 들어가 보고 구덩이 따라 걸어가 보기도 하던 아이들이 네모진 벽돌에 그려진 그림들을 발견했다. 초소의 위치를 표시한 그림이었는데 아이들은 그게 지도라며 벽돌 한번 보고 나무 한번 올려보고 열심이었다.

약수터를 찾아서

아무래도 이상해 마침 지나가던 아주머니께 길을 물어보라고 수민이에게 시켰다. "약수터가 어디예요?" 근데 이게 웬 날벼락. 이 길로 가면 약수터가 없다는 것이었다. 그래서 아주머니의 설명대로 되돌아가 다시 다른 샛길로 접어들었는데 아니 이게 뭐야? 순간 나의 눈은 동그래졌다. '지뢰 매설.' 아이들에게 떨어지라고 한 후 둘러보니 그곳은 철망으로 못 들어가게 막아놨고 그 아래로 약수터에서 체조를 열심히 하고 있는 할아버지가 보였다. 순간 안도의 한숨.

약수터에 도착하니 동생들은 찾아볼 수 없었다. 으~ 이 약수터가 아닌가 보다. 할 수 없이 윗몸 일으키기 등 약수터에 준비된 운동기구를 열심히 하는 아이들을 옆에 두고 이 사람 저 사람 길을 물어보기 시작했다. "뒷골로 가려면 어디로 내려가야 해요?" 그런데 다들 뒷골이 어딘지 모르는 것이었다. 결국 이리로 내려가면 사당역이 나온다길래 그 길을 택할 수밖에 없었다.

뒷산 넘어 지하철 타고

내려오는데 작은 절이 보였다. 그래서 혹시 점심을 얻어먹을 수 있을까

해서 들어가 봤더니 사람이 보이지 않았다. 그래서 그냥 아이들과 절만
하고 왔는데 절을 하면서 "나 백배도 해봤어" 하고 자랑하는 지원이.
신해와 수민이는 문밖에서 들어오지는 않고 빠끔히 들여다보기만 했다.
다시 신발을 신고 내려오는데 이게 웬 횡재. 운전 연습장이 있는 것이다.
열심히 구경하며 또 한번 자동차 얘기를 했다. 이번엔 운전 면허증에
대해서였다. 1종이 뭐고 2종이 뭔지. 그렇게 얘길 하면서 큰 도로로 나오
니 신해 왈 "저건 2종 차겠네." 후후~ 금세 복습을 하다니.

　아이들의 허기진 배를 채우기 위해 따뜻한 호빵을 하나씩 쥐어 주고
마을버스를 타 사당역에 도착했다. 그런데 신해는 눈도 좋지. 대우 자동
차 판매소가 나온 것이다. 들어가 보자는 아이들. 온 몸에 먼지투성이를
해가지곤 들어섰는데 다행히도 한 친절한 아저씨가 아이들에게 직접 차
를 타보라고 권해 줬다. 신이 나서 운전대를 잡고 돌려보는 아이들. 신해
는 슈마를 직접 타봤다는 흥분을 오는 내내 가라앉히지 못했다. 자동차
에 관심이 많은 건 좋은데 이젠 아주 자동차 판매소만 보면 어디든지
들어가려 해 갈 길을 못 갈 때가 많다. 후후. 이렇게 뒷산으로 올라가
결국 지하철을 타고 돌아왔지만 너무도 흥미진진한 나들이였다. ■

* 글쓴이 신정선은 과천 튼튼 어린이집 교사, 별명은 '민들레.'

야간 산행

이말순

이 글은 공동육아에서 자란 아이들의 특징의 전모를 압축적으로 보여주고 있다. 교사가 힘들어 할 만큼의 기운이 솟구치는 아이들, 이 아이들의 탐험심, 신명을 알며 다양한 장르의 노래를 즐기는 아이들, 어른에게 보여주기 위한 동극이 아니라 아이들이 즐기는 동극 공연… 이 모든 것들이 어린이집 생활에서 이루어지는 것들인데, 1박 2일의 들살이 속에서는 이 모든 것들이 통째로 표출되고 경험되고 있다.

들살이 첫날 저녁이다. 안양천 물놀이에서 지친 몸을 이끌고 간신히 돌아와 저녁 식사를 마주한 아이들은 피곤해서인지 새코미가 정성껏 마련해 준 삼겹살 구이와 된장 찌개도 맛있게 먹지 못했다. 그래도 식사를 마치고 나니 기운이 샘솟는지 "빨리 산에 가자"고 재촉하고, 교사들은 "이렇게 힘든데 또 산엘 가. 도대체 이 안 누가 냈어"라며 투덜거렸다.

긴 소매 옷을 입고 양말을 신고 모기와 싸울 만반의 준비를 갖추고 손전등을 챙겨서 이름도 거창한 야간 산행을 바야흐로 결행하였다. 그러나 대문을 나서면서부터 예기치 않은 여러 가지 일들이 우리를 기다리고 있었다.

풀벌레 소리 요란한 밤에 산 오르기

보통 산나들이 때 도글이(24-30개월), 생글이(20-23개월)들이 함께 출발해도 뒤처지는 점을 감안하고, 또 평소 덜 가까운 다른 방 선생님과도 이 기회에 친밀한 관계를 맺고자 연령 통합조(혜란 - 7세, 호연 - 6세, 희제 - 4세, 성윤 - 3세, 기린 - 평소에 방을 안 맡은 주임 교사)를 구성했는데 생글방의 누리, 진석이가 이를 거부하고 '파랑새'(생글 담임)를 부르며 달려가 버린 것이다. (이 시점에서 월령이 약간 높은 도글이들은 의연한 모습을 보여 주어 생글이와의 수준차(?)를 느끼게 했다.) 결국 파랑새는 누리, 진석이의 손을 잡고 떠나야 했다.

산행은 소라 아파트 뒷산으로 출발하여 일명 도깨비집(맨처음 터전 예정지)을 지나서 산불 감시탑까지 올라갔다가 여우고개 쪽으로 하산, 다시 얼음 약수터까지 올라가는 코스였다. 출발이 저녁 8시, 어두컴컴하던 날씨는 이내 깜깜해졌고, 산새 소리도 멎고 풀벌레 소리만 요란한 밤이 계속되었다.

낮에 식사 준비하느라 물놀이를 못 가고 터전을 지켰던 새코미는 그 낭랑한 목소리로 "애들아, 빨리 가자" 하며 앞서서 걸음을 재촉했다. 평

소에 늘 다니던 코스라 그런지 아이들은 무서움도 타지 않고 손전등을
서로 비춰 보기도 하며 잘도 올라갔다.

　이렇게 심심하게만 야간 산행을 할 수는 없다고 생각한 끝에 코뿔소와
새코미가 "으흐흐흐흐… 이 히히히힉…" 귀신 소리를 내보았는데 도대
체 귀신답지 못했는지, "아이! 하지 말고 그냥 가!" 하는 아이들의 핀잔
만 듣고 말았다.

얼음처럼 차가운 약수의 맛

어느새 얼음 약수터에 진입을 눈앞에 둔 순간 돌발 사태가 아이들을 기
다리고 있었다. 우리 일행을 본 어느 아저씨가 이렇게 말하는 것이 아닌
가?

　"약수터에 사고가 나서 입산이 금지되어 있으니 올라가지 마시오."

　긴가민가 하면서 주변 사람들(마침 밤이 되어 나온 사람들이 있었다)에게
탐문을 해보니 별일이 없다는 것이었다. 그렇다면 얼음 약수터를 지키는
(이 약수터는 개인 소유의 산인데 지역 주민 30여 명이 순번을 정해서 약수터
관리를 하고 있다고 한다) 것으로 추정되는 이 아저씨가 낮에 약수터에 아
이들이 와서 어지럽힌다고 싫어하던 마음으로 이 밤중에도 우리를 알아
보고 막은 것이란 말인가?

　그렇다고 여기까지 와서 아이들에게 그 얼음처럼 차가운 약수의 맛을
못보게 하고서 돌아실 선생님들인가. 긴급 회의를 통하여 용감 무쌍한
딱따구리와 아직 기력 충천인 새코미가 탐색조로 나서기로 했다. 잠시
후 약수터는 아무 일도 일어나지 않았다는 것을 몸소 확인하고 다함께

돌진!

　원래 하지 말라는 것을 하자면 더 긴장과 흥분이 생기는 법이다. 아이들도 이를 아는지 약수를 맛나게 꿀꺽꿀꺽 마시는데 갑자기 들려오는, "이히히히…" 하는 웬 꼬마 귀신 소리. 어둠 사이로 불을 비춰서 귀신의 신원을 확인해 보았더니… 아니, 명주가 두 손을 고양이처럼 꼬부리고 귀신 흉내를 내고 있는 것이 아닌가! 순간 긴장이 풀어지면서 웃음이 터졌고. 모두들 편안한 마음으로 벤치에 둘러앉았다.

　"달빛 어스름 한밤중에…"

　「산도깨비」 노래가 저절로 나왔고 어둠 덕분에 용기가 생긴 것인지 정빈이가 덩실덩실 춤을 추는데, 제법 춤사위가 나왔다. 이에 흥분된 성후가 저도 한판 출 것처럼 일어서더니 「곰 세 마리」를 불렀고, 급기야 하현이까지 일어나서, "어엉 어엉 어엉 낭어엉 어라디야 삼대 독자 외아들 병이 날까 수심이여" 하면서 「어엉타령」을 끝까지 불러서 만인의 갈채를 받고 '사고'를 쳤다.

　마무리로 요사이 새로 배운 「백두산으로 찾아가자 우리들의 백두산으로」를 힘차게 외쳐 부르고 약수터의 밤길을 내려왔다. 언젠가는 정말로 백두산으로 산행하게 되길 꿈꾸며…

이 다음에 커서 무엇이 될까

터전에 도착하니 고단한 아이들이 한쪽에선 "빨리 자자"고 성화였고 (딱따구리, 요 대목에서 회심의 미소!) 또 다른 쪽에서 "그럼 '촛불'은 안 하냐!"고 예정된 프로그램을 지속할 것을 요구해 와서 결국 방별로 드러누워서 쉬면서 오늘 촛불 의식의 주제인 '내가 이 다음에 커서 무엇이 될까'를 생각하기로 하였다.

"나는 피아노 선생님이 되고 싶어."

"나는 권투 선수가 될 거야."

"골키퍼가 될 것야. 축구 선수가 될 거야!"

"물놀이 선수. 수영선수!"

"난 발레리나가 되고 싶어!"

"난 간호사가 될 거야."

"난 말하기 싫어, 그냥 자고 싶어."

등등 다양한 진로 계획이 펼쳐졌고 딱따구리 차례가 되자, "이 다음에 정말 좋은 선생님이 되고 싶다"는 소망을 펼쳤는데, "지금도 좋은 선생님인데 뭘…"이라고 아이들이 응수함으로써 교사로서의 자질을 공인받았다.

코뿔소 차례가 되었는데, "모두가 행복한 어린이집을 만들고 싶다" 했더니, 성민이 왈, "딱따구리는 딱따구리이고 코뿔소는 코뿔소다!"라고 해석하여 폭소를 자아냈다.

날마다 이렇게 놀자

다음날, 그 동안 비공개로 준비되었던 각방 발표회가 진행되었다. 첫 출연진은 생글, 도글방, 원래는 따로 준비했으나 도글방 출연진에 차질이 생겨서 즉석 합방 출연을 하게 된 것이었다. 종혁, 진석, 누리가 무대 아래에서는 "쩍쩍!" 하자 해놓고는 정작 올라와서는 파랑새의 넓은(?)

「산 어린이집」에서 1박 2일로 간 들살이에서 도글방 발표하는 모습.

품으로 파고드는 바람에 결국 파랑새는 이들을 양쪽에 끼고 혼자서 「쨱쨱 참새 한 마리」를 불러야 했다.

소근방은 「종이옷 공주」를 동극으로 준비했는데 내용인즉, 만날 공주를 구하는 왕자의 이야기와는 정반대인 종이옷을 입은 공주가 위험에 빠진 왕자를 구출한다는 것, 오늘의 히어로는 단연코 괴물 '용'을 맡은 의림이!

"뺑뺑 돌아야지, 그만 넘어져!"

참새 감독의 지령에 따라 뺑뺑 돌다 우당탕 넘어지는 연기를 능청맞게 해내어 관객의 웃음을 자아냈다.

당실방은 고래의 선두 지휘로 「넓은 꽃밭에」와 「개고리 타령」 등의 흥겨운 노래와 율동을 선보였다.

마지막으로 고대하던 덩더쿵의 「은혜 갚은 호랑이」를 공연할 때는 오랫동안 앉아 있어서 관객의 집중도가 떨어지는 상황이었는데도 나무꾼 현석, 해설 맡은 민경이, 가면 쓴 새끼 호랑이 등 모두 열심히 연기를 해서 갈채를 받았다. 이어, 강강술래, 놋다리밟기 등 대동놀이를 끝으로 막을 내리게 되었다.

흩어지는 아이들의 입에서 "날마다 이렇게 놀자"는 소리들을 들을 때 선생님들은 여태까지의 피곤함이 봄눈 녹듯 가심을 느낄 수 있었다. ■

* 이 글에 나오는 새코미는 영양 교사, 참새는 소근방 교사, 고래는 당실방 교사, 딱따구리는 덩더쿵방 교사, 파랑새는 생글방 교사다.

겨울 바닷가

이정숙

겨울 바닷가 들살이는 자연의 풍요로움을 한껏 만끽하는 들살이 모습을 보여 준다. 갈매기에 먹이를 던져 주는 배 여행, 통나무집의 숙박, 갯벌에 빠져 보고 바위에 붙은 굴을 따먹기까지… 공동육아는 자연을 포식거리가 아니라 아이들의 일상적 삶의 부분이 되어야 한다고 보지만, 1년에 한두 번 해보는 이런 포식은 보약이 되고도 남을 것 같다.

결코 짧지 않은 2박 3일의 들살이를 같이 가자는 제안을 받고 도글이들을 개구리에게만 맡기고 가는 건 썩 마음 내키는 일은 아니었으나 사실 이런 생각은 나중에 했고 속으로 너무나 좋아했다. 분위기를 낼 수 있는 겨울 바다, 배도 타고, 갈매기도 가까이서 볼 수 있고, 볼거리도 많고 재미있게 놀고 머리도 식힐 수 있다는 꼬임에 빠져 앞뒤 생각 없이 좋다고 만세를 불렀다. 기다리던 겨울 들살이를 가는 전날 밤은 마음이 설레어 밤잠을 설칠 정도였다.

갈매기야, 안녕

2월 25일 아침. 가방을 챙기고 엄마, 아빠, 터전 식구들, 동생들에게 잘 다녀오겠다는 인사를 남기고 우리들은 즐거운 기분으로 신촌 시외 버스 터미널로 향했다. 15대 대통령 취임식 날이라 도로 통제를 해서 길이 막히면 어쩌나 걱정을 했으나 다행히 버스 출발 전에 도착했다. 잠깐 동안이지만 희상이를 잃어버려 모두들 덜 즐거운 마음으로 강화도 외포리행 버스를 탔다. 아이들도 잠을 설쳤나? 차 안에서 모두들 꿈나라 여행을 갔다. 2시간 반 정도 버스를 타고 달려 바다가 보이는 외포리에 도착했다. 장시간의 버스 여행에 지치기도 했으련만 모두들 땅바닥에 앉아 작은 돌멩이를 집어들고 그림 그리기, 모으기, 돌 깨기 등을 하며 놀이에 빠져 들었다. 짐을 실어다 준 들이 엄마가 "애네들은 여기가 어린이집 마당인 줄 아나봐" 하며 한마디 거든다.

드디어 사람도 많이 태울 수 있고 자동차도 실어 준다는 정말 커다란 배에 탔다. 아이들은 신기해서 바다 위에 산이 떠 있다는 둥, 바다에서 왜 거품이 나냐는 둥, 갈매기에게 먹이를 던져 주며 "갈매기야, 안녕" 등 연신 수다를 떠는 사이 어느새 눈 깜짝할 사이에 석모도에 도착했다. 거기서도 버스로 20분 가량을 더 가서 드디어 우리가 묵을 콩나물집인 지 통나무집인지 아무튼 나무로 지은 집에 도착했다. 모두들 기절할 정

도로 지쳐 있었다. 무거운 짐 때문에… 짐을 풀어놓고 남은 김밥으로
간단히 요기를 하고 30분 가량 쉬는 시간을 가졌다. "색종이 가져온 거
봤어. 색종이 줘." "여기까지 와서 종이 접기 할 거야?" "종이 줘! 종이
줘!" 모두들 아우성이다. 색종이에 그림 그리고 편지 쓰기를 하고 바다
로 나갔다.

거북이를 놓아 줘

뻘로 나갔던 건웅이가 빠져 앙앙 울다가 대석이도 빠져 엉엉 우는 것을
보고는 뚝 그친다. '다른 사람도 실수를 하는구나' 하는 듯… 바닷가에
놀러온 듯한 아저씨가 거북이를 잡았는데 가져간다는 말을 들은 아이들
이 우르르 달려들어 "놔줘! 살려줘!" 하는 바람에 아저씨는 거북이를
바다로 놓아주었다. 바다 속으로 서서히 빠지는 해를 보면서 아이들은
너무나 멋있다고 넋을 놓고 바라보았다. 통나무집으로 돌아와 씻고 밥을
먹었다. 놀이터가 싸준 돼지갈비를 구워 맛있게 먹는데 "이거 우리 엄마
가 만들어준 거야. 우리 엄마 힘들었겠다" 하며 은근히 엄마 자랑을 하
는 건우의 말을 듣는 둥 마는 둥 모두들 오로지 먹는 것에만 열중하였다.
　설거지를 하겠다는 푸름이와 한봄이에게 뒷일을 맡기고 우리는 밖으
로 나와 잡기 놀이와 숨바꼭질을 했는데 조용하고 한적하기만 한 석모도
의 저녁 시간을 떠들썩하게 만들었다. 그리곤 밤하늘의 별을 보며 서로
아는 별자리 이름을 말하기도 하고…
　방에 들어와서는 딸기와 방울토마토를 먹으며 내일의 일정을 이야기
하고 방을 나누어 잠자리에 들었다. 옛날 이야기를 해달라는 아이들에게

"할아버지 염소, 안녕히 계세요!" — 「재미난 어린이집」

강화도 석모도에 사는 도깨비 이야기를 해주었는데 지어서 해준 이야기를 정말로 믿고 슬기와 수아는 계속 쫓아다니며 날 괴롭혔다. 이윽고 잠자는 시간, 건웅이와 새로찬이의 아무도 못 말릴 잠버릇과 두레와의 베개 쟁탈전으로 밤새도록 잠을 이루지 못했다.

부처님이 바다를 보고 있다

2월 26일. 일찍 일어난 아이들은 뽀뽀뽀 봐야 한다며 TV 잘 나오는 방으로 몰려다니며 밤새 잠을 설친 교사들을 들들 볶아댔다. 김치찌개로 아침밥을 맛있게 먹고 과일과 샌드위치를 짊어지고 보문사를 향해 씩씩하게 올라갔다.

올라가는 길에 좌판을 벌여놓고 엿, 나물, 곡식 등을 파는 할머니들이 주신 엿 맛을 잊지 못한 아이들은 달콤한 것(?) 언제 또 먹냐고 또 먹고 싶다며 호랑이를 꼬시고 협박해서 기어코 엿을 사도록 했는데, 이 엿은 여러 가지 구실을 해주었다. 엿을 녹여 만든 엿물은 모두들에게는 따끈한 차로, 밤에 기침을 하는 녀석들에게는 훌륭한 약이 되어 주었다.

절 입구에서 도깨비와 간단히 절에서 지켜야 할 약속을 하고 대웅전 건물에 그려져 있는 그림을 보며 절이 세워진 유래에 대해 설명도 듣고 뭔가 알았다는 듯 고개를 끄덕이며 자못 엄숙한 모습을 보였다. 그러나 대웅전 앞마당에 수북이 쌓인 모래더미 위에서 놀다가 절 직원에게 혼이 나기도 했다. 400여 계단을 올라 바위에 새겨진 부처를 보며 모두들 입을 다물 줄을 모르고 신기해서 쳐다보았다. 어떻게 이렇게 큰 부처님을 만들 수 있을까? 부처님이 바다를 보고 있다며 한마디씩 한다. 그 곳에서 어떻게 사진을 찍을 수 있냐며 아이들에게 된통 혼이 났다. 오후의 일정 때문에 절 마당에서 더 놀고 싶어하는 아이들을 재촉해서 점심을 먹고 이번에는 염전을 향해 바삐 움직였다.

할아버지 염소, 안녕히 계세요!

논둑을 지나 방파제에 올라 어른 키보다도 훨씬 큰 갈대밭 사이를 1시간 30분 정도 재미있게 걸어갔다. 갈대를 꺾어 키도 대보고 연처럼 휘두르면서 힘든 줄 모르게 갈대밭을 통과 염전에 도착했다. 기계화된 염전은 제철이 아닌 듯 기대했던 것보다는 못했지만 여기저기 하얗게 붙어 있는 소금 덩어리를 맛보며 통나무집을 향해 걸었다. 돌아올 때 길을 잃어버려 길을 찾느라 조금 위험한 곳도 지났지만 조바심 난 교사들과는 달리 아이들은 너무나 신나고 재밌어 했다.

통나무집이 보이자 씩씩하게 잘 걷던 아이들도 힘이 빠지는지 세월아 네월아 걷는다. 업어줄게 업히라는 도깨비 말에 두원이는 자존심이 상했는지 인상을 쓰며 앞으로 뛰어간다. 통나무집 앞에 있는 염소를 보면서 염소가 종이를 먹는다며 몸은 파김치가 되었어도 눈은 초롱초롱하다. 수염을 길게 늘어뜨리고 뿔이 멋있게 난 숫염소를 보고 할아버지 염소라며 아이들은 존경에 가까운 대접을 해주었다. 무슨 말이냐 하면 집에 오는 날 모두들 나란히 서서 "할아버지 염소, 안녕히 계세요!" 하며 90도로 인사를 했다. 평소에는 그렇게 인사하는 걸 못 보았는데 우리 아이들이 그렇게 인사도 할 줄 아는구나 하고 처음 알았다. 통나무집에 도착해서 모두들 지쳤으련만 「만화동산」 봐야 한다며 졸라대기 시작해서 버티던 도깨비는 '으악' 두 손 두 발 다 들고 말았다.

강화도의 특산물인 밴댕이회와 해물탕으로 저녁을 먹고 그만 자자는 교사들의 말에 아이들은 들은 척도 안하고선 마당으로 뛰어나가 '우리 집에 왜 왔니'를 외치며 다시 한번 강화도의 밤하늘을 놀래 주었다. 아이들을 일찍 재우고 오붓한 시간을 보내려고 잔뜩 벼르고 있던 교사들은 김만 샜다.

오전 간식을 바위에 붙은 굴로

2월 27일. 북어국에 아침밥을 먹고 눈으로 보기만 했던 갯벌에 직접 빠져 보기로 했는데 짙은 안개와 함께 비까지 추적추적 내렸다. 그래도 계획했던 일이고 궂은 날에도 단련된 아이들을 믿고 갯벌로 나갔다. 빠지기를 주저하며 조심조심 갯벌을 밟아보는 아이들 틈을 비집고 대석이와 들이는 뛰어들어 종아리까지 빠져 엉엉 울며 허우적거리기도 했다. 좀더 바닷가 가까이 다가가서 바위에 붙어 있는 굴을 깨먹으며 오전 간식을 때웠다. "이것도 들어 있는 거야. 까줘." "야~ 니가 까먹어." 굴을 깨기가 바쁘게 아이들이 뺏어 먹는 바람에 입맛만 다시고 어린이집에 가서도 깨먹자고 잔뜩 주워 챙기고 들어와 들살이의 하이라이트 점심(짬뽕 비빔밥)을 커다란 그릇째 놓고 먹었다. 많이 먹겠다고 밥을 나누고, 왜 이렇게 맛있냐고, 왜 내 거 갖다 먹냐며 자기 밥 챙기느라 먹지도 못하는 아이들을 먹이고 짐 정리를 했다.

안개가 많이 껴서 배가 뜰지 모르겠다는 주인 아주머니 말에 불안한 마음이 있었지만 벌써 가냐는 아이들을 보며 못 가면 더 있자 하는 배짱도 생겼다. 버스를 기다리며 달콤한 것(!) 먹자는 아이들의 성화에 못이겨 엿을 주니 아껴 먹느라 야단들이다.

눈 깜짝할 사이에 2박 3일이 지나갔다. 버스 안에서 "애기들이 멀리도 왔다"고 하는 어른들의 말에 지웅이는 "나 애기 아냐, 김지웅이야, 나 다섯 살이야" 한다. 지웅이 말대로 아이들은 참 어른스러웠다. 빠듯한 일정 속에 아이들은 잘 따라주었고 시간을 물어보며 "지금 어린이집에서 동생들은 낮잠 자고 일어났겠다, 간식 먹고 있겠다" 하며 보고 싶어 하기도 했다. 산이처럼 "우리 아빠는 걱정하고 있을 거야." "왜?" "응, 내가 보고 싶어서" 하며 식구들을 보고 싶어하면서도 크게 내색을 안하는 의젓함 또한 가지고 있었다. 아쉬움도 많이 남지만 제일 아쉬운 건 밤에 아이들을 재워 놓고 먹자며 몰래 샀던 인삼 막걸리를 한 모금도 못 마시고 짊어지고 온 사실이다. 그 덕에 산나물, 개구리, 인절미, 개똥이만 신이 났다.

　먼 여행길을 아이들과 교사들을 믿고 잘 갔다올 수 있도록 많은 도움과 응원을 해주신 부모님들께 고마움을 느낀다. 그리고 별 탈 없이 잘지내 준 아이들에겐 더 큰 고마움을 느낀다. ■

* 글쓴이 이정숙은 서울 재미난 어린이집 교사, 아이들은 '고래'라고 부른다. 공동육아에 몸담은 지도 벌써 3년이다. 조합원들과 교사들과 아이들과 지지고 볶으며 생활하면서 힘들 때도 있다. 그래도 지금 생활이 행복하니 이보다 더 좋을 순 없겠지.

한겨울에 폐교에서

신정선

'캠프'를 공동육아에서는 들살이라고 한다. 이 글은 튼튼 어린이집 당실방과 끼리방이 12월 말에 다녀온 겨울 들살이 기록이다. 한겨울의 캠프라고는 믿기지 않을 정도로 훈훈함이 느껴진다. 이 훈훈함은 어디서 오는 것일까? 교사의 도움이 있기는 하나 스스로 밥해 먹고 비가 와 계획이 틀어져도 전혀 움츠러들지 않고 침낭을 놀잇감으로 변형시켜 즐겁게 놀아대는 아이들의 활달함이 을씨년스럽기만 한 폐교 교실을 훈훈한 자기 집 안방으로 바꾸고 있다. 창의력은 주도 면밀한, 교사 주도의 인지 교육이나 학원의 과학 실험에서 길러지는 것이 아니라, 이같이 상황을 자기 것으로 소화해 내는 생활 능력임을 이 글은 여실히 보여 주고 있다.

새벽부터 안 떠지는 눈을 비비며 터전에 와 김밥을 싸고 있으려니 끼리방 아이들이 하나둘씩 도착했다. 다들 들살이 때문에 들떠 있었다.

지옥철을 타고서

봉고차 한 대로 한 번에 이동할 수 없어 끼리방과 거북이, 민들레는 고속버스를 타고 가기로 했는데 아니 이럴 수가. 동서울 터미널까지 가는 지하철이 출근 시간에 걸려 지옥철이 되어 버렸다. 아이들을 거북이와 민들레가 껴안고 버티기엔 역부족이었던 것이다. 이리 쏠리고 저리 쏠리던 아이들. "이렇게 사람 많은 지하철을 타긴 첨이다." 다들 한마디씩 한다. 이렇게 조금씩 찌그러져 터미널에 도착한 아이들과 버스에 올라탔는데 타는 순간부터 운전사 아저씨 "웬 아이들이 이렇게 많냐?" 한마디 하시더니 결국 가는 도중에는 아이들 좀 조용히 시키라고 혼을 내시는데… 괴로운 민들레와 거북이. 조용히 시키지만 그뿐. 어쩌란 말인가… 항상 봉고차 안에서 신나게 떠들며 노래 부르며 가는 게 익숙한 아이들인 걸… 거북이와 민들레는 이 순간 힘들더라도 기차를 선택하는 건데 하는 후회를 했다.

괴산 터미널에 도착했지만 까마귀를 만나기엔 아직도 1시간이 남았다. 결국 아이들과 맘 편히 있을 수 있는 중국집 방에 들어갔는데 식성 좋은 우리 아이들 자장면 한 그릇 후딱~ 거북이와 민들레는 남는 시간을 어디서 보낼 것인가 머리를 짜내다 은행에 갔다. 소파에 앉아 이것저것 잡지를 보게 됐는데 신해, 결, 지원 셋이 얼굴을 모으고 잡지에 파묻혀 있는 게 아닌가. 도대체 뭘 보느라 저렇게 몰래 볼까… 다가가 쳐다보니… 푸하하… 여성 잡지에 나온 여자들 속옷 선전이었다. 그러더니 나중에 하는 말… 이런 거 민들레도 사줄게… 후후. (약속을 꼭 지켜야 할 텐데…)

드디어 까마귀와 만나는 순간. 함성을 지르며 달려가는 아이들. 그런 데 아이들보다 왜 내가 더 기쁜 걸까… 이제야 겨우 맘 편히 다닐 수 있겠구나 싶은 게 모든 걱정이 사라지는 것 같았다.

봉고차를 타고 지나가는 괴산 도시는 정말 한적하고 조용했다. 산길에 접어드니 너무나도 고운 옥빛 물이 보이면서 칠성댐이 먼발치로 보였다. 가는 도중 고여 있던 작은 물가에서 정체 모를 알도 줍고(개구리 알보다는 컸다) 황토도 한 움큼 주워 만져 봤다. 사이사이 지나가면서 보이는 오래 되고 작은 마을들은 아이들에겐 정말 오래 간직하고픈 풍경이었을 것이 다. 그렇게 폐교됐다는 학교에 도착하는 순간 먼저 와 있던 아이들이 함성을 지르며 달려 나왔다. 정말 반가웠다.

울음바다가 되어 버린 축구 놀이

짐을 풀고 움츠렸던 몸도 풀 겸 운동장에서 축구가 시작됐는데 공이 오 간 지 10분도 안돼 온통 울음바다가 됐다. 신해와 결이는 축구 규칙에 따라서만 할 수 없는 동생들인데 자꾸 규칙을 따지다 보니 게임이 안 되고, 두 개의 공 중 하나를 움켜쥐고 있던 영조는 그 공을 축구공으로 쓰게 되자 자기 공이라고 쫓아다니며 울고, 해민이와 진세는 수비를 한 다고 손과 발을 벌려 장벽을 만들었는데 장벽이 공격수에 의해 흔들리면 서 넘어지게 되자 진세는 해민이 탓인 줄 알고 돌을 던져 해민이 이마에 혹을 만들고 해민이는 아파서 울고, 현빈이와 효성이도 한판 붙고 사방 에서 울음소리가 들려 왔다.

결국 축구는 끝이 났고 모든 아이들은 교실로 들어가 까마귀의 무서운

소리를 들어야 했다. 그렇게 우리가 들살이를 왜 왔고 여기서는 어떻게 해야 하고 그렇지 않으면 어떻게 되는지에 대해 일장 훈계를 들은 아이들은 조용해졌다.

요리를 좋아하는 아이들

그 순간 민들레가 다시 등장(교사들간 역할 분담은 서로 미리 말하지 않아도 이렇게 됐다. 크크…), 분위기를 전환해 아이들에게 조를 나눌 건데 어떻게 하면 좋겠냐고 물어 보니 자기가 하고 싶은 조에 각자 나와 칠판에 자기 이름을 쓰자고 했다. 그렇게 해서 3조로 나눴는데 한국조, 늑대조, 박쥐조였다. 서로 모여 조 이름을 짜고 조장도 뽑고 모두 함께 지켜야 할 약속도 잡았다. 이 약속을 지키지 않는 아이에겐 모두의 동의하에 10분 동안 혼자 놀기의 벌칙을 정했다. 2박 3일 동안 식사를 도와줄 조도 정했다.

이날 저녁은 박쥐조가 도와줬는데 끼리방과 일주일에 한번씩 요리를 하면서 느낀 거지만 참 아이들은 요리하길 좋아한다. 쌀을 씻으면서도 맑아지는 쌀알을 보면서 혜리 하는 말 "야, 벌써 밥이 다 된 것 같다!" 불고기와 밥은 야외에 마련된 아궁이에서 장작을 태워 가며 익혀 갔다. 아이들에게 너무나 자동으로 불이 나오는 가스렌지로 밥하는 것 말고 이렇게 나무를 태워 가며 밥을 얹혀 놓는 순간부터 뜸을 들일 때까지 옆에서 불길을 지피며 지켜보며 밥하는 모습을 보여 주게 되어 뿌듯했다. 이날은 저녁을 운동장에서 상을 펴놓고 맑은 공기를 마시며 먹었다. 그런데 아이들이 차 타느라 피곤했는지 밥을 먹자 다들 졸려 해서 내일을 기약하며 일찍 잠자리에 들었다.

아침 산책길

차가운 아침 공기를 헤치며 아이들과 함께 산책을 나서면서 우선 길가에 묶여 있던 어미소와 송아지에게 인사를 했다. 아이들에게는 그렇게 가까이 소의 눈을 보고 지푸라기도 집어 먹여 볼 수 있었던 게 좋았을 거다. 좁은 시골길을 따라 걸어가니 졸졸 시냇물이 흐르고 있었다. 거기서 비록 물이 찼지만 다들 팔을 걷어붙이고 세수를 했다. 물론 손 시리다고 빼는 아이들도 있었지만. 그렇게 계속 물을 따라 올라가니 점점 물은 넓어지고 깊어졌다. 여름에 여기 와서 물놀이하면 정말 좋겠다는 아쉬움을 어른 아이 할 것 없이 느끼면서 이번 여름에 한번 해보자고 다짐해 봤다.

　이렇게 기분 좋게 산책을 하고 나서 아침밥을 맛있게 먹었는데 아니 이런 비가 오다니. 일찍 산행을 나서려던 계획은 무산되어 버렸다. 결국 비가 그칠 때까지 교실 안에서 보내야 했는데 교실이 다행히 넓은 관계로 기마전과 말뚝박기를 하면서 즐겁게 보낼 수 있었다.

침낭 속의 애벌레

점심을 먹고 나서도 비가 그치지 않았다. 점심 먹은 걸 정리하고 교실로 갔더니 아이들이 떠나는 날부터 침낭을 신기해 하며 좋아하더니 온 방에 침낭을 펼쳐 놓고 다들 한 마리의 애벌레가 되어 기어다니고 있었다.

후후. 그래서 누가 누가 애벌레로 빨리 기어가나 이런 뜻하지 않은 게임
도 해보고 조금 지친 아이들을 눕혀 놓고 스산한 날씨에 걸맞는 무서운
얘기와 재미난 얘길 번갈아 해줬다. 그런데 도중 혜리가 조용히 내게
바지에 쉬를 쌌다고 말하는 것이었다. 놀란 나는 얼른 침낭을 걷고 바지
를 벗기면서 혜리에게 왜 미리 말하지 않았냐고 물어봤더니 "너무 무서
워서 그랬어" 하는 것이다. 으… 내가 너무 무섭게 얘기했나… 크크.
  그렇게 놀았는데도 비는 밉게도 그치지 않았다. 그래서 내가 어렸을
때 하고 놀던 '38선 놀이'와 '돈까스 놀이'를 가르쳐 줬는데 아무래도
스릴감 넘치는 '38선 놀이'를 너무 좋아했다. 그리고는 온 아이들을 앉
혀 놓고 '누구 다리가 예쁠까요 알아 맞춰 보세요'를 했는데 그 많은
다리 중에 자기 다리 한 짝이라도 살아남길 바라며 맘 졸이는 아이들
모습이 너무 귀엽고 예뻐 보였다. 여러 번을 했는데 그 중에 한 번을
지원이가 가장 예쁜 다리로 뽑혔는데 그 순간 효성이는 "이야~ 우리
대장이 이겼다~ 신난다~" 하면서 함성을 질러대는데 자기 다리가 빠
진 건 하나도 아쉬워하지 않고 지원이가 뽑힌 것에 마냥 기뻐하는 효성
이 모습이 어찌나 예뻐 보이던지. 이것 말고도 의자에 노래 부르며 돌다
앉는 게임 등 실내에서 할 수 있는 놀이는 거의 모두 해봤다.

사랑의 촛불 나누기

밖에서 뛰어 노는 것이 자연스러운 아이들인데 비 오는 날 하루종일 교
실 안에서 놀려니 나름대로 재미는 있었지만 산에 못간 것이 못내 아쉬
웠다. 이렇게 놀다 보니 어느새 해는 지고 저녁을 맛나게 먹은 후 아이들

이 너무나 좋아하는 모닥불 놀이 할 시간이 다 됐다. 다행히도 그때는 비가 안 왔다. 종이컵에 꽂힌 초를 하나씩 쥐어 주고 한 사람에게만 불을 붙여줬다. 사랑의 촛불을 나눠 주라고 했는데 아이들은 너무도 진지하고 조심스럽게 촛불을 옮겼다. 그리고는 산에서 불어오는 바람에 자기 촛불이 꺼질까 두 손을 모아 촛불을 감싸며 흔들거리는 촛불을 바라보는 모습들이 정말 행복해 보였다. 모닥불이 사그라질 때는 빨간 숯덩이를 깡통에 담고 쥐불놀이를 했는데 겁이 좀 났는지 큰 아이들 중심으로 놀았다. 덕분에 까마귀의 멋진 불쇼(?)도 봤다. 무엇보다도 모닥불에 직접 구워먹는 고구마가 제일이었다. 현빈이와 용욱이는 고구마 하나로 나눠 먹으라고 줬더니 욕심 부리지 않고 어찌나 둘이 사이좋게 나눠 먹던지 흐뭇한 미소가 절로 나왔다. 이렇게 짧고도 긴 이틀을 보냈다. ■

* 글쓴이 신정선은 과천 튼튼 어린이집 교사로, 아이들은 '민들레'라고 부른다.

우리 어린이집 바둑이

김용양

동물 기르기는 공동육아가 시도한 대표적인 생활 교육의 하나이다. 그런데 글에서 보여 주는 것과 같은 대동소이한 과정을 거쳐 다른 어린이집들에서도 대체로 실패한 경험이다. 개로 인해 동네 어른들이, 동네 어른들과 아이들이 친구가 되고 개들이랑 사람들이랑 친구가 된다. 관계 면에서 보면 이렇듯 동물 기르기는 성공한 것처럼 보인다. 그러나 잃어버림과 불의의 죽음을 겪으며 어린이집은 아이들의 간절한 소망에도 불구하고 동물 기르기를 포기한다. 이 실패는 도시라는 공간에서 동물을 동물답게 기르기가 얼마나 어려운가를 말해 준다. 그러나 이 과정에서 아이들이 상실감만을 맛본 것은 아니다. 동물 기르기에 찬성표를 던지도록 동생들을 설득하는 큰애들은 실질적인 민주주의의 요건인 '제창, 설득, 실행, 내 의견과 다른 전체 의견에 따르기' 등을 충실하게 체험하고 있다. 또한 터전에서 동물 기르기를 실패한 뒤에 집에서 시도하는 아이는 생명을 기르는 일의 막중함을 체험한 바탕 위에서 좀더 책임감 있는 애정으로 개를 길러갈 것이다. 얼핏 실패해 보이는 일련의 경험 속에서도 아이들은 삶을 배우며 커간다.

공동육아를 시작하면서 어른들은 '바람직한 교육 환경'이라는 많은 꿈을 꾸었다. 그 중에서도 '자연 친화', '생명 존중'이라는 커다랗고 어려운 주제 속에 우리는 나들이, 텃밭 가꾸기, 동물 기르기를 해왔다. 개원 후 2년째에 교사들은 일상 나들이 정착, 텃밭 가꾸기 실패, 동물 기르기 실패라는 평가를 내렸다. 그리고 다음해 텃밭 가꾸기(하일 농장)를 외부에서 성공(?)했다. 그 다음해에는 어린이집에 방울토마토가 주렁주렁 열렸고 이제 봄만 되면 텃밭 가꾸기 계획을 당연히 세운다. 동물 기르기는 계속 실패(?)했다. 처음 같이 살림을 시작했던 진돌이는 묶어 두는 게 불쌍해서 시골로 보내 주었고, 나들이에 데려가기도 하고 아카시아를 따와 먹이도 주었던 토끼는 장마에 하늘나라로 보냈고, 남아 버려지는 음식물을 먹였던 오리 키우기는 따로 담당이 필요한 일이었다. 오리는 너무 더러워지고 오리장은 심한 냄새가 났다. 오리알을 먹는 건 기뻤지만 오리에 대해 교사들은 미안해 하고 부담스러웠다. 새를 키우기도 했는데 오래 가지 못했다. 그리고 바둑이는 실종되었고, 진돌이는 죽고 말았다. 그래도 또 꿈꾸기는 계속될 터이고 우리들의 바둑이 이야기를 전한다.

은행 나들이 길에 만난 바둑이

성산동으로 이사와 성미산이 우리들의 놀이터로 정착되었을 즈음, 97년 가을 우리는 바둑이를 만났다. 은행으로 나들이를 가다가 동네 철물점에서 내놓은 강아지 세 마리를 보았다. 쳐다보고 쳐다보다 아이들 성화에 덜컥 사버렸다. 이전 경험 때문에 어린이집 강아지가 아니고 교사 개인

강아지로 사기로 했다. 태어난 지 한 달 된 어린 점박이 강아지는 바둑이 라는 이름을 갖게 되었다.

바둑이는 너무 어려서 며칠은 데리고 출퇴근을 하고 강아지를 키우고 싶어 안달이 난 아이들과 협상해서 주말에 몇 번 돌아가며 아이들이 집에 데리고 갔다. 목욕도 같이 시키고, 예방 접종하러 병원에도 같이 다녔다. 그리고 바둑이가 자라 성미산으로 같이 나들이를 다녔다.

바둑이 친구들 — 칼, 짱, 써니, 갑돌이, 갑순이

어린아이 가진 엄마들이 자연스럽게 서로 대화를 나누듯 우리들은 산책 나온 다른 개들과 개 주인과도 친구가 되었다. 칼이라는 이름의 커다란 황색 개와도 친구가 되었다. 칼 주인은 긴 머리에 검은 옷에 손가락 가죽 장갑을 끼고 쇠사슬 장식을 한 멋쟁이였다. 백한 마리 강아지에 나오는 개도 만나고 우리는 어김없이 주인과 개와 대화를 나누었다. 백한 마리 강아지 이름은 갑돌이와 갑순이였다. 영국산이라는 짙은 밤색의 긴 털을 가진 짱과 새카만 도베르만 써니와도 친구였다. 우리 바둑이 말고 주인과 산책 나오는 똥개는 없어서 모두 족보 있는 개들이었다. 휘종이가 어느 날은 "아저씨, 애는 무슨 개예요? 우리 바둑이는 똥갠데…"라고 말했다. 우리는 바둑이가 자랑스러웠다. 아이들은 길가에서나, 성미산에 서나 어디서든 만나는 개에게 관심을 보였다. 나들이 때마다 서로 만나면 아이들은 칼과 씨름을 하고 칼 주인은 이것저것 우리 바둑이를 챙겨주고 개에 대한 지식도 들려주었다. 우리 개가 있으니 다른 개들이 많이 보였다. 그 중에서도 칼이랑 제일 친했다. 칼을 멀리서 보면 아이들은 마구 뛰어가 맞아주고 저보다 힘센 개와 힘 겨루기를 했다.

아이들은 청소 당번, 설거지 당번과 함께 바둑이 물 주기, 똥 치우기, 밥 주기 당번을 정했다. 나들이에서는 바둑이 줄을 누가 잡고 갈지로 아침마다 실랑이를 하다가 나중에는 바둑이를 줄 없이도 데리고 다녔다. 바둑이는 시장도 같이 다니고 한강에도 자주 갔다. 한강 풀밭에서 바둑이와 펄펄 뛰어다니며 시합을 하고 잡기 놀이를 했다. 바둑이는 종종 아이들에게 김바둑이라 불렸고 「우리 어린이집」의 가장 매력적인 인물 (동물)이었다.

집 나간 바둑이

어느 날 집 나간 바둑이가 돌아오지 않았다. 며칠을 공고도 붙이고 성미산을 찾아다니고 시장에 가서 아저씨 아줌마들께 이렇게 생긴 개 못 보았느냐고 묻고 다녔다. 아마도 누군가 데려갔을 거라고 말씀해 주셨다. 그랬나 보다. 아직 짝을 찾아다닐 나이가 아니었으니까.

어른들(교사)은 너희가 너무 괴롭혀서 집 나간 거라고 아이들 가슴에 못을 박았다. 어른들도 담뿍 정이 들었다. 정말 바둑이는 괴로웠을 거다. 수많은 아이들이 안고 만지고 그러다가 거부하면(할퀴면) 패대기치고 모래 뿌리고 억지로 눕히고 당기고, 어른들은 아무데나 똥 싸고 오줌 싼다고 위생 문제를 걱정하고, 어린 까꿍이, 도글이들이 위험하다고 보내고 싶어했다. 바둑이는 많은 아이들의 손을, 배를, 얼굴을 할퀴고 물었다. 까꿍방, 도글방 교사들은 아이들을 마당에 자유롭게 놀게 할 수 없었다. 모래판은 바둑이 똥오줌으로 더러웠다. 묶어 두기도 했는데 주인이 너무 많아서 어느새 풀려 있기도 했다. 교사 회의에서 바둑이에 대해 심각하게 여러 번 애길 나누었고 정 때문에 바둑이까지만 예외로 하자고 잠정 결론을 내리기도 했다.

그렇게 울고 웃고 사랑받고 미움받던 바둑이는 떠났다. 교사들은 다시 개를 키우는 일은 하지 않을 작정이었다.

전체 회의에 붙여진 진돌이의 입주 문제

며칠 후 혜수가 까만 개 한 마리를 데리고 왔다. 혜수는 개를 무지무지 좋아한다. 그림도 바둑이만 그렸다. 그린 밥그릇도 바둑이 밥그릇, 바둑이 물그릇이었다. 혜수는 아이들 중 강아지 짖는 소리를 가장 잘 낸다. 혜수는 데려온 개를 어린이집에서 조금만 키우다가 크면 삼촌네로 보내자고 했다. 교사들의 진심은 돌려 보내는 거였다. 그런데 이미 아침에 이름도 진돌이로 짓고 아이들은 이제 괴롭히지 않을 거라며 모둠을 끝낸 뒤였다. 차마 바로 보낼 수가 없었다.

교사 회의를 했고, 아이들 모둠 — 방과후 모둠, 살금, 당실방 모둠 — 을 했다. 교사 회의 결론으로 진돌이를 보낼 수는 없었다. 아이들 의견, 부모 의견을 고루 듣기로 했다. 모두 이유가 있었고 다수결로 정하기로 했다. 혜수도 다수결에 동의했다.

1층 마루 벽에 찬성, 반대로 표를 만들어 붙였다. 아이들은 열심히 설문 조사를 했고 진돌이를 키우고 싶었던 조금 큰 아이들은 어린아이들을 살살 달래서 찬성하라고 대답을 듣고 표시했고, 저녁에 어린이집 현관을 들어서는 엄마를 표 앞에 데려가 설득하며 표를 공략할 줄도 알았다.

진돌이는 돌려보내기로 결정이 났다.

그런데 다음날 진돌이가 끈에 걸려 죽어 있었다. 진돌이는 가고 싶지 않았나 보다. 우리는 진돌이를 성미산에 묻어 주었다. 나들이 가서 가끔 무덤을 확인한다.

바둑이 엄마에게 인사하는 아이들

나들이 길에 개를 보면 바둑이를 회상한다. 아직 동네 철물점에는 바둑이 엄마가 잘살고 있다. 지날 때마다 아이들은 바둑이 엄마에게 인사를 한다. "안녕, 바둑이 엄마야. 바둑이는 없어졌단다." 바둑이가 없어진 뒤로 얼마 뒤 성미산에서 칼도 보이지 않는다. 그리고 바둑이가 떠난 한참 뒤 어린이집에 5세들이 자기네 모둠 이름을 지었다. 바둑이라고.

바둑이가 왔을 때 여섯 살이던 혜수가 이제 초등학교 1학년이 되었다. 혜수는 최근에 강아지 한 마리를 키운다. 엊그제는 혜수와 무리, 민수가 방과후에 오지 않은 사건이 생겼다. 경찰에 신고까지 했는데 아이들은 20분 걸리는 길을 걸어 혜수집에 똘똘이를 보러 갔다고 했다. 혜수에게 터전 어른들 모두는 말한다. "축하해!"

반년 조금 넘는 바둑이와의 시간들은 아마도 우리의 마음에 깊이 기억될 것 같다. 같이 그 시간을 보냈던 아이들에게 이 글을 꼭 읽어 주고 싶은데, 조심스럽다. 내가 우리 아이들과 바둑이와의 시간을 훼손하지는 않았는지.

육교 위의 네모난 상자 속에서 나와 만난 노란 병아리 얄리는 처음처럼 다시
그 상자 속으로 들어가 우리집 앞 뜰에 묻혔다. 나는 내게 처음 죽음을 가르
쳐 준 천구백칠십사년의 봄을 아직 기억한다.

내가 아주 작을 때

나보다 작던 내 친구

내 두 손 위에서 노래 부르면

작은 방을 가득 채웠지

품에 안으면 따뜻한 그 느낌

작은 심장이 두근두근 느껴졌었어

우리 함께 한 날은

그리 길게 가지 못했지

어느 밤 얄리는 많이 아파

힘없이 누워만 있었지

슬픈 눈으로 날개짓하더니

새벽 무렵엔 차디차게 식어 있었네

굿바이 얄리 이젠 아픔 없는 곳에서

하늘을 날고 있을까

굿바이 얄리 너의 조그만 무덤가엔

올해도 꽃은 피는지

눈물이 마를 무렵

희미하게 알 수 있었지

나 역시 세상에 머무르는 건

영원할 수 없다는 것을

설명할 말을 알 순 없었지만

어린 나에게 죽음을 가르쳐 주었네

굳바이 얄리 언젠가 다음 세상에서도 내 친구로 태어나 줘
— 신해철의 「날아라 병아리」

아이들과 붕어를 묻어 줄 때, 죽은 비둘기를 묻어 줄 때, 아이들은 이
렇게 말한다. "잘살아. 하늘나라에서도 잘살아야 돼. 아프지 말고 건강
해. 그리고 다시 만나."

「우리 어린이집」에서 또 개를 키우는 일은 쉽지 않을 거다. 어린이집
에서 동물을 키우는 일은 아주 힘든 일이다. 그 동물에게도 미안하고
여러 가지 어려움이 많다. 그렇지만 인위적인 결합 말고 정말 어쩔 수
없는 인연으로 서로 만나 울고 웃는 일은 기꺼이 받아들이고 싶다. ■

* 글쓴이 김용양은 서울 우리 어린이집 교사, '알라딘'으로 불린다. 아이들이 부모를
사랑하고 자랑스러워하는 만큼만, 부모가 아이를 사랑하고 자랑스러워할 수 있었으
면 좋겠다고.

지역 아이들라 함께

고은주

3,4년 이상 된 어린이집에서는 어린이집을 졸업하고 학교에 다니고 있는 아이들을 위해 방과후 공부방을 운영하고 있다. 첫 입학 아동이 나오고 나서 한두 해는 어린이집 내의 한 방으로 운영되다 점차 공간을 따로 얻어 독립하는 경향을 나타내고 있다. 공동육아 방과후 교실의 발전 방향은 공동육아 내에서도 많은 논의와 다양한 시도들이 요구되는 과제로 남아 있다. 대체로, 공동육아 방과후 교실이 지역 대안 교육의 구심점으로 발전해 가야 하지 않는가라는 의중을 조합원들은 갖고 있다. 그러나 이는 각 조합에서 지역 교육 사업에 뜻을 둔 실행력을 갖는 조합원과 교사가 과연 나올 수 있을 것인가의 문제와 직결되어 있어 섣불리 예단하기 어려운 문제다. 이처럼 방과후 운영이 어려운 상황이기는 하나, 몇몇 어린이집에서 이와 같은 방향으로 나아가기 위한 시도를 하고 있다. 아래의 글은 현재의 역량만큼, 지역 교육 사업을 시도해 본 우리 어린이집 사례다.

나들이 길에서 다른 아이들과 놀기도 하지만 약간

은 폐쇄적인 조합 어린이집의 담장은 높기만 하다. 동네 아이들과 함께 놀고 싶은 마음은 아이들도, 교사도 한결 같았다. 그리고 공동육아가 지역에서 자리잡는 것은 공동육아의 발전을 위해서도 꼭 필요한 일이었다. 또한 공동육아가 가지고 있는 사회적인 책임과 과제일 수도 있다. 고민만 있던 것이 아이들이 학교에 하나둘 들어가면서 좀더 구체적으로 생각되었다. 왜냐하면 아이들에겐 학교 친구와 동네 친구가 생기고, 방과후 아이들의 생활 반경이 지역으로 좀더 넓어졌기 때문이다. 동네 아이들과 관계 맺기의 첫 시도로 어린이집을 일주일에 한 번 한 시간 개방했다. 방방이에 매혹된 동네 아이들은 금요일이 오기를 손꼽아 기다리곤 했다. 방과후 아이들(13명)과 교사 구성(2명)이 안정되면서 우리의 내용을 갖고 동네 아이들과 '찐'하게 놀고 싶었다.

어린이집 교사들의 협조로 제1회 지역 학교를 준비하게 되었다. 조합원과 교사들은 지역 학교 후원 회비를 걷었고, 방과후 아이들은 교사와 내용을 준비하고, 방과후 조합원들은 같은 반 부모들을 통해 지역 학교를 알렸다. 그렇게 열정과 설레임으로 첫번째 지역 학교는 시작되었다. 제1회 지역 학교는 "우리 동네를 알자, 성미산"을 주제로 1998년 8월 25일부터 27일까지 사흘 오후 동안 열렸다. 「우리 어린이집」 아이들에게 근처에 바로 찾아갈 수 있는 성미산은 놀이터였는데 이제는 그 성미산을 친구들과 나눠야 할 때라고 생각했기 때문이다.

성미산 나들이 준비

성미산이 우리들의 터전이긴 해도 학교를 열려고 하니, 좀더 잘 알아야겠다. 그리고 우리 방과후 아이들에게는 너무 익숙한 내용일 수도 있는 지역 학교에 어떻게 같이 참여할 수 있을까? 준비를 같이 해보기로 했다.

교사 세 사람과 아이들 세 모둠이 만들어졌다. '전래놀이와 노래,' '성 미산의 꽃과 나무,' '동네 이야기.' 각 모둠은 교사와 함께 몇 번의 작은 모임과 자료 준비, 답사를 했다. 매일 책을 들고 성미산에 갔고, 슬라이 드 사진 찍고, 구청이나, 노인정, 마을 지도를 보면서 동네를 돌아다녔다.

성미산은 작은 산이지만 길이 많다. 그래서 작게 느껴지지 않는다. 평 상시에는 넓은 길들로 다녔지만 이번에는 작은 길들을 찾아 몇 개의 코 스를 만들었다.

- 개나리 덩굴 → 숲속 마당 → 시원한 그늘 → 싸리나무 길 → 그늘나무 → 계단 무대
- 학교 후문 → 계단 무대 → 그늘나무 → 싸리나무 길 → 시원한 그늘 → 낙타무덤 → 넓은 터

어느 쪽에서 시작해도 좋다. 결국 성미산을 한바퀴 돌게 된다. 하지만 그 느낌은 다르다. 그래서 성미산을 가지만 늘 성미산 어디로 갈지 정하 게 되는 것인지도 모르겠다. 어른도 아이들도 성미산의 길들이 이렇게 많이 나 있고, 서로 연결되는지 미처 생각하지 못했다.

성미산의 비밀

성산동은 봄이 되면 아까시 꽃 향기로 그득하다. 그리고 성미산은 뿌옇

게 흐려 있다. 그렇게 성미산엔 아까시나무가 많다. 아까시나무가 있는 곳엔 다른 나무들이 자라기 힘들다. 모두다 그런 줄로만 알고 있었다. 하지만 아까시만 있었던 게 아니라 아까시만 보았던 것이었다.

성미산에 갈 땐 여름 꽃책, 『우리 나무 100가지』, 보리에서 펴낸 『식물 도감』, 『동물 도감』을 들고 다녔다.

아까시가 아닌 나무를 찾는다. 아니, 이럴 수가! 성미산엔 소나무도 있고, 참나무도 있고, 미루나무, 오리나무, 버즘나무(플라타너스), 자귀나무, 국수나무, 붉나무… 도대체 우리가 이름을 찾은 나무와 못 찾은 나무가 얼마나 많았는지…

소나무는 노인정 있는 곳에 많고, 참나무는 개나리 덩굴에서 숲속 마당 가는 길에, 비둘기산과 성미산을 가르는 길에는 개나리꽃이 아닌 개나리 나무가 있었고, 버즘나무는 그늘나무에, 국수나무는 시원한 그늘로 가는 양쪽 길에 많다는 것도 알았다.

미루나무는 아까시 나무 틈틈이 골고루 있어 성미산에 아까시만 있는 게 아니란 걸 증명해 주었고, 숲속 마당에서 낙타무덤을 거쳐 정상으로 가는 길 어디쯤에 딱 한 그루 발견한 붉나무가 주는 기쁨은 사막이 아름다운 이유와 같다고 해야 할까?

성미산의 비밀은 여기서 그치지 않는다.

장마가 지나간 산은 버섯들의 잔치다. 모양도 가지각색, 크기도 가지각색, 계단이 많은 성미산 계단 계단을 버섯들이 그냥 놔둘 리 없다. 시원한 그늘에서 숲속 마당으로 가는 길은 가늘고 축축하다. 그래서 모기도 많지만 거미도 얼마든지 볼 수 있다. 산에서 호랑거미를 보고 온 후 방과후 집에서 거미 알집을 발견했다.

지역 학교를 준비하며 매일매일 성미산에 가는 동안 우리는 그 동안 성미산과 함께 했던 시간들만큼이나 진한 사랑을 갖게 됐다. 순간순간이 놀라움이었고, 익숙한 것에 대해 새롭게 눈 뜨는 시간이었다.

나무에 리본을 달면서

첫날. 첫 만남이니까 다 아는 학교에서 모여 비둘기산으로 갔다. 비둘기산에서 서로 노래 부르며 얼굴을 익힌다. 특히, 성 풀이를 하며 전부 돌아간다. 아이들도 무척 재미있어 한다. 우리 아이들도 새로운 사람들이 있어서 새로운 마음이 드나? 노아의 방주 놀이를 하며 몸도 좀 풀고…비둘기산에서 내려다본 우리 마을은…

두 모둠으로 나눠 성미산으로 출발!! 시원한 그늘에서 다같이 만나 간식을 먹는다.

그냥 오늘은 보기만 하자. 그리고 우리가 이름 붙인 장소들을 설명해줬다. 빨강, 파랑 리본을 새로운 나무에 달면서… 20개 리본을 다 썼다.

둘째 날. 방과후에서 슬라이드를 보며 어제 본 나무와 꽃들을 기억해봤다. 내친 김에 나무 노래도 주욱 불러 보고… 다시 성미산을 오른다. 어제보다 반갑다. 어제 달았던 리본들을 다시 풀며 그 나무에 대한 애기를 듣는다. 오늘은 숲속 마당 옆 넓은 터에서 모인다. 컵에 포크를 넣고 잠꾸러기 아저씨 놀이를 했다. 성미산을 한 번 돌아오는데도 꽤 시간이 걸린다. 그냥 지나치지 않는다. 아이들은 아이들이다. 금방 산이 놀이터가 된다.

성미산 사랑 간판

셋째 날. 비가 왔다. 삼일째 아이들이 왔을까? 학교에서 기다리다 보니 우산을 펄럭이며 뛰어오는 녀석들이 있다. 우린 많이 친해졌다. 산에서 하려던 것을 할 수 없이 방과후에서 하게 됐다.

세 모둠으로 나눠서 시원한 그늘, 계단 무대, 그늘나무에 달아줄 성미산 사랑 간판을 만들었다. 나무를 꺽지 말고, 유리 줍기, 휴지도 버리지 말고… 지금 정리하는 어른에게는 기억이 잘 안 나지만 그 아이들만이 얘기할 수 있는 성미산 사랑이 담겨 있었다.

그리고 마지막으로 자신에게 보내는 편지를 썼다.

또 하나의 기쁨라 희망

제1회 지역 학교는 아이들에게도 어른들에게도 기쁨이었다. "아이들이 잘 따라줄까? 재미있어 할까?" 하는 마음도 있었는데, 그렇게 진지하게 말똥거리는 눈으로 함께 했던 아이들이 우리에겐 큰 힘이 되었다. 두고 두고 그때의 일들을 얘기했다. 4학년 성만이는 "사과는 씨까지 버리지 않고 다 먹을 수 있어"라는 교사의 말에 망설임 없이 깨끗이 먹어 치워 놀라게 하기도 했다. 그러면서 다시 2회 지역 학교를 준비했다.

제2회는 봄방학 때 했고, 추운 겨울, 예전에 콧물 흘리면서도 신나게 했다던 '놀이'를 되찾아 보기로 했다. 성산동에 아이들 노는 소리가 왁자 지껄하도록. 제2회 "애들아~ 놀자"도 1회처럼 준비되었고, 또 하나의 기쁨과 희망을 가슴에 묻게 했다. 동네에서나, 학교에 가면 "해바라기

안녕?" "안녕하세요?" 하는 녀석들을 심심치 않게 만날 수 있다.

[자료1] 성산, 성산동 유래

성산

성산이라는 명칭은 대개 부근의 산들이 성처럼 둘러싸여 있어 우리말로 '성메' '성미'로 부르던 것이 한자로 옮겨진 것이다. 『대동여지도』에 의하면 북한산 비봉에서 내려온 한 지맥이 백련산에서 모래내 서쪽 구릉지로 이어져 성산2동 봉우리와 성산1동 봉우리가 하나의 산세를 형성하고 한강으로 끝나 있다. 이렇듯 조선 후기에는 성산의 두 봉우리가 연이어져 있었는데, 현재는 모래내로 나뉘어 있어 인위적인 수로 변경이 있었음을 알 수 있다. 즉 옛 모래내는 성산을 북쪽으로 하여 연남동과 망원동길 쪽으로 흘러, 망원정 언덕 아래 망원 유수지 쪽으로 흘렀던 것으로 보인다. 성산은 한강대안 강서구 공암에서 봉화를 받아들이는 곳이었다.

성산동

성산동이라는 마을 이름은 성산이 있기 때문에 지어졌다. 성산동을 이루는 풀무골은 야동이라고도 부르는데, 시영아파트—불광천 건너 상암동으로 가는 길목이다. 조선 효종 때 김자점이 역모를 일으키기 위해 군사를 동원할 자금을 구하느라고 이 일대에 위조 엽전과 병기를 제작하던 사주전이 있었는데 엽전을 녹이기 위해 풀무간을 만들었으므로 붙여진 이름이다.

이 풀무골에서 멀지 않은 곳에 위치한 신촌 농협 지점 근방은 바로 이 풀무간에서 병기와 엽전 주조하는 것을 보호 감시하기 위해 도성 쪽을 향해 망을 보던 장소였다. 이 망고개에서 망을 보고 있다가 도성 쪽에서 사람이 나오면 마포 구청 방면의 소식 고개를 향해 달려갔는데 망고개, 소식고개, 풀무골은 김자점이 처형당하면서 주변 일대에 대한 수색 작전을 벌여서 많은 사람이 살육당하기도 했다.

성산 2교를 지나 한양 성심 병원 뒤는 묘꼴 혹은 미꿀이라 하는데 옛날에는 골짜기가 깊어서 도둑이 많고 무서워서 인가가 살지 않았다고 하는 곳이다. 성산2동 동사무소 일대는 무리울 혹은 무이동이라 하는 곳이다. 무리를 지지 않으면 행동하기가 힘들 만큼 으슥한 곳이어서 언제나 떼지어 지나는 곳이라는 뜻이다.

성산 노인정에서 동사무소 쪽으로 올라가는 고개는 동노 고개, 동턱 고개라 하는데 숨이 턱에 찰 만큼 가파르다 해서 동턱 고개라 하였다. 소나무가 우거졌는데 정월 대보름에는 이곳의 서낭당에서 서낭제도 지냈다. 소나무가 서낭이었는데 이곳 서낭은 길을 가던 나그네면 누구나 무사한 여행이 되어 달라고 비는 뜻에서 서낭당에 빌고 지났다. 일대에 아파트 건설 공사를 하면서 서낭당도 없어졌는데 흔적을 알려 주는 소나무만 몇 그루 남아 있다.

성산의 원 마을 끝에는 새로 생긴 마을이라 해서 새말이라고도 불렸는데 무이동 바로 너머 마을이 되기도 한다. 후동은 공동묘지 뒷동네라고도 부르는데 너머골, 뒷골 등으로 부른다. 무이동 너머에 있었다.

성산동이 변하기 시작한 것은 일제가 홍제천의 직강 공사를 시작하면서부터인데 굽어 있던 원래의 홍제천을 외곽으로 꺽어 내면서 주변의 경지 정리로 들어갔고 이것은 광복 후 성산 지구 택지 조성으로 바뀌어짐에 따라 현재의 지형 모양으로 바뀌었다.

[자료2] 성미산(성산)의 나무, 풀, 꽃

아까시나무

아까시나무는 산기슭이나 길가에 심어 기르는 큰키나무다. 흔히 아카시아라고 부르는데 아까시나무가 맞다. 아카시아라는 식물은 아프리카나 호주의 사막에서 자라는데 노란 꽃이 피는 식물로 우리 나라 토박이 나무가 아니다. 백 년쯤 전에 일본 사람들이 들여온 나무로, 헐벗은 산을 푸르게 하려고 빨리 자라는 아까시나무를 심었다. 아까시나무는 번식력이 좋아 다른 식물들이 살 수 없게 하고, 심지어 묘자리까지 그 뿌리가 파고든다 하여 좋지 않은 나무로 여겨져 왔다. 하지만 전쟁 후 땔감이 많이 필요하던 시절 아까시나무를 심을 수밖에 없었다. 아까시나무의 쓰임은 아주 많다. 봄철의 어린 잎은 나물로 무쳐 먹고, 다 자란 잎은 차로 마신다. 뿌리는 이뇨와 변비에 효과가 있다. 줄기는 양분이 많아 사료로 좋았기 때문에 가시 없는 나무를 만들기도 했지만 꼴로 사료를 삼던 것은 예전의 얘기가 되어 버렸다. 꽃에는 꿀이 많다. 아까시꿀로 차를 끓여 먹은 적이 있을 것이다. 이런 좋은 점이 있다고 숲에 아까시나무를 심자는 건 아니고, 버려진 땅에 심는다면 척박한 땅의 질소를 고정하여 땅을 다지고 스스로 잘 자라 우리에게 몇 갑절의 보은을 할 것이다.

개나리

개나리는 산과 들의 모래 섞인 땅에서 잘 자라는 떨기나무다. 봄이 오면 노란 색 꽃이 먼저 피고, 꽃이 지면서 잎이 나기 때문에 개나리 꽃을 모르는 사람 이 없으되 봄이 지나 잎만 무성할 때 개나리를 알아보는 사람이 많지 않다. 우리 나라 토박이 나무인데, 심어 기르기도 한다. 3—4월쯤 잎이 나기에 앞 서 마디마디 샛노란 꽃이 먼저 피는데 꽃 모양이 꼭 튀밥 같아서 튀밥꽃이라 고도 부른다. 서양에서는 꽃 모양을 보고 '황금종'이라고 부르기도 한다.

　옛날 인도에 한 공주가 나라를 다스리고 있었다. 이 공주는 어찌나 새를 사랑했던지 온 세상의 아름다운 새는 모두 사 모아 궁전은 새로 가득찰 지경 이었다. 공주는 새에만 정신이 팔려 있고, 신하들도 공주의 환심을 사기 위해 새에만 정신을 쏟아 백성들은 살기가 어려웠다. 공주의 많은 새장 중에 가장 아름다운 새장 하나가 아름다운 새를 만나지 못해 비어 있었고 공주는 그것을 슬퍼했다. 어느 날 한 노인이 눈부시게 찬란한 깃털과 아름다운 노랫소리를 지닌 새를 공주에게 선물했다. 공주는 노인에게 상을 주어 돌려 보내고 온 마음을 그 새에게 다 주어 사랑했다. 그런데 점차 그 새의 깃털이 바래고 노랫소리도 변해 갔다. 목욕을 시켰더니 새는 새까만 까마귀로 변했다. 나라를 걱정한 노인이 까마귀에 색칠을 하고 목에는 소리 나는 기구를 넣었던 것이다. 공주는 상심하여 죽게 되고, 그 무덤에서 개나리가 돋아났다. 사람들은 까마귀 때문에 빼앗겨 버린 새장이 안타까워 공주가 긴 가지를 죽 뻗고 새장의 모습을 한 금빛 꽃을 달고 있다고 한다.

아주까리

아주까리는 흔히 피마자라고 부르는데, 이 이름은 일본말이다. 한해살이 풀인데 키가 2－3미터나 되어 나무 같다. 아주까리는 여인들과 아주 가까운 식물이다. 그래서인지 우물가나 장독대 옆, 울타리가, 남새밭 공터, 밭 주변에 심었다. 요즘처럼 좋은 머릿기름이 없던 때에는 아주까리로 짠 기름으로 머리를 곱게 다듬었다. 또 넓적한 잎은 약간 데쳐서 밥을 싸먹기도 하였으며, 떡을 그릇에 담을 때 밑에다 깔기도 했다. 아주까리 기름은 머릿기름 외에 등잔기름, 또 설사를 가라앉히는 등 민간 요법으로도 쓰였다. 그러나 요즘은 기계 윤활유나 인쇄용 잉크, 인주의 기름 따위로 이용한다.

잣나무

잣나무는 산중턱이나 산꼭대기의 기름지고 양지 바른 땅에서 자라는 늘푸른 바늘잎나무다. 잎이 다섯 개씩 한 묶음이다. 본디 중국에서는 한때 해송자나 신라송으로 불렸는데, 우리 나라 사신들이 중국에 갈 때 인삼과 함께 많이 가져가 팔았기 때문에 얻은 별명이다. 당시 신라인들이 가져간 잣이 제일이어서 그 후로 공물 목록에 잣이 들어갔고 고려에 와서는 수탈이 심해 백성의 원성이 높았다고 한다. 잣은 약재로 많이 사용되는데, 허준의『동의보감』에는 "잣을 장복하면 몸이 산듯해지고 불로 장수하며 조금만 먹어도 영양이 되므로 죽을 만들어 상복하라"고 적혀 있다. 잣죽은 지금도 많이 만들어 먹고 있다. 자료에 의하면 창세기의 노아의 방주의 나무가 잣나무라는 설이 있지만 잣나무의 분포상 믿기 어려운 점도 있다. 안동에는 퇴계 선생을 잣나무로 상징한 300살 가까운 잣나무가 있고(후조당), 정선에는 호랑이가 마을의 개를 물어간 것을 막아준 나무가 있는가 하면, 평창에는 잣에 벌레가 꾀면 마을 청년이 다친다 하여 벌레가 없도록 보호하는 나무도 있다. 정월 대보름이 되기 전날 잣 열두 개를 바늘에 꾀어 열두 달을 정하고 불을 붙여서 잘 타는 달은 일도 잘 풀린다고 믿어 한해를 점치는 풍속이 있었다. 이렇듯 오래 전부터 잣나무와 우리 민족은 잘 사귀어 왔으나 지금까지 남아 있는 오래된 거목은 드문 편이다. 잣나무는 대표적인 소나무로 알려져 있다. 우리가 잘 알고 있는 소나무는 일본 적송으로 알려져 있고 우리가 그 열매를 잣이라 부르든 말든 소나무가 우리 나라에 더 많다는 것에 상관없이 그저 잣나무가 한국을 대표하는 소나무라고 알고 있다.

버즘나무(플라타너스)

플라타너스는 가로수로 널리 심어 기르는 큰키나무인데, 서울 시내에서 자라는 가로수 가운데 절반 가량은 이 나무이다. 나무 껍질이 얼룩얼룩하고 허옇게 벗겨져서 버짐이 핀 것 같다고 버즘나무라고도 한다. 가을에 익는 열매가 방울 같다고 방울나무라고 부르기도 한다. 플라타너스라는 이름에는 잎이 넓다는 뜻이 숨어 있는데, 추위에 강하고 메마른 땅에서도 잘 자란다. 벌레도 안 꾀고, 공해에도 잘 견딜 뿐 아니라 공기 속에 들어 있는 오염 물질을 많이 빨아들이기 때문에 대도시 가로수로 많이 심는다. 게다가 자라는 속도가 빨라서 도시를 푸르게 가꾸어 준다.

싸리

싸리는 우리 나라 산야에 지천으로 퍼져 있어 정겨우며, 무엇보다도 우리 조상의 삶 구석구석에 자리잡고 함께 지내온 민초들의 나무이다. 우선, 무엇이든지 담아 두고 말리곤 하는 소쿠리와 채반이 그 중 하나이다. 바느질 도구를 넣으면 반지고리요, 본래 곡식을 고를 때 썼지만 오줌싸개 아이들이 소금을 얻으러 갈 때 쓰던 키, 싸리나무 줄기로 만든 빗자루는 얼마 전까지도 시골에서는 어렵지 않게 볼 수 있던 생활 도구였다. 그리고 싸리나무는 겨울에 땔감으로 이용하였으며 또한 싸리나무 회초리로 종아리를 맞아가며 자라던 어린 시절의 추억을 가진 어른들도 있을 것이다.(암행어사 박문수와 관련한 이야기가 있다.) 예전에 송광사에는 한창 번성하던 때에 300명 분의 밥을 담을 만한 밥통이 있었는데 나무를 파서 소여물통처럼 길게 만든 이 그릇을 다름아닌 싸리나무로 만들었다고 전해진다. 싸리는 약으로도 유용하다. 잎과 가지는 해열과 이뇨 효과가 있고, 줄기를 잘라 잿불에 꽂아 두면 반대쪽에서 노란 기름이 스며 나오는데 이것을 바르면 얼굴에 피는 버즘이 잘 낫는다고 한다. 새순이나 어린 잎, 또는 꽃은 무쳐 먹기도 하고 종자를 가루로 만들어 죽을 쑤어 먹기도 한다. 이처럼 싸리는 우리 생활에 유용한 나무이다.

미루나무(미류나무)

미루나무는 모래가 섞이고 물기가 있는 땅에서 잘 자라는 큰키나무이다. 미국에서 들어왔다고 미루나무라는 이름이 붙었는데 포플러나무라고도 부른다. 미루나무는 크고 굵은 가지보다 잔가지들이 많은데 그래서 사람이나 동물이 올라가기가 어렵기 때문에 미루나무에는 유난히 까치가 둥지를 많이 튼다. 미루나무는 쓰임새가 많다. 성냥개비나 도시락, 나무 젓가락이나 이쑤

시개 따위를 만드는 데 쓰이고, 요즘에는 종이를 만드는 데 사용하기도 한다.

오리나무(물오리나무)

오리나무는 산기슭 개울가나 골짜기에서 자라는 큰키나무이다. "십리 절반 오리나무"라는 말이 있듯이 오 리쯤 가다가 한 그루씩 나타난다고 이런 이름이 붙었다. 오리나무 목재는 말라도 벌어지지 않아서 쓰임새가 많은데 옛날에는 지게나 연장 자루뿐 아니라 나막신이나 그릇을 만들어 썼다. 또 오리나무 숯으로는 화약을 만들었다. 또 불땀이 좋아서 대장간에서는 오리나무로 숯불을 지펴서 썼다. 그 밖에도 오리나무는 물감나무라는 별명이 있을 정도로 여러 색깔의 물감을 낸다. 같은 오리나무라도 나무를 삶으면 붉은 색, 나무껍질로는 갈색 물감을 얻을 수 있다. 또 열매와 진흙을 섞으면 검은 색 물감을 냈다고 하며 특히 물고기 그물에는 꼭 오리나무 물을 들였다고 한다. 최근에는 공중의 질소를 식물이 직접 양분으로 이용할 수 있게 바꿔 주는 근류균이 공생하므로 스스로 땅속에서 양분을 만들어 척박한 토양에서도 잘 자라고 토양 자체를 비옥하게 하는 비료목으로서 학자들의 관심을 모으고 있다.

참나무

참나무는 양지 바른 산에서 자라는 큰키나무이다. 보통 도토리가 열리는 나무를 두루 참나무라고 부른다. 참나무 가운데는 상수리나무, 졸참나무, 신갈나무, 떡갈나무, 굴참나무, 갈참나무가 있다. 다 여문 도토리는 떫은 맛이 나지만 녹말이 많이 들어 있어 묵이나 국수를 만들어 먹는다. 옛 사람들은 흉년이 들 듯하면 참나무가 도토리를 많이 만들어 사람들이 굶어 죽는 것을 막았다고 믿었는데 실제로 쌀농사와 도토리의 결실량은 반비례하는 경우가 많다. 장자는 산을 내다보도록 크게 자란 참나무를 두고 배를 만들면 가라앉고 관을 만들면 쉽게 썩고 가구를 만들면 쉽게 망가지는 쓸모없는 나무여서 오래 살아 남았다고 했지만 사실 참나무의 쓰임새는 다양하다. 굴참나무는 껍질이 두껍고 거칠어서 너와집 지붕을 이었다. 요즘은 이 껍질로 병뚜껑을 만든다. 나무로는 집을 짓거나 가구를 만들거나 펄프의 재료로 쓰기도 한다. 참나무로 만든 숯은 참숯이라고 하는데 고기나 생선을 구울 때 쓰며 나무는 잘라서 표고버섯을 심어 기른다. 또 나무 껍질은 옷감을 물들이는 데도 사용한다. 서양에서는 참나무를 오크라고 부르는데 가구나 술통을 만들어 썼다. 강원도 점봉산 넓적골의 참나무숲에는 직경이 1미터가 넘는 아름드리 나무들이 숲을 이룬다. 우리 나라도 이처럼 참나무가 번성할 수 있었지만 좋은 숲을 만들지 못한 까닭은 소나무에 대한 선호 때문에 참나무를 잡목으로 취급해 베어 버렸기 때문이기도 하고 잦은 전쟁 때문이기도 하지만 땔감이나 숯을 만든 것도 큰 원인 중 하나가 된다.

붉나무

붉나무는 염부목 또는 염부자라는 이름으로 부르는데 붉나무 열매 가루의 맛이 시고 짜서 붙은 이름이다. 옛날 산간 벽지에서는 붉나무 열매를 찧어 물에 넣고 주물러 짠맛을 우려내서는 그 물로 두부를 만드는 간수로 썼다. 세상에 짠맛이 나는 나무가 있다니 참 신기하기도 하다. 붉나무를 오배자나무라고도 하는데 붉나무의 어린순이 되어 자랄 눈에 벌레가 기생하여 만든 집을 오배자라고 부르기 때문이다. 한방에서는 이 오배자를 귀한 약재로 사용하고 있는데 특히 지사제로 효험이 있고 손이 튼 데나 입병, 기침, 이질, 치질, 편도선염 등 다양한 용도로 이용하는데 외국으로 더 많이 팔려 간다고 한다. 그러나 여러 용도에도 불구하고 붉나무는 경사스런 일에는 사용하지 않는 나무, 또는 귀신을 쫓는 나무로 인식하여 왔다. 불교에서는 붉나무를 신령하게 여겨서 마귀로부터 보호하는 호마목이라 하여 승려들이 짚고 다니는 지팡이를 만들며 붉나무 즙을 내어 불단에 칠하면 귀신으로부터 보호된다는 믿음이 있다.

주목

주목은 높은 산의 그늘진 땅에서 자라는 늘푸른 바늘잎나무이다. 나무 껍질이 붉어서 주목이라고 부른다. 태백산이나 소백산, 설악산에는 오래된 주목이 숲을 이루고 있다. 나무 생김새가 아름다워서 절이나 공원, 학교나 집 뜰에도 많이 심는데 앵두처럼 빨갛고 동그란 열매가 열린다. 이 열매 껍질은 단맛이 나서 먹을 수 있다. 그러나 씨앗에는 독이 들어 있으므로 먹어서는 안 된다. 주목은 나무 색과 결이 곱고 매끄러운데다가 향기가 있어서 고급 목재로 친다. 그래서 불상이나 불교 용품을 만든다. 주목은 조경수로 알려져 있지만 값이 너무 비싸 누구나 심을 수 있는 나무는 아니다. 그래서 고관대작들의 기념 식수 나무라고 놀림당하기도 한다. 주목은 생장 속도가 너무 느려 10년을 길러도 정원수로 내다팔 수 없을 만큼 조금 자라고 보기에 적당한 나무라도 수십 년을 자란 것들이다. 잎이나 열매는 말려서 오줌을 잘 나오게 하는 약으로 쓴다. 특히 잎에는 암을 고치는 약 성분이 들어 있다. 원래 주목은 일부 종교의 승려들이 신비스런 물약을 만드는 데 사용하였고 갈릴리아인들은 화살촉에 바르는 독으로 사용한 바 있으니 역사에서 미래를 발견할 수 있다는 사실이 입증된 셈이다.

측백나무

측백나무는 저절로 자라기도 하고 심어 기르기도 하는 바늘잎나무이다. 중국이 원산지라고 짐작을 하지만 우리 나라에서도 저절로 자라는 곳이 있어서 우리 나라 토박이 나무라고 하는 학자들도 있다. 경상도 대구와 영양, 충청도 단양에는 오래된 측백나무 숲이 있어서 천연 기념물로 지정하여 보호하고 있다. 측백나무는 무덤가나 정자, 공원에 많이 심는다. 특히 여러 그루를 촘촘히 심어서 생울타리를 만든다. 가뭄이나 추위, 공해에 잘 견디기 때문에 기르기가 쉽다. 측백나무의 잎과 열매는 피를 멎게 하는 약으로 쓰고, 나무는 관을 짜거나 집을 지을 때 썼다. 중국의 『열선전』에 보면 적송자라는 사람은 평소에 측백나무의 씨를 꾸준히 먹고 있었는데 나이가 들어 빠져버린 이가 새로 나오더라는 이야기가 있고 서울 방학동에는 300살 된 측백나무가 있는데 이 나무의 잎을 삶아 먹으면 아들을 낳는다고 알려져 지금까지도 찾아오는 사람들이 줄을 잇는다고 한다. 불로장생의 상징이었기 때문인지 중국에서는 이 나무를 절이나 문묘에 많이 심어 왔고 우리 나라도 마찬가지이다.

자귀나무

식물이 이름을 갖는 데는 여러 가지 이유가 있다. 자귀나무는 어떤 이의 말에 의하면 잠자는 모양이 귀신같아서 자귀나무라는 말이 있다. 자귀나무는 밤이 되면 어김없이 양쪽으로 마주 난 잎을 서로 맞대고 잠을 자는데 그렇게 보면 그럴 듯싶기도 하다. 두 잎을 맞대고 밤을 보내는 특성이 있기 때문에 자귀나무는 합환목, 합혼수, 야합수, 유정수 등 여러 가지 이름을 가지며 예로부터 신혼 부부의 창가에 이 나무를 심어 부부의 금슬이 좋기를 기원하곤 했다. 요즘은 자귀나무를 깊은 산에서 우연히 마주치기보다는 도심의 공원이나 강변 도로에서 자주 보게 되고 모양도 썩 어울려 자귀나무가 여느 조경수처럼 외국에서 들여온 나무가 아닐까 생각하기 쉬우나 자귀나무는 오랜 옛날부터 우리의 선조들과 함께 지내온 이 땅의 나무이다. 자귀나무는 소가 무척 좋아해서 이 나무가 나지막히 자라고 있으면 소는 어디든지 쫓아간다. 그래서 자귀나무를 소쌀나무라고 부르기도 한다. 자귀나무를 '자구낭'이라 부르던 제주도에서는 오랜 옛날에는 이 나무를 집에 심기를 금했다. 그 이유는 아이가 이 나무 밑에 누우면 학질에 걸리기 때문이라고 한다. 자귀나무의 줄기나 뿌리의 껍질을 한방에서는 합환피라고 부르고 늑막염과 타박상을 비롯하여 살충제, 강장제, 구충제, 이뇨제 등으로 이용하였고 불살라 고약을 만들면 접골에 효과가 있다고 한다. 간혹 열매를 말려 불에 볶아서 약으로 먹기도 한다.

닭의장풀(달개비)

달개비는 밭이나 길가 그늘진 풀밭이나 빈터에서 잘 자라는 한해살이 풀이다. 진한 하늘색 꽃이 닭 볏을 닮았다고 달개비라고 부르는데 닭의장풀이라고도 한다. 꽃은 여름에 피어나는데, 아침에는 싱싱하다가도 햇빛이 쨍쨍 내리는 낮에는 시들어 버린다. 그래서 어떤 나라에서는 달개비를 이슬풀이라고 부르기도 한다. 봄에 난 연한 달개비 줄기는 나물로도 먹는다. 줄기를 말려서 약으로도 쓴다. 달개비를 베어 햇볕에서 말린 뒤에 달여서 먹으면 부기가 가라앉고 오줌이 잘 나온다고 한다. 꽃으로는 비단 옷감에 물을 들이기도 했다.

강아지풀

강아지풀은 한해살이 풀로 여름에 나오는 이삭이 강아지 꼬리를 닮았다고 강아지풀이라고 부른다. 모양이 강아지풀과 비슷하지만 이삭이 노란빛을 띠는 금강아지풀도 있다. 강아지풀은 소가 참 좋아하는 풀이다. 또 이삭은 새들의 먹이가 되기도 한다. 아주 오랜 옛날에는 사람들도 강아지풀 씨앗을 먹고 살았다고 한다. 강아지풀이 우리가 먹는 조의 조상이라고도 한다. 9월에 캐어 말린 뿌리는 기생충 약으로 쓴다. 요즘은 강아지풀을 잘 말려서 물감을 들인 다음 꽃과 함께 집안을 꾸미기도 한다.

애기똥풀

애기똥풀은 산기슭이나 들, 길가의 눅눅한 곳에서 자라는 여러해살이풀이다.

줄기나 잎에 연한 흰 털이 드문드문 나 있고 자르면 노란색 즙이 나온다. 이 노란색 즙이 아기 똥 같다고 애기똥풀이라고 부른다. 노란 젖 같다고 젖풀이라고 부르기도 한다. 애기똥풀즙에는 독이 있어서 함부로 먹으면 안된다. 소도 잘못 먹으면 물똥을 싼다. 그러니까 쑥을 뜯을 때나 소먹이 풀을 벨 때 섞여 들어가지 않도록 조심해야 한다. 그러나 무좀이나 벌레 물린 데 애기똥풀을 짓이겨 바르면 몹시 따갑지만 잘 낫는다. 말려서 황달이나 암을 이기는 약으로 쓰기도 한다.

쑥

쑥은 산과 들의 양지 바른 곳에서 자라는 여러해살이 풀이다. 우리 나라 들판 어디든 쑥이 없는 곳이 없을 정도로 흔한 풀이다. 줄기나 잎 전체에서 향기로운 냄새가 강하게 난다. 쑥은 쓰임새가 참 많은 풀이다. 쑥은 이른봄부터 새싹을 뜯기 시작하여 초여름까지 잎을 뜯어 먹는다. 어린 쑥이나 쑥잎은 국을 끓여 먹고, 쌀가루나 밀가루와 함께 쪄서 떡도 해먹는다. 또 대궁째 베어 말려서 약으로 달여 먹기도 한다. 쑥잎을 말려서 비빈 다음 뜸을 뜨기도 한다. 생쑥을 짓찧어서 상처 난 데 붙이기도 한다. 쑥은 상처를 소독해 주고 잘 아물게 해주기 때문이다. 쑥대를 베어 모깃불을 지피기도 한다. 이렇게 쓰임새가 많다 보니 집집마다 짚이나 새끼에 엮어서 말려 두고 일 년 내내 썼다.

뱀딸기

뱀딸기는 풀숲이나 길가, 밭둑에서 자라는 여러해살이 풀이다. 햇빛이 잘 들고 축축한 곳에서 잘 자란다. 이른 여름 밭둑에서 빨갛게 익은 뱀딸기를 보면 무척 먹음직스럽다. 단물이 가득 든 것처럼 보인다. 그러나 따 먹어보면 딸기만큼 맛이 없고 자잘한 씨앗이 입에 많이 남는다. 뱀딸기를 많이 먹으면 배앓이를 하기 때문에 조심해야 한다. 뱀딸기라는 이름이 왜 붙었는지는 뚜렷하지 않은데 뱀이 먹는 딸기여서 그렇게 부른다고도 하고 뱀딸기가 익을 무렵에 뱀이 많이 보여서 그렇게 부른다고도 한다.

질경이

질경이는 들판이나 마을의 길가에서 자라는 여러해살이 풀이다. 질경이는 이름 그대로 질긴 풀이다. 사람이 밟고 다니는 논두렁이나 밭두렁은 말할 나위도 없고 차들이 숱하게 지나다니는 곳에서도 끈질기게 살아남는다. 찻길에서 산다고 차전초라고 부르기도 한다. 지리산 같은 높은 산에서도 사람이 많이 지나다니는 등산로에서만 자란다. 오히려 기름진 논밭이나 산 속에서는 잘 볼 수가 없다. 어린 질경이는 된장에 무쳐서 나물로 먹는다. 씨앗이나 잎은 말려 두었다가 약으로 쓰기도 한다. 질경이 씨앗을 말린 것은 차전자라고 하여 가래를 삭이고 오줌을 잘 나오게 하는 약으로 쓴다. 어린이들은 질경이를 뿌리째 캐어 제기 대신 차고 놀기도 한다. 질경이는 생김새도 제기와 비슷하고, 또 워낙 질겨서 하루쯤은 차고 놀아도 끄떡없다.

산딸기

산딸기는 햇볕이 잘 들고 비교적 수분이 많은 땅에서 잘 자란다. 산딸기는 빨갛게 잘 익은 것일수록 시지 않고 달콤하다. 진짜 산딸기는 초여름에 시원스런 하얀 꽃이 핀다. 산딸기는 산에서 야생으로 자라며 먹음직스런 붉은 열매를 맺는 것을 따로 구분하지 않고 모두 산딸기라고 부르지만 이렇게 산에서 자라는 산딸기의 종류는 아주 많다. 산에서 흔히 보는 줄딸기와 멍석딸기, 열매로 소문이 난 복분자딸기, 제주도나 완도 같은 남쪽의 따뜻한 섬 지방에서 흔히 만나는 장딸기 등이 있다. 한방에서는 산딸기나 복분자딸기를 크게 구분하지 않고 복분자 혹은 생약명으로 이용한다. 약재에는 덜 익은 열매를 쓰는데 초여름에 아직 푸른 기운이 남아 있는 열매를 따서 그대로 햇볕에

말렸다가 물에 넣고 달이거나 가루로 만들어 처방한다. 몸이 허약하거나 음위, 유정, 자주 소변이 마려운 증상에 처방한다. 몸을 따뜻하게 하고 피부를 부드럽게 하는 데도 효과가 있다고 한다. 민간에서는 익은 열매에 술을 부어 복분자주를 만들어 피로 회복이나 식욕 증진에 쓴다. 멍석딸기는 한방에서의 용도가 조금 다른데 감기, 기침, 천식, 토혈, 월경 불순, 이질, 치질, 옴에 옮았을 때 사용한다.

고사리

고사리는 햇빛이 잘 드는 숲에서 자라는 여러해살이 풀이다. 옛날부터 즐겨 먹던 나물이다. 우리가 먹는 고사리는 이른봄에 땅속줄기에서 올라온 어린 잎자루이다. 4월쯤 되면 땅속줄기 끝에서 마치 움켜쥔 아기 손처럼 생긴 어린 고사리 순이 돋아난다. 이 순이 피면 잎이 되는데 잎이 펴지기 전에 통통한 연초록색 순을 꺾는다. 이 순을 뜨거운 물에 삶아서 말리면 갈색 고사리 나물이 된다. 제사 때 나물을 하거나 국에 넣을 때는 다시 물에 불려서 삶는다. 그리고 하룻밤쯤 독을 우려낸 다음에 나물로 볶거나 국에 넣어 끓인다. 날 고사리에는 독이 들어 있어서 우려 내지 않고 먹으면 눈이 멀 수도 있다. 그래서 고사리 나물을 먹으려면 여러 차례에 걸쳐서 손질을 해야 한다. 이렇게 정성껏 손질한 고사리는 먹어도 아무 탈이 없다. 가을이 되면 고사리 뿌리를 캐내어 녹말을 낸 다음 풀을 쑤기도 했다.

청미래덩굴

청미래덩굴은 우리와 아주 친숙한 나무다. 아주 자그마해도 숲이 발달한 곳이면 어느 곳에서든 볼 수 있다. 오래 전부터 외래 수종이 범람하는 지금까지도 쉽게 볼 수 있어 특별하게 생각되는 나무는 아니지만 우리 숲에서는 한몫 단단히 하는 나무다. 청미래덩굴을 우습게 아는 이가 있다면 청미래덩굴이 없는 산이나 숲이 있으면 나와 보라고 하고 싶다. 둥그런 잎은 갑자기 끝에서 뾰족해져 깜찍하고 둥글둥글 달리며 반질거리고 만져 보면 생각보다 두껍다. 가죽 같은 잎은 많은 햇빛을 반사시켜 체온 상승을 막아 보자는 나름대로의 전략이다. 청미래덩굴의 이 잎은 차로 마시면 100가지 독을 제거한다는 이야기가 있다. 뿌리에는 녹말 성분이 많이 들어 있어서 흉년이 들 때마다 긴요하게 이용되었다. 옛날에 나라가 망하자 산으로 도망친 선비들이 먹을 것을 찾아 헤매다가 이 나무를 찾았는데 그 양이 요깃거리로 넉넉했다고 하여 우여량이란 이름을 갖게 되었고 산에 있는 기이한 양식이라는 신기량, 신선이 남겨준 양식이란 뜻의 전유량이란 이름도 있다.

괭이밥

괭이밥은 들판이나 길가에서 자라는 여러해살이 풀이다. 쪽잎 하나하나는 심장 모양이고 잎 뒷면과 가장자리에 털이 많다. 언뜻 보면 토끼풀잎과 비슷하게 생겼다. 괭이밥 잎을 잘근잘근 씹어보면 새콤한 맛이 난다. 식초나 백반처럼 산성을 띠고 있기 때문이다. 손톱에 봉숭아물을 들일 때 봉숭아와 함께 괭이밥 잎을 넣고 찧어서 손톱에 올려 보면 백반을 넣었을 때처럼 곱게 물이 든다. 괭이밥 잎은 재미있는 성질이 또 있다. 햇빛이 비치는 한낮에는 잎이 쫙 퍼져 있지만 밤이나 흐린 날에는 잎을 오무린다. 이런 움직임을 수면 운동이라 하며 땅콩이나 자귀나무도 괭이밥처럼 수면 운동을 하는 식물이다.

맥문동

맥문동은 낮은 산이나 숲속의 그늘 진 곳에서 자라는 여러해살이 풀이다. 여름에 피는 연한 자주색 꽃이 고와서 꽃밭에도 심어 기른다. 겨울에 시들지 않고 싱싱한 잎을 보여 준다고 겨우살이풀이라고도 한다. 마당가 나무 그늘 진 곳에 심으면 해마다 예쁜 꽃이 피어난다. 또 눈속에서 살아있는 파릇파릇

한 잎은 꽃 못지않게 아름답다. 그래서 서울같이 춥고 그늘이 많은 도시에서 기르기 딱 좋다. 맥문동은 굵고 딱딱한 뿌리줄기가 있다. 뿌리줄기에는 가는 수염뿌리가 나 있는데 끝이 땅콩처럼 굵어져서 덩이를 이룬다. 잎은 끈처럼 길고 짙은 녹색을 띤다. 잎은 여러 가닥이 뿌리줄기에서 모여 난다. 여름에 잎 사이에서 보라색 꽃대가 곧게 올라와서 그 끝에 연한 보라색 작은 꽃이 촘촘히 달린다.

[자료3] 자연놀이 종류와 하는 방법 소개

나는 누구일까요

무리에서 한 사람을 골라 등에 동물 그림이나 카드를 핀으로 꽂는다. 그런 다음 모두가 볼 수 있게 한바퀴 돌게 한다.

나는 도대체 누구일까? 자기가 누구인가를 알기 위해서 주위 사람들에게 물어 보지 않으면 안된다. 나머지 사람들은 그 질문에 "네" "아니오" "비슷해" 하는 대답만 한다.

노아의 방주

아이들의 인원수를 세어 꼭 그 반수의 동물 이름을 생각한다. 가로 10㎝ 세로 15㎝ 정도 크기의 이름표에 두 장씩 그 동물 이름을 써 넣는다. 한 사람에게 한 장씩 이름표가 돌아가게 한다(아이가 홀수이면 이름표 석 장이 한 조). 이름표를 잘 섞은 다음 그것을 아이들에게 나누어 준다. 아이들은 그것을 읽고 자기가 어떤 동물이 되는지를 기억해 둔다(다른 사람에겐 비밀). 그런 다음 이름표를 걷는다. 신호가 있으면 일제히 동물의 자세, 동작, 우는 소리를 흉내내어 자기의 상대를 찾는다. 단, 사람의 소리를 내어서는 안된다. 능숙하게 동물의 흉내를 내어 상대를 찾는다.

천적과 먹이

넓은 장소에서 지름 5㎝ 정도의 원을 그린다. 두 아이의 눈을 가린 다음 원 안에 세워 둔다. 한 아이에게는 그 주변에 살고 있는 동물의 이름을 한 가지 들게 하고, 또 한 아이에게는 그 천적이 되는 동물의 이름을 들게 한다. 천적의 역할을 맡은 아이는 상대방 아이의 발소리에 신경을 곤두세우고서 먹이를 잡으려고 덤벼든다(만약 두 사람이 원 밖으로 다가오면 가볍게 툭툭 쳐서 가르쳐 준다).

잠꾸러기 아저씨

보물을 지키는 아저씨와 도둑들로 역할을 나눈다. 아저씨는 눈가리개를 하고 땅바닥에 앉아 눈앞의 보물을 빼앗기지 않으려고 지킨다. 그러나 내내 깨어 있는 것만은 아니고 어느새 잠이 들기도 한다. 도둑들은 아저씨로부터 30걸음 정도 떨어져서 원을 만들어 에워싼다. 신호와 함께 도둑들은 앞으로 나아가 아저씨를 깨우지 않고 보물을 빼앗아야 한다. 아저씨는 도둑의 발자국 소리를 확실히 듣고 그 방향을 지적한다. 만약 방향이 맞으면 지적된 사람은 그 자리에서 움직일 수 없다. 뛴다든지 미끄럼 타기를 하는 것은 반칙으로 정한다. 보물을 훔치는 데 성공한 사람이 이번에는 아저씨가 된다.

올빼미와 까마귀

아이를 두 편으로 나누어 한 편을 '올빼미' 또는 한 편을 '까마귀'라고 부르기로 한다. 1m 정도의 간격을 두고 마주 정렬해 서게 하고 각 편 뒤쪽으로 5m 되는 곳에 각각의 둥지를 나타내는 선을 긋는다. 지도자가 큰소리로 문제를 내는데 만일 지도자의 말이 옳으면 올빼미는 까마귀를 쫓아가서 둥지로 돌아가기 전에 붙들도록 한다. 만일 틀리면 이번에는 까마귀가 올빼미를 쫓아가 붙든다. 붙들린 사람은 상대편이 된다. 알아맞히기 힘든 문제인 경우에는 서로 쫓고 쫓아가기도 하고 도망가기도 한다.

맨발로 걷기

이 놀이에서는 조용히 걷는 법을 배운다. 우선 신발과 양말을 벗은 다음 발을
천천히 조그맣게 한 걸음 내딛는데, 먼저 딛으려고 하는 발 바깥쪽을 살짝
땅에 대고 나서 발이 평평하게 될 때까지 서서히 안쪽으로 돌린다. 이 시점에
서 발바닥은 단지 가볍게 땅에 닿아 있을 뿐이다. 먼저 내딛은 발에 모든
체중을 옮기기 전에 발 밑에 뭔가 작은 나뭇가지나 잎사귀 따위의 소리가
날 만한 것이 없는지를 살펴야 한다. 만약 아무 것도 없으면 앞에 내민 발에
서서히 체중을 옮긴다. 보폭이 작으면 몸의 균형이 잘 잡히기 때문에 그만큼
동물을 찾는 데 주의를 집중할 수가 있다.

자벌레 놀이

아이들을 한적한 곳으로 데려가 우선 모두 눈을 가리게 한 다음 한 줄로 세우
고 양손을 앞 사람의 어깨 위에 올려 놓아 한 마리의 자벌레처럼 만든다.
"내가 머리가 되어 이제부터 여기저기 돌아다니겠다. 여러분은 열심히 소리
를 듣거나 냄새를 맡고 주위에 무엇이 있는지, 그곳이 어디인지 몸으로 느껴
보도록."
　알맞은 곳이라고 생각되는 장소에 이르면 눈가리개를 푼다. 이번에는 아이
가 걸어온 길을 거꾸로 출발점까지 돌아가야 한다. 가끔 아이들에게 그림이
나 지도를 그려 보게 하기도 한다.

내 나무에요

짝을 정한 다음 둘 중 한 사람에게 눈가리개를 한다. 나머지 한 사람은 숲
속에서 가장 마음에 드는 나무가 있는 곳으로 눈을 가린 자기 짝을 데리고

간다. 눈가리개를 한 짝이 나무 주위를 더듬으며 그 특징을 찾도록 도와 준다. 이때 짝은 힌트를 줄 수 있다(뺨을 대 봐, 죽은 나무일까, 몇 살일까, 이끼가 있나 등). 상대가 충분히 조사했으면 원래의 장소에 데리고 와서 눈가리개를 풀고 아까 그 나무를 찾게 한다.

미래로 보내는 편지

"이제 이 지역 학교가 끝나면 여러분은 집으로 돌아가고 내일이면 개학을 해 학교에 다니게 될 것이다. 지금까지 겪은 것은 금방 사라질지도 모른다. 그런 뜻에서 자기 자신한테 편지를 써 보자. 몇 주일 뒤에 다시 떠올리고 싶은 모든 것을 쓰는 것이다. 그리고 두 주일 후에 우리는 그것을 여러분에게 보내겠다."

[자료 4] 함께 불러 봐요

성풀이

이서방 이서방 일하러 가세

김서방 김서방 김매러 가세

조서방 조서방 조베러 가세

신서방 신서방 신이나 삶세

배서방 배서방 배팔러 가세

고서방 고서방 고추따러 가세

오서방 오서방 오이따러 가세

방서방 방서방 방석팔러 가세

우서방 우서방 우물이나 파세

달달달

하나 하면 할머니가 지팡을 짚는다 달달달

두울 하면 두부장수 덕을 진다 달달달

세엣 하면 새 각시가 거울을 본다 달달달

네엣 하면 네 얼굴에 곰보가 난다 달달달

다섯 하면 다람쥐가 알밤을 깐다 달달달

여섯 하면 여우들이 빵을 먹는다 달달달

일곱 하면 일본놈이 칼춤을 춘다 달달달

여덟 하면 여학생이 춤을 춘다 달달달

아홉 하면 아우들이 가방을 맨다 달달달

열 하면 엿장수가 가위를 친다 달달달

찐득아, 찐득아

찐득아 찐득아 쯪쯔쯪쯔 뭘먹고 살았니 쯪쯔쯪쯔

오뉴월 염천에 쯪쯔쯪쯔 쇠다리 밑에 쯪쯔쯪쯔

대롱대롱 쯪쯔쯪쯔 달렸다가 쯪쯔쯪쯔

비바람에 쯪쯔쯪쯔 뚝 떨어지니 쯪쯔쯪쯔

가는 행인 쯪쯔쯪쯔 오는 행인 쯪쯔쯪쯔

질겅 밟아 쯪쯔쯪쯔 툭 터졌네 쯪쯔쯪쯔

시커먼 피가 쯪쯔쯪쯔 찔끔 났네 쯪쯔쯪쯔

가자가자 감나무

가자가자 감나무

십리절반 오리나무

칼로 찔러 피나무

방귀뽕뽕 뽕나무

가다보니 가닥나무

귀신쫓는 봉숭나무

덜덜떠는 사시나무

맨드래미 봉숭아

열무짐치 들어간다

오자오자 옻나무

따끔따끔 가시나무

입맞춘다 쪽나무

바람솔솔 소나무

오다보니 오동나무

살살피는 살구나무

짐치가지 꽃가지

아가리 딱딱 벌려라

[자료 5] 지역 학교 시간표

1998. 8. 25 (화)

1:40　성서 초등학교 운동장

2:00　전체 모임

　　　접수(주소, 이름, 전화번호 적기), 이름표 나눠 주기, 조 나누기

2:30　비둘기산

　　　난장트기

- 노래 : 성풀이, 메롱타령, 가자가자 감나무

- 놀이 : 나는 누구일까요, 노아의 방주

규칙 정하기

- 나뭇잎, 풀, 꽃잎을 따지 않는다.
- 길이 아닌 길은 가지 않는다. 사람이 들어가면 사람 몸의 독성 때문에 나무나 풀이 잘 자라지 못한다.
- 나무에 올라가지 않는다.
- 자기가 하고 싶은 대로 하지 않는다.

성산동 옛모습 찾아보기

- 놀이 : 성산동 지도 그리기

3:30　성미산 가기

두 모둠으로 나누어서 개나리 덩굴 쪽과 성서 초등학교 후문 쪽으로 올라간다.

1모둠　개나리 덩굴 — 숲속 마당 — 시원한 그늘

2모둠　성서 초등학교 — 계단 무대 — 그늘나무 — 시원한 그늘

- 놀이 : 맨발로 가기, 나무 표시하기

4:30　시원한 그늘에서 간식을

5:00　성미산 가기

1모둠　시원한 그늘 — 그늘나무 — 계단 무대 — 성서 초등학교

2모둠　시원한 그늘 — 숲속 마당 — 성서 초등학교

6:00　성서 초등학교 — 방과후

8. 26 (수)

2:00　방과후

3:00　슬라이드 보기

- 노래 : 가자가자 감나무, 달달달

5:00　성미산 탐사

1모둠   계단 무대―그늘나무―시원한 그늘―낙타무덤―넓은 터
2모둠   개나리―계단 무대―그늘나무―시원한 그늘―낙타무덤
   ―넓은 터
   • 놀이 : 내 나무예요, 나뭇잎 대고 그리기, 눈감고 걷기, 넓은 터에서
     자벌레 놀이, 잠꾸러기 아저씨
   • 간식 : 적당한 시간에
6:00   넓은 터에서 성미산 지도 그리기

8. 27 (목)

2:00   비둘기산

   성미산 이름 불러 주기
   • 놀이 : 올빼미와 까마귀, 천적과 먹이
   • 노래 : 매미타령, 찐드기, 가자가자 감나무
3:00   성미산 사랑
4:00   숲속 마당
   • 놀이 : 미래로 보내는 편지
   • 노래 : 메롱타령
5:00   전래놀이
6:00   헤어짐―기념품 ■

* 글쓴이 고은주는 서울 우리 어린이집 교사. 이젠 고은주만큼이나 '해바라기'라는
이름에 정이 들어 해바라기처럼 살고 싶어한다. 도토리 방과후 교사를 3년째를 맡고
있다.

나들이와 함께 크는 어른들

버스가 떠나갈 때

내 가슴이 짠~했던 것도 지금까지는 느껴보지

못했던 묘한 감정이었다. 아이를 키우면서

내 감정의 깊이도 깊어지고 다양해지는 것을

느낀다. 그것은 나 역시 아이와 함께

성장한다는 것이 아닐까?

엄마, 달이 그냥 서 있어! 기차 우에

김일명

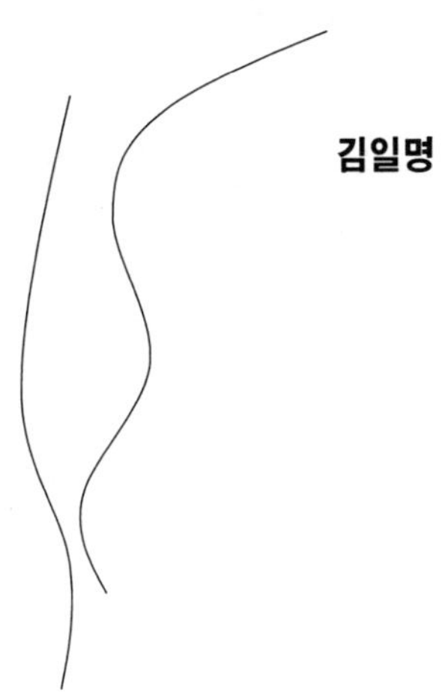

"엄마, 자꾸 달이 날 따라와."
"어디?"
"엄마, 내가 가만 있으니까 달이 그냥 서 있어! 기차 우에."

이 말을 듣고 눈을 들어 '기차 위에 그냥 서 있는 달님'을 확인한 순간 갑자기 눈물이 돌았다. 이 순간 '저것은 기차가 아니고 전철'이며, '우에가 아니라 위에'라고 발음을 정정해 주고자 하는 마음은 전혀 고려의 대상이 될 수 없었다. 그저 달이 있었다. 항상 쫓기면서 살아온 나의 마음에 어린 시절의 나의 달님이 들어온 순간이었다. 끈적거림이 없어 가을의 저녁 같던 어느 여름날, 터전에서 돌아온 아리영을 업고 시장에 다녀오면서, 나는 달과 아리영과 내가 하나가 되는 신선한 체험을 했다.

우리 아이가 일상적으로 즐겨 쓰는 '자연'과 관련된 언어들은 터전에서 매일의 나들이 경험에서 오는 것이리라 확신한다. 아리영을 처음 공동육아 터전에 보내겠다고 결심했을 때 나에게 가장 매력적인 교육 프로그램은 '나들이'라는 것이었다. 우아!! 너무 신나겠다. 역마살이 끼어 여기저기 온갖 새로움과 잡것들에 관심이 많던 나는 매일을 이런 식으로 보낼 수 있는 곳이 있다는 사실에 흥분했다.

그때 우리 아이는 24개월이 되던 때라 기저귀와 젖병에서 벗어나지 못하고 있던 수준이었지만 바깥 세상에 흥미를 보이기 시작하면서 매일매일 여기저기 나다니고 싶어했다. 그러나 매일을 즐겁게, 게다가 교육적(!)으로 아이와 함께 지낸다는 것은 몇 번 정도는 가능했지만, 잡다한 일에 항상 치여 살던 나로서는 체력적, 시간적, 경제적 한계를 느낄 수밖에 없었다. 그러던 차에 도봉, 강북 지역 공동육아 준비 모임이 있다는 것을 알았고, 그곳에서 드디어 터전을 물색해서 아이들을 모집하기 시작하였다.

아이 아버지와 함께 처음 터전을 보러 갔던 날은 봄이 오기를 기다리면서 옷 벗은 나무들이 스산하게 마당을 메우고 있었다. 개원한 지 며칠 되지도 않았던 터라 그 동안 청소한 쓰레기들이 마당 한켠을 채우고 있었으나, 그 외중에 몇 명 안 되는 아이들이 마당에 나와 서 있었다. '땅에 거름 주기' 시간이라는 것이다. 그리고 꽤 추운 날이었음에도 불구하고 가볍게(?) 나들이를 다녀왔다는 것이었다. 괜히 기분이 좋았다. 땅이 있고 나무가 있고 아이들이 있다는 사실 때문이었을 것이다. 게다가 아리영은 선생님 손을 꼭 붙잡고, 막무가내로 집에 안 가겠다는 것이었다. 그날로 조합원이 되었다.

우리 아이는 '적응 기간'도 필요 없이 너무나 즐거워하였다. 나들이를 다녀와서도 계속 바깥에만 있으려고 해서 '자유의 여인(?)'이라는 별명까지 얻었다. 아이는 매일의 나들이를 통해 넓은 세상을 자기 나름대로 능력껏 이해해 가고 있었다.

"엄마, 천둥 아저씨랑 번개가 짝이야, 짝!"
"어떻게 그렇게 생각했니?"
"나들이 갈 때 아리영 친구랑 짝해서 가!"

이렇게 감동적일 수가!!! 자연의 품속에 우리 아이가 고스란히 담겨 있었다.

아리영의 터져 나오는 말들과 매일매일의 날적이를 통해서 나들이의 체험을 간접적으로만 공유해 오던 터에 드디어 기다리던 아마의 기회가 왔다. 하늘도 무심하시지! 하필 그날은 아침부터 비가 추적추적 내렸다. 드디어 터전에 도착, 우산 들고 한참 마당에서 빙빙 돌던 아이들과 함께 아침을 가볍게 먹고, 나들이를 가도 충분하겠다는 선생님 말씀에 괜히 내가 가슴을 쓸어내렸다.

드디어 나들이!! 아이들은 우산을 챙기고 비옷을 다시 입고 짝지어 손을 잡는 행동들을 아주 능숙하게 하였다. 계곡까지는 매우 가까운 거리였지만 도착하기까지 시간이 꽤 걸렸다. 아이들이 걸음이 늦는 아이를 기다려 주고 또 중간중간 관심 있는 일이 나타나면 일일이 반응을 하기 때문이었다.

꽤나 느긋하다(정확히는 느리다)는 소리를 듣는 나도 아이들의 '느림' 을 따라가기에는 힘이 들었다. 선생님은 아이들의 박자 속에 들어가 계셨다. 선생님이 보통 힘드신 게 아니겠다는 생각이 다시 한번 들었고, 보조를 맞추며 과정 자체를 즐기는 것이 새로움으로 다가왔다.

계곡에 도착해서 비가 와서 바위들이 미끄러운데도 아이들은 씩씩하게 그리고 나름대로 조심스럽게 잘 돌아다녔다. 나뭇잎을 따서 배라고 떠나 보내는 아이, 물 속에 첨벙 들어가 돌 줍는 아이들, 벌레 관찰에 몰두하고 있는 아이들, 티격태격하면서도 바위 위를 오를 때는 손을 내밀어 잡아 주는 아이들…

이날 나들이에는 나에게 '아동학' 수업을 수강하는 학생들 몇 명이 동참했는데, 아이들보다 더 즐거워하였고, 아이들도 도우미(?)가 많은 탓인지 더욱 신이 나는 것 같았다. 잠깐 동안의 관찰이었지만 나들이 느낌을 교환하기도 하였다.

"아이들이 나들이 규칙을 몸으로 습득한 것 같았어요."
"생각보다 조심성 있게 행동하는 것을 보고 무모함과 용기를 구분하는 것 같았어요."
(이 장면에서 우~ 하는 야유 소리)
"자연의 질서 속에서 자율적인 것을 배우는 것 같았어요."

이날의 나들이 아마 체험은 아이를 이해하는 데 많은 도움을 주었다.

'빨리 그 일을 마무리해야 하는데' '그 일이 꼭 성사돼야 하는데'에 관심을 쏟고 있던 나는 '개미는 어디서 집을 짓는지', '애기똥물(애기똥풀을 이렇게 말하곤 한다)은 어떻게 생겼으며, 또 소금쟁이와 키워서 방생(?)한 올챙이는 지금 잘 있는지' 등 우리 아이가 매우 지대한 관심을 가지고 있는 일이 얼마나 소중한 것인지를 새삼 생각하게 되었다.

  우리 아이는 세상의 가장 작은 것들을 중요하게 복원시키면서 더불어 살아가고 있었다. ■

* 글쓴이 김일명은 꿈꾸는 어린이집 조합원이며, 아리영 엄마다.

하언이의 나들이

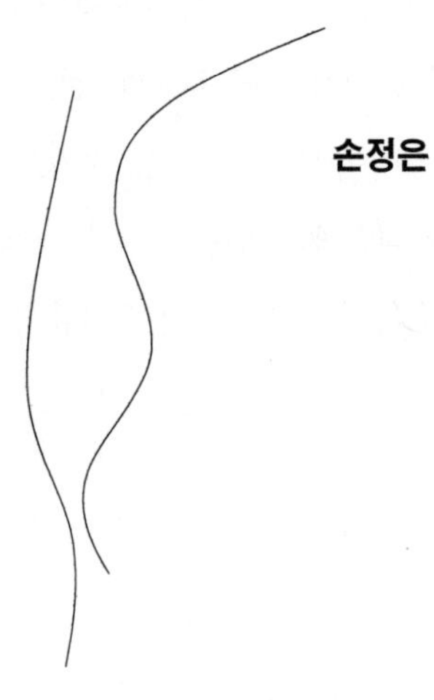

손정은

하언이(4세)는 2월 말경 처음 터전에 왔다. 터전에 맨 처음 들어서는 아이들을 보면 대개 두 부류로 나눌 수 있다. 첫째는 터전에 들어서면서부터 엄마와 떨어지지 않으려고 필사적으로 매달리며 우는 아이, 둘째는 처음부터 터전 분위기에 잘 적응해서 아무런 문제도 없는(?) 것처럼 보이는 아이.

하언이가 맨 처음 터전에 들어올 즈음 재환이도(5세) 함께 왔는데, 재환이는 첫번째 부류였고, 하언이는 두번째 부류의 아이였다. 그런데 처음의 예상과는 다르게 재환이는 빠르게 적응하는 대신 하언이는 아이들과의 관계에서도 터전의 일상에서도 자꾸 뒷걸음질치려고만 하는 것이었다.

하언이가 적응하는 것을 시간이 지날수록 힘들어하자 엄마도 교사들도 걱정이 늘어갔고, 이런저런 원인들을 생각해 내느라 거의 두 달을 진땀을 빼야 했다. 하언이는 터전에 올 때 당실이보다는 도글이에 가까운 4살이었지만 어휘력, 기억력, 사고하는 것은 또래들보다 앞서는 편이었다.

교사들과 함께 여러 가지 이유들을 생각해 봤다. 하언이가 또래의 다른 아이들보다 사고가 앞서기 때문에 터전 생활에 쉽게 싫증을 낼 수 있다. 터전의 활동이나 아이들이 전반적으로 동적이라 정적인 활동을 즐기는 하언이가 반감을 가질 수도 있다. 반일반으로 나오기 때문에 다른 아이들보다 적응하는 속도가 느릴 수 있다. 엄마의 걱정이 아이에게 심리적으로 영향을 줄 수도 있다. 또 약간은 소심한 성격 때문에 아이들과 어울리는 것이 부담스러운 것은 아닐까 하는 여러 가지 의견들이 있었다.

터전 생활을 하는 스트레스가 잠꼬대로까지 이어진다는 엄마의 걱정 어린 날적이를 받아보며 엄마와 이야기 끝에 터전에 엄마가 매일 데려다주는 대신 하언이가 어린이집 봉고차 타는 것을 좋아하니까 아침에 차를 이용해서 등원하는 것이 어떨까 해서 봉고차를 태운 후부터 엄마와 떨어지는 것을 자연스럽게 받아들이기 시작했다.

물론 그 후로도 다른 아이들처럼 편안하게 터전에서의 생활을 완전히 받아들인 것은 아니었다. 터전에서 낮잠 자는 것에 대한 거부 반응, 나들이 가서 놀다가도 터전에 도착하면 들어가기를 거부하거나 터전에 들어가서도 현관문을 꼭 열어 놓게 하는 등의 모습을 보였다.

하언이는 동적인 놀이보다는 정적인 놀이 활동을 즐기는 소심한 아이라 처음 나들이를 나갔을 때는 아이들과 어울리기보다는 내 옆에 꼭 붙어서 다니고 내가 보이지 않으면 굉장히 불안해하며 찾곤 했다. 그래도 하언이가 터전 생활 중 가장 부담을 느끼지 않았던 시간이 바로 나들이 시간이었는데, 탁 트인 공간이 아무래도 터전에서처럼 갇혀 있는 공간보다는 불안함을 덜 느끼게 해줬던 모양이었다.

나들이 초반에는 언덕길이나 조금 경사가 있는 내리막길을 만나기만 하면 울상부터 짓던 하언이가 어느 순간부터 우르르 떼를 지어 뛰어다니는 아이들 틈에 자연스럽게 끼기 시작한 그 순간부터 조금씩 하언이의 변화가 시작됐다.

아침 간식을 먹고 나면 으레 "한울이 우리 나들이 안 가?" 자연물에 대한 관심도 많아서 나들이를 가면 기억력 좋은 하언이… 한울이가 이야기해 줬던 걸 그대로 이야기하며 "한울이 이거 뭔지 알아?" 하며 내 말투로 열심히 내게 다시 설명한다. 정적인 놀이와 장난감, 카드와 놀기를 좋아하던 하언이가 나들이를 통해 또 하나의 세상을 발견한 듯했다.

보물상자 산으로 염색에 쓸 쑥을 캐러 갔다가 굉장히 가파른 언덕을 열심히 기어서 올라온 하언이.
한울 어? 여기까지 어떻게 올라왔어?
하언 어~ 땅바닥이랑 나무가 손 잡아 줘서 올라왔어…
아니, 땅바닥이랑 나무가 손을 잡아 줬다니! 그 말을 듣는 순간 '우와~ 이렇게 아이들이 자연과 하나가 되어 가는구나…' 싶었다.
— 7월 23일(금) 날적이에서

이제는 나들이를 나서면 아이들과 함께 산 속을 거침없이 뛰어다니기도 하고 텃밭 공터에 무대까지 만들어 아이들과 공연도 하고 역할 놀이도 즐기곤 한다.

비 오던 날 오동잎을 머리에 이고 한없이 순박하고도 행복한 웃음을 짓던 하언이의 얼굴…

텃밭 무대에서 아이들을 불러모아 서커스 공연을 하는 모습, 텃밭에서 불 놓아 고구마를 구워 얼굴에 까만 검댕이를 묻히고 열심히 먹던 모습…그런 나들이의 행복한 기억들이 처음 적응하기 힘들었던 그때를 잊도록 돕고 있다고 생각한다. 적응 기간이 더 길고 힘들었던 만큼 하루하루 변화되어 가는 하언이의 모습이 몇 배나 더 큰 즐거움으로 다가오고, 누구 못지 않은 씩씩이가 되어버린 하언이가 난 지금도 두고두고 기특하기만 하다.

오늘도 경계심을 풀고 자연 속에서 마음껏 뛰어놀다 나들이에서 돌아오는 하언이의 모습은 영락없이 '개구장이 산복이'의 딱! 산복이 모습이다.

이마에 땀방울 송알송알~ 손에는 땟국이 반질반질~ 맨발에 흙먼지 울긋불긋~ ■

* 글쓴이 손정은은 서울 꿈꾸는 어린이집 교사로, 아이들은 '한울'이라고 부른다.

우리 아이는 산바람 들바람 맞고 자랐어요!

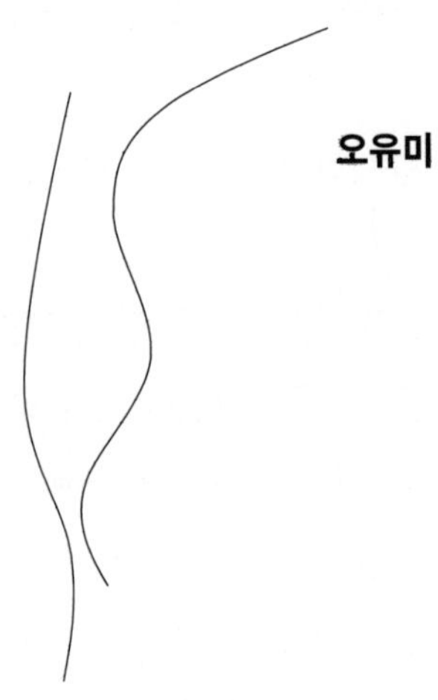

오유미

"엄마! 나 꼬리(소근방 교사)랑 기차 타러 간—다!"
진석이는 소근방에서 덕수궁으로 나들이를 가기
전날부터 마음은 벌써 기차를 탄 것처럼 좋아했다.
오자마자 자기 서랍을 열고 '부천 공동육아 산 어
린이집'이라는 이름이 새겨진 노란 티셔츠를 꺼내
입고 그 다음날을 기다렸다. 그 티셔츠를 고집하며
꺼내 입은 이유를 들어 보니 웃음이 절로 나왔다.
 "애들아! 내일 나들이 갈 때 어린이집에서 준 노
란 옷 입고 와!" 하는 꼬리와의 약속을 지키려고
미리 옷을 챙겨 입는 진석이에게 참 고맙다. 직장
핑계 대고 정신 없는 엄마, 아빠임에도 불구하고
진석이가 잘 자라고 있는 것이 참 감사한 일이다.

진석이를 어린이집에 보낸 것은 12개월이 안 되어서다. 어린이집에서는 걷지도 못하고 기어다니는 아이들을 유모차에 태우고 가까운 동네부터 놀이터까지 나들이를 데리고 다니기 시작했다. 놀이터의 흙에 맨발로 걸어 보게도 하고, 앉아서 모래도 만져 보게 하는 등 성주산의 시원한 바람을 맞으며 시작된 나들이였다. 그렇게 흙과 모래와 바람과 친구 되어 가는 나들이는 아이에게 자연을 몸에 배게 한 것 같다.

지금 40개월인 진석이가 산에도 잘 오르고 많이 걸어도 지치지 않고 다리 아프다고 업어 달라고 하지 않는 씩씩한 두 다리를 가질 수 있었던 것은 뒷산에 자주 오르고 매일 나들이를 가면서 얻은 것이다.

아이들은 나들이를 하며 사계절을 몸으로 느낀다. 봄에는 진달래를 따서 먹기도 하고, 화전 부치기도 하고, 여름에는 에어컨에 기대지 않고 뒷산 개울물에 발을 담그며 그 시원한 맛을 느끼고, 가을이면 뒷산의 밤나무에서 떨어진 풋밤을 까서 아쉬워하며 나눠 먹고, 겨울이면 눈 내린 길에서 신나게 쌀 포대 미끄럼을 타며 몸으로 계절을 배운다. 자연은 우리 아이들을 넉넉하고 여유 있게 해준다.

아마하며 아이들과 뒷산으로 나들이를 갔는데 토끼풀을 가지고 꽃반지도 만들고, 시계도 만들며 놀았다. "나도 해줘! 나도…" 하며 밀려드는 아이들을 하나씩 붙잡고 토끼풀을 뜯으며 놀았는데 만약 다른 파는 장난감이었으면 자기 것이라는 소유욕으로 인해 서로 싸우고 그 다툼을 말리느라 아마도 진땀을 뺐을 것이다.

아이들은 나들이에서 돌아오며 토끼에게 줄 풀을 뜯어 오는 걸 잊지 않는다. 매일 가는 길에서 피는 작은 꽃이나 풀들을 보며 아이들은 그게 먹어도 되는 것인지 어느 계절에 피는 것인지 억지로 알려 주려고 애쓰

덕수궁으로 나들이를 간 도글이들 — 「산 어린이집」

지 않아도 자연스럽게 알아 가는 것 같다.

어느 날은 비가 온 다음날 아이들과 같이 뒷산 개울가로 나들이를 갔는데 아이들은 불어난 물 덕분에 몸을 담그며 놀기도 하고, 빨라진 물살에 나뭇잎 배 띄우기를 하며 놀았던 적이 있다.

그날 개울가 주변에 있는 크고 작은 풀잎들은 아이들의 멋진 배가 되어 주었다. 아이들은 나뭇잎 배를 띄우며 물 위에 잘 떠내려 가는 잎들을 용케 찾아내어 놀이를 하느라 신이 났다. 어떤 아이들은 개울가에서 주운 맨질맨질한 돌멩이로 풀잎을 뜯어 찧으며 "병아리(부모가 별명을 가질 때도 있다), 먹어 봐!" 한다. 아이들은 개울가에서 몇 가지 놀이를 스스로 찾아내어 재미있게 놀았다.

유치원 교사를 하는 나는 가끔 유치원에서 "병아리! 뭐 하고 놀아?" 하고 묻는 아이를 보면 마음이 아프다. 그렇게 많은 장난감과 많은 친구들 속에서 무엇을 하고 놀아야 하냐고 물어 보는 아이들을 보면 우리 산 어린이집에서 노는 아이들의 모습이 떠오른다.

아침부터 저녁 늦게까지 놀고서도 "나 쪼금밖에 못 놀았어!" 하며 마당을 휘저으며 친구들 무리 속에서 나오지 않는 우리 아이들! 우리 아이들이 그렇게 많은 시간을 놀고도 별로 지치지 않는 것은 아마도 나들이에서 얻은 든든한 체력 덕분인 것 같다.

나들이에서 진석이는 자연스럽게 배우고 있는 것 같다. 매일 오가는 길에서 동네 어른들과 친해져서 인사하는 것, 나들이 가는 길을 정확히 알고 약수터 가는 길이나 놀이터 가는 길을 '엄마'에게도 가르쳐 주는 일, 나들이 가는 길에 차가 오면 어떻게 해야 하는지를 꼭 그림책이나 여러 가지 자료를 보여 주며 가르치지 않아도 꼭 필요하기 때문에 몸으로 자연스럽게 익히는 것 같다.

나들이 덕분에 진석이가 한가지 특별히 얻은 것이 있다면 가까이 있는 것에만 눈이 가지 않고 멀리 있는 산이나 하늘에도 눈이 간다는 것이다. 어린이집에서 데리고 나올 때 밤하늘에 뜬 달을 쳐다보며 "달님! 안녕!" 하고 인사하기도 하고 차를 타고 가다가도 달을 쳐다보며 "엄마! 달이 따라와!" 하고 말하는 것을 들으면 아니 진석이에게도 이런 면이 있었나 하고 놀랄 때가 많다.

어느 날 아침에 진석이를 데리고 어린이집에 올라가는데 "엄마! 저기 까치 있다!" 하는 것이다. 나는 아침이라서 바쁜 마음에 아무것도 눈에 들어오지 않아 "어디? 어디 있어?" 하고 물으며 주변을 둘러봐도 모르겠는데 진석이가 답답하다는 듯이 "저기 있잖아!" 하며 가리키는 곳은 전봇대 맨 위 꼭대기였다. 의심스러운 눈으로 전봇대 꼭대기를 보니 정말 까치가 앉아 있는 게 아닌가! 우리 진석이는 엄마보다도 여유롭고 멀리 볼 수 있는 눈을 가진 것 같다.

지금까지도 그래왔듯이 산 어린이집에서 성주산의 산바람, 들바람 맞으며 진석이가 넘어진 동생들(비록 밑으로 두 명밖에 없지만) 손잡아 주는 아이가 되었으면 좋겠다. ■

* 글쓴이 오유미는 부천 산 어린이집 조합원이며, 별명은 '병아리'. 유치원 교사인데, 공동육아의 영향을 받아 유치원에서 별명을 사용하고, 나들이도 실행하고 있다.

들살이를 보내는 엄마의 마음

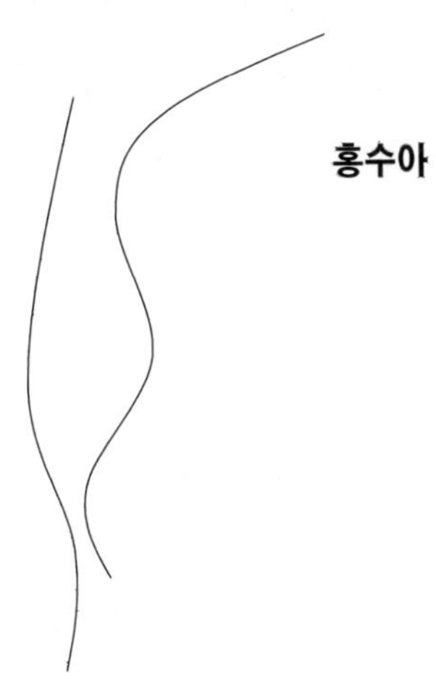

홍수아

내가 들살이 이야기를 들은 것은 약 두 달 전 교사 회의 참석 때다. 전혀 그런 것은 생각도 안하고 있었는데 2박3일 동안 이른바 들살이를 간다는 것이다. 순간 조금은 당황스럽기도 하고 동시에, 엄마가 된 이후 처음으로 짧은 방학을 갖게 되는구나 하고 은근히 신이 나기도 했다. 그래도 아이가 엄마와 떨어져서 밤을 보내기에는 아직 어린 것 같기도 하고 본인이 별로 원할 것 같지 않아서 시간을 두고 생각해 봐야겠다고 접어 두었다. 보내면 좋은 경험이 될 것 같기는 하지만 왠지 보낼 자신이 없었다. 아이가 특히 잠자리를 많이 가리는 편이기 때문이다. 어린이집에서 낮잠 자는 것도 4개월이 지날 때까지 무척 스트레스를 받아했고 5개월째인 요즘에 들어서야 낮잠 자고 일어나서 우는 일이 없어지는 경향을 보이기 때문에 집 떠나서 밤을 보낸다는 게 엄마인 나도 마음이 놓이지 않았다. 그래서 아이가 원하지 않으면 보내지 말아야 되겠다고 생각을 하고 있던 차에 화성 씨랜드 사고가 났고, 이 사건은 아이를 키우는 엄마로서 심한 무력감과 우울함을 느끼게 했다. 내가 아이를 보내고 말고 간에 들살이 계획 자체가 취소되겠구나 하고 생각했다.

몇 주 전에 들살이가 계획대로 진행된다는 이야기를 듣고, 이제는 결정을 내릴 때가 되었구나 하고 아이에게 물어 보았다. "훈기야, 너 들살이 가는 거 알지? 밤에 엄마 없이 즐거울 수 있겠어?, 깨몽, 달코미, 아이스크림, 알라딘, 친구들이랑 피아노 집(들살이 가는 장소가 피아노라는 별명을 가진 교사의 시골집이었다)에서 잘 수 있어?" 하니까 역시 예상대로 "엄마도 같이" 하고 대답을 한다. 그런데 내 생각이 자꾸 보내야 되겠다는 방향으로 굳어지고 있었다. 앞으로도 계속 어린이집 식구로 생활을 할 텐데 이번이 한층 깊게 어린이집에 동화될 수 있는 기회가 될 수 있을 것 같았다. 훈기도 언젠가부터 갈 수 있다는 의사를 내보이기 시작했고 이는 나도 보낼 수 있다는 자신감을 갖게 했다. 훈기 친구들이 집에 놀러 오면 자주 들살이 이야기를 했고 더불어 용기를 가질 수 있게 유도를 했다. 예상대로 훈기는 점점 들살이에 대해 기대를 하는 모습이었고 신이 나 있었다. 나는 꾸준히 들살이에 대해서 이야기를 했고 아이도 엄마도 이야기를 하는 과정에서 자신감을 가질 수 있었다. 두 밤을 엄마 없이 보낸다는 것도 자주 이야기하고 할 수 있다는 대답을 하면서 자연스럽게 받아들이는 것 같았다.

들살이 가는 날 아침에 버스 안에 타고 있는 훈기를 밖에서 쳐다보고 있으니 만감이 교차했다. 벌써 이렇게 자라서 엄마 떨어져서 버스 타고 이틀이나 외출을 하는구나 싶은 생각이 들며 훌쩍 커버린 아이를 발견했다. 들살이를 마치고 오면 또 어떤 새로운 모습을 볼 수 있을지 기대도 되고 새로운 시도를 성공한 훈기가 대견스러울 것 같다. 버스가 떠나갈 때 내 가슴이 짠~ 했던 것도 지금까지는 느껴 보지 못했던 묘한 감정이었다. 아이를 키우면서 내 감정의 깊이도 깊어지고 다양해지는 것을 느낀다. 그것은 나 역시 아이와 함께 성장한다는 것이 아닐까? ■

* 글쓴이 홍수아는 두껍아두껍아뭐하니 어린이집 조합원이며, 훈기 엄마다.

아이들은 해방감을 만끽하리라!

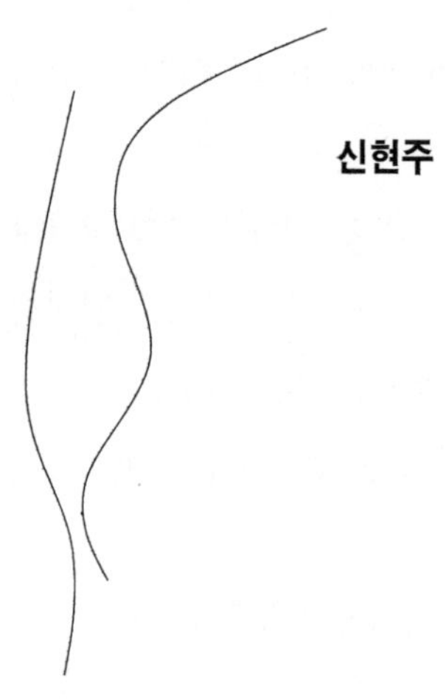

신현주

나의 첫아이, 한얼이가 「우리 어린이집」을 다닌 지 만 5년이 되었다. 우리 한얼이는 다섯 해 동안 어린이집에서 지내면서 무엇이 제일 좋았을까? 아마도 나들이를 다니는 것은 아닐까?

어린이집에서 본격적인 나들이는 움직임이 자유로운 큰 아이들이 되어서 가능하지만 까꿍방 아이들도 가끔씩 유모차를 타고 '시장 돌아보기'를 한다. 어린이집을 처음 만들 때부터 어린아이들의 나들이를 위해서 수레를 만들어 보려고 했다. 결국 수레를 만들지는 못했지만 까꿍이들은 유모차를 타고 종종 나들이를 한다. '시장 돌아보기'는 모든 아이들에게 좋은 교육 프로그램이라고 생각되지만, 잘 걸을 수 없는 까꿍방 아기들에게도 최고의 교육이 된다고 생각한다. 시끌벅적한 소리로부터 볼 거리도 풍부하고, 여러 가지 음식의 다양한 냄새를 맡으며 맛도 볼 수 있다면 이보다 최상의 교육이 있을까?

「우리 어린이집」의 큰아이들은 주로 성미산, 성서 초등학교, 놀이터, 한강, 마포 도서관, 성산 시장 등으로 나들이를 다닌다. 그래도 나들이 장소 중의 으뜸은 성미산이 아닐까? 내 경험에 비추어 보면 아이들은 해방감을 만끽하리라! 특히, 산을 오를 때는 집안에서 놀잇감을 가지고 놀 때와 달리 다툼이 없다. 주변의 모든 환경이 놀잇감이니 다툴 필요가 없겠지만…

성미산에는 계단 무대, 그늘 나무, 숲속 마당, 낙타 무덤 등이 있다. 성미산 구석구석에 있는 장소를 선생님과 아이들이 자연스럽게 이름을 지어서 부르는 것이다. 어쩌면 타고난 작명가처럼 이름을 멋지게 잘 짓는지 모르겠다. 바쁘다는 핑계로 우리 아이들의 이야기 속에 자주 등장하는 그늘 나무와 숲속 마당, 낙타 무덤이 어떤 곳인지 가고 싶어도 생각 뿐이었다. 그러던 어느 날 성미산을 오를 기회가 생겼다. 교육 이사를 맡아 여러 가지 행사를 계획하던 중에 5월 5일 어린이날 행사를 할 장소를 정하기 위해 성미산을 오르게 되었다. 작은 산이지만 올라서 보니 서울의 야경이 한눈에 보인다. 모처럼 약간의 운동을 해서인지 기분도 상쾌해지고 우리 아이들이 이곳에서 뛰어놀 모습을 상상하니 마냥 즐거웠다.

나들이를 통해서 우리 아이들은 무엇을 얻을까? 물론, 교사들은 나들이를 통해 여러 가지 교육 목표를 세우고 프로젝트 등을 계획할 수도 있겠지만 나는 아이들이 나들이를 통해 자유롭게 뛰어놀면서 자기가 살고 있는 세상, 공간을 탐색해 보는 기회를 충분히 가지면 족하다고 생각한다. 우리 가족의 생활은 그다지 자연 친화적이지 않지만 1년에 서너 번 산에 가서 캠핑을 한다. 지난 여름, 우리 가족은 유명산에서 캠핑을 했다. 두 아이가 연신 "산 속에는 나무도 많다, 산 속에는 돌도 많다, 매미도 많다, 개미도 많다, …" 하며 흥에 겨워 노래를 불렀다. 자연스레 자신의 소리로 즐겁게 노래를 부르는 아이들이 무척 행복해 보였다. 그리고 뭘 그렇게 잘 보는지 주변에 있는 사물, 벌레를 잘 관찰하고 계속해서 이것저것 물어 봤다. 나들이를 통해 자연을 자주 대하다 보니 자연에 대한 관심이 많아져서 그런 것 같다.

나들이를 통해서 얻을 수 있는 것 중에 하나는 아이들의 체력이 좋아진다는 거다. 둘째 아이 한결이가 세 돌이 좀 지났을 때 부모님을 모시고 설악에 놀러 갔었다. 애초 산행을 계획하지 않았는데 백담사 입구에서 점심을 먹은 우리는 백담사에 한 번 가보기로 했다. 차를 세워 놓고 버스를 타고 십여 분 간 후 백담사까지는 3km, 왕복 6km를 걸어야 했다. 한결이는 그 길을 온전히 혼자의 힘으로 걸었다. 가면서 잠깐씩 놀 거리를 만들면서 주위를 환기시키기는 했지만 세 돌 된 아이가 걷기에는 좀 먼 듯한 거리였는데 한결이는 참 잘 걸었다. 그리고 즐겁게 걸었다. 꽃잎도 세고, 꽃잎 모양도 관찰하고, 길가에 무수히 많은 풀들 가운데서 쑥도 찾아가면서 다람쥐랑 경주도 했다. 씩씩한 우리 한얼이, 한결이를 보면서 신이 났다.

누가 뭐래도 나들이의 꽃은 2박 3일간의 여름 들살이가 아닐까? 아이들이 갯벌에서 진흙을 온몸에 바르고 신나게 노는 사진을 보니 더이상 바랄 것이 없다. 그저 「우리 어린이집」 선생님들의 수고에 고맙기만 하다. 만약 내게 시간이 주어진다면 우리 아이들과 어떻게 지낼 수 있을까?

「우리 어린이집」이 처음 만들어질 때, 기존 유아 교육의 문제점들을 생각하며 그 대안으로 공동육아 협동조합 어린이집을 선택했다. 그리고 기존의 틀에 맞춘 교육이 아닌 자유로운 생활과 나들이가 막연히 좋을 것이라고 생각했다. 그 후 5년이란 세월이 흘렀다. 유치원 교사 생활도 해보았고 공동육아 어린이집에서 조합원 교사(조합원인 어린이집 교사)로 지내본 나는 나들이가 유아기에 가장 바람직한 교육 프로그램 중의 하나라고 믿는다. 나들이의 교육적·정서적·사회적 가치를 따져 보면 하나 둘이 아니겠지만, 나는 그저 나들이를 통해서 한얼이, 한결이가 몸과 마음이 건강한 사람으로 자랐으면 하고 바랄 뿐이다. ■

* 글쓴이 신현주는 우리 어린이집 조합원으로, 한얼, 한결의 엄마다.

함께 읽기 : 나들이 프로그램

공동육아 어린이집 아이들은 나들이를 통해

자연을 가장 가까이 호흡하고 오고 가는 길에

접하게 되는 거리의 풍경, 시장, 시장의 물건,

사람의 모습, 어른들을 통해 세상을 배워 간다.

아이들이 만들어 가는 나들이

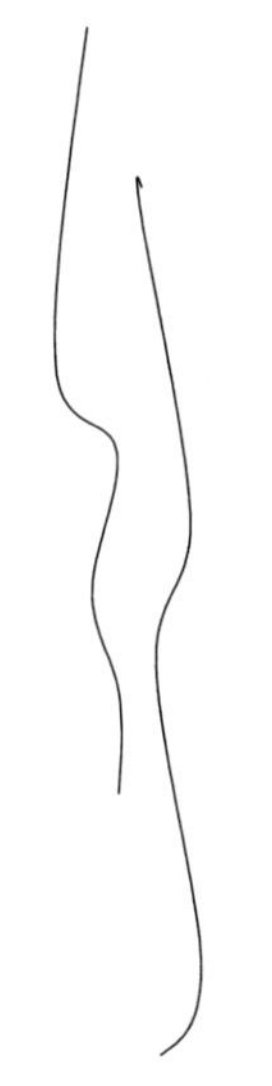

차현진

이 글은 차현진의 「공동육아 어린이집 나들이 활동의 교육적 의의」 (중앙대학교 대학원 석사논문)의 일부를 발췌하여 재편집한 것이다. 뒤의 글들이 하나 하나의 나들이 사례인 반면에 이 글은 나들이 준비 에서부터 나들이를 하고 어린이집에 돌아올 때까지 아이들이 만들어 가는 나들이 모습을 총괄적으로 보여 준다.

나들이에서 가장 큰 결정 요소는 '어디로 가는가' 하 는 것이다. 나들이 장소마다 걸리는 시간이나 현지의 사정들이 다르기 때문에 그날의 나들이는 한마디로 '어디'라는 목적지로 귀결될 수 있다.

나들이를 나가는 데 딱히 정해진 규칙이 있는 것은 아니다. 그때그때의 유아들의 건강 상태나 시간, 어 린이집의 일과 진행 사정, 전날이나 다음날의 특별한 행사 일정, 날씨까지 나들이의 목적지나 과정을 결정

짓는 요소는 다양하다.

모둠을 통해 결정되는 나들이

나들이 장소는 대체로 월요일 아침 전체 유아의 모둠 시간을 통해 결정된다.
대개 월요일은 가까운 곳으로 결정한다는 것 외에 정해진 규칙은 없다. 다음
은 유아들이 모둠을 통해 나들이 장소를 결정하는 모습이다.

(교사인 채송화가 지난 주에 나들이 간 장소를 아이들에게 이야기해 준다.)
채송화 —— 이번 주는 어디로 갈래? 오늘은 어디 갈까?
(아이들이 각자 가고 싶은 곳을 이야기한다. "와우." "멀잖아." "성미산.")
희진 —— 와우산으로 가자.
채송화 —— 와우산이 어디냐?
아이들 —— 와우산은 없어.
종혁 —— 에베레스트 가자.
우영 —— 너무 멀어.
창현 —— 금강산으로 가면 북한에서 쳐들어 온지 알고 총 쏴.
채송화 ——아참, 내일은 학교 가는 사람들, 일곱 살은 북한산 가. 우리는 어디로
갈까? 그리고 수요일에는 하일 농장 가야 되고 목요일에는 마포 나루굿 보러
갈 거야.
윤수 —— 와우.
채송화 —— 가까운 데로 정하자.
(아이들이 다시 각자 가고 싶은 곳을 말하고 나들이 장소가 결정된다.
월―다솜 놀이터나 성미산, 화―와우 놀이터, 일곱 살―북한산
수―마포 도서관, 하일 농장, 목―마포 나루굿, 금―성미산.)

위의 모둠 예를 볼 때 유아들이 나들이 장소를 정할 때 특별한 이유가 있는 것은 아니다. 유아들은 저마다 생각나는 곳을 이야기한다. 한 유아가 다른 유아의 의견에 반대 의견을 말하기도 한다. 때로는 한 유아가 어떤 장소를 이야기하면 다른 유아들이 마치 시위를 하듯 한 손을 올렸다 내렸다 하며 그 장소를 함께 외쳐서 회의가 진행되지 않기도 한다. 이런 모둠을 통하여 의견이 상충될 때는 초보적인 의사 결정의 방법으로 거수로 다수결의 원칙을 따른다. 그러나 두 곳 정도로 나들이 장소를 정해서 소수를 보호하기도 한다. 교사들은 모둠 시간에 결정된 나들이 장소와 모둠에서 있었던 대화 내용을 마루 벽에 게시해 두고 일주일 동안 유아들과 정한 나들이 장소로 나들이를 나간다. 나들이 장소에 대한 모둠의 의의는 유아들이 일주일의 계획을 세우고 실행한다는 데 있다.

놀며 탐색하며 가는 나들이

대형 자체는 흩트리지 않으면서 유아들은 나름대로 놀이하면서 나들이를 간다. 가장 쉽게는 거리를 구경하고 생각나는 것들을 이야기하기도 하고 노래를 부르기도 한다. 또 어린 유아들의 경우 바닥에 있는 작은 것들을 일일이 주우며 가기도 한다. 햇빛이 좋은 날에는 그림자 놀이 같은 것도 재미있다. 또 간단한 게임 방식을 즐기기도 한다.

한강 시민 공원 가는 길

(재섭이와 영우가 가위바위보를 해서 진 사람이 길 바깥쪽으로 나가는 놀이를 한다. 가위바위보는 재미있는 노래에 맞추어서 한다.)

재섭 · 영우 ── ♬ 나를 믿어봐, 믿으면 바보, 바다의 보신탕

(노래 끝에 맞추어서 가위바위보를 한다. 영우가 지자 손을 바꿔 잡고 길 바깥쪽으로

나간다.)

영우 —— 내가 보자기 내고 니가 주먹 냈지.

재섭 —— 내가 주먹 내고… 아니야, 니가 가위 냈어.

영우 —— 아니야, 내가 보자기 냈어.

재섭 —— 아니야, 니가 가위 내고 내가 주먹 내서 내가 이겼어.

영우 —— 내가 가위 내고 니가 주먹 내고… 맞아, 그래서 내가 져서 내가 바깥
으로 나왔지.

위의 예에서 유아들은 가위바위보 게임을 통하여 대형을 흩트리지 않는
선에서 자리를 바꾸며 가고 있다. 대형을 이탈하지 않기 때문에 위험하지도
않으면서 유아들은 놀이를 즐기고 있다.

나들이는 목적지에 도착하는 것 자체가 목적이 아니며 거기에서 노는 것
만이 '나들이' 활동은 아니다. 오고 가는 길조차도 나들이 활동의 일부인
것이다. 교사들은 교사들 나름대로, 또 유아들은 유아들대로 오가는 길에서
도 놀이와 탐색 활동을 한다. 이것은 앞서 언급한 대로 '가서 노는 것은 재미
있지만 가는 건 싫다'는 생각을 떨쳐 버리고 유아들이 자발적인 흥미로 활동
에 참여하게 하며 교사들이 유아들에게 주변 세계를 탐색할 수 있는 기회를
제공하게 한다. 이런 놀이와 탐색 활동으로 경우에 따라서 나들이를 가는
길에 목적지나 일정이 바뀌기도 한다. 이것은 참여자들의 흥미와 주위 여건
이 교육 과정의 내용을 결정지어 가는 발현적 교육 과정의 한 특징이라고
할 수 있다.

한강 시민 공원 가는 길, 동교 초등학교에서

…한참 동물 구경을 했다. 아이들이 철봉과 모래판, 여기저기에 흩어져 놀고 있
다. 운동장에서는 체육 수업이 진행중이다. 날씨가 눅눅한 게 조금 을씨년스럽기

까지 하다. 날씨도 그렇고 아이들도 한강까지 가는 것이 그다지 좋지 않다고 판단
했는지 교사들간에 여기서 노는 것이 더 낫겠다는 이야기를 하고 아이들을 부른
다. 또 계속 학교 구석에서 놀기에는 아이들이 많고 학기중이라 눈치가 보인다고
한다. 아이들을 불러서 한강까지 갈 것인지 학교에서 놀다 갈 것인지 이야기하자
저마다 이야기가 다르다. 결국 여섯 명의 아이들이 한강까지 가겠다고 한다. 의논
끝에 다른 아이들은 학교에서 놀고 여섯 명만 타잔과 한강까지 간다.

위 사례를 보면 목적지가 있지만 유아의 흥미에 따라 가는 길목에서 놀다
가 갈 수도 있고 또 경우에 따라서는 그날의 목적지 자체가 바뀐 것을 볼
수 있다.

언니 노릇하며 가는 나들이

개인별로 나들이에 대한 자유가 주어진다. 도글방 동생들 도와 주기와 영양
교사 돕기가 그것이다. 유아에 따라서는 도글방 동생들의 나들이에 따라가
기도 하고 터전에 남아 함께 놀아 주기도 한다. 나들이를 다녀와서도 경우에
따라 점심 먹는 일이나 낮잠 자는 일까지 도와 준다. 또 마늘 까기 등 양념
다듬기로 영양교사의 요리를 도와 주면서 터전에 남기도 한다. 다음은 도글
방 나들이에 함께 갔던 살금방 유아들의 일화다.

조금 늦었는데 이미 아이들은 나들이를 떠나고 없다. 경희와 희진, 민경 세 명의
아이들이 도글방 동생들과 나들이를 가겠다고 남았다. 나(글쓴이)도 함께 가기로
한다. 큰 아이들이 각자 동생 한 명씩과 손을 잡고 나들이를 간다. 오늘 나들이
장소는 성미산이다. 서쪽 산의 샛길로 올라간다. 도글이들이 혼자 올라가기엔 벅
찬 곳이다. 양송이(교사)가 살금이들에게 중간에 서서 동생들을 도와 달라고 한

다. 살금이들이 언덕길 중간에서 동생들의 손을 잡아 준다… 산에 흰 꽃이 많이 피었다. 살금이들이 꽃을 꺾는다. 자기 손에 한 움큼씩 쥐기도 하고 동생들에게도 준다… 터전으로 가기에는 좀 이른 듯하여 산 아랫길을 한바퀴 더 돌기로 한다. 겁이 많은 소진이가 무섭다며 혼자 걸어오지 못한다. 양송이가 살금이들에게 가서 동생들을 도와 달라고 하는데 아이들은 한번 쳐다보고는 싫다며 저희들끼리 앞에 서 있다. 양송이가 "이제 경희, 희진이, 민경이는 도글이 나들이 도와 주지 말라고 해야지. 같이 와서 도와 주지도 않고 언니들끼리만 노네"라고 말하자 그제야 뒤로 가서 도와 준다.

어린이집에는 걸음마기의 어린 영아들부터 초등학교 저학년생까지 생활하니까 큰 유아들이 작은 유아들을 도와 주는 기회가 많을 것 같지만 실제로 자기들 또래끼리만 뭉쳐서 노는 경우가 많고 또 1층과 2층의 교류에 소홀할 수 있는데, 도글방 나들이에 따라가는 것은 유아들에게 언니·오빠, 형·누나로서의 역할을 할 수 있는 기회를 제공한다.

목적지에 도착해서 하는 놀이와 탐색

자연 속에서 유아의 놀잇감은 풍부하다. 메뚜기나 작은 벌레 등은 유아들의 관찰 대상이 되기도 하고 자연물들은 유아들의 놀이 도구로도 이용된다. 유아들은 지형을 이용하여 놀이하기도 한다.

계단 무대에서
채송화(교사)가 종혁이와 함께 구석에서 무언가를 열심히 만들고 있다. 나뭇가지를 원뿔 모양으로 세워 두었는데 인디언 텐트라고 한다. 종혁이는 열심히 재료들을 모아다 준다. 나뭇가지 뼈대가 다 완성되자 이번에는 아까시 나뭇잎을 뜯어서

엮기 시작한다. 나뭇가지는 여름용이고 아까시 잎은 겨울용으로 덮는 천이라고 한다. 다른 아이들도 가세한다. 나뭇가지와 나뭇잎으로 텐트 안에는 인디언이 만들어져서 잠을 자고 있다. 텐트 밖으로는 깃발도 만들어졌다. 하나의 텐트가 완성이 되자 옆에서 아이들이 또 다른 텐트를 만들기 시작한다. 집 크기와 재료가 다양해진다. 창현이는 돌집을 짓겠다고 한다…

위의 사례에서 나뭇가지와 나뭇잎, 돌, 흙 등은 유아들의 훌륭한 만들기 재료로 쓰이고 있다. 이런 자연물의 경우, 규격 등이 정해져 있는 것이 아니기 때문에 그 구성력은 매우 크다고 할 수 있다. 유아들은 재료를 자신의 용도에 맞게 잘라 쓰기도 하고많은 재료 중에서 자신들의 요구에 맞는 것을 고르기도 한다. 처음에는 교사가 중심이 되어 만들기를 하고 유아들은 재료를 구해 주거나 교사에게 자신의 의견을 말하는 정도이지만 점차 유아들은 주도적이고 적극적인 역할을 맡는다.

산에서는 자연 지형을 이용한 놀이가 이루어지기도 한다. 유아들은 언덕에서 구르며 119 구조대 훈련을 하기도 하고 또 언덕에서 미끄럼을 타기도 한다. 다음은 지형과 나무들을 이용해서 동극을 하는 유아들의 모습이다.

성미산 낙타무덤 언덕 아래 쪽에서

채송화와 아이들이 '선녀와 나무꾼' 연극을 한다고 함께 몰려간다. 채송화에게 낙타무덤에서 연극을 한다는 이야기는 들었는데 '이거구나' 싶어 나도 가본다. 무대는 낙타무덤에서 북쪽으로 언덕 아래, 그러니까 무덤 아래쪽이다. 나무가 많으니까 나무꾼이 나무할 것은 걱정이 없고 평행봉이 있는 곳이 연못이고 그 앞에 있는 의자가 하늘나라로 무대는 그럴 듯하게 갖추어진 셈이다. 윤수가 나무꾼이고 영우가 노루, 여자아이들은 선녀이고 특히 우영이가 옷을 잃어버리는 막내 선녀이다. 채송화가 옆에 앉아서 해설자를 한다. 나무꾼 윤수가 나무를 베는 척한다. 윤수가 우물쭈물하니까 영우도 옆에서 멀뚱멀뚱 서 있다. 채송화가 재촉을 하자 영우가 살려 달라고 말한다. 그런데 윤수는 영우를 보고 "에이, 이건 사람이 잖아" 하며 대답을 안한다. 서둘러 나뭇가지를 주워서 머리에 대고 노루 뿔인 척한다… 누구의 것인지 핑크색 스카프를 선녀의 날개옷으로 나무꾼이 훔친 다… 선녀와 나무꾼이 아들, 딸 낳고 잘살다가 그만 날개옷을 주어서 선녀가 하늘로 올라가 버린 다음, 나무꾼이 나무 앞에서 울고 있자 다시 노루가 나타난다. 이번에도 윤수가 아무 말도 안 하자 이번엔 영우가 윤수의 대사까지 가르쳐 준다. "'선녀가 애들을 데리고 날아갔어' 그래야지"… 나무꾼이 두레박을 타고 하늘로 올라가는데(채송화가 윤수를 무등 태워서 하늘로 정한 의자까지 데려다 주었다) 갑자기 멀리서 타잔(교사)을 보고 '아빠다' 하고 외치는 소리가 나자 아이들이 모두 그 쪽으로 달려간다. 연극이 끝나 버린다. 채송화가 오랜만에 하고, 나무꾼 인 윤수가 너무 수줍어해서 영우까지 실력 발휘를 못했다고 조금 아쉬워한다.

놀이터에서는 모래를 이용한 놀이가 많이 이루어진다. 모래 뺏기와 모래 속에 신발 숨기기 등이다. '모래 뺏기'는 모래를 쌓아 놓고 가운데 나무 막대 기를 꽂은 뒤 나무 막대기를 쓰러뜨리지 않고 모래를 가져가는 놀이이고 '신발 숨기기'는 편을 나누어 한쪽 편이 모래 속에 신발을 숨겨 두면 다른 편은 신발을 찾는 놀이이다. 이 놀이는 신발을 숨기기 편하도록 모래밭이 적당하고 또 여러 곳에 펼쳐서 숨기려면 모래밭이 넓어야 한다.

다솜 놀이터에서

신발 숨기기를 한다고 하자 어떤 아이들은 '숨기는 사람'을 하겠다고 하고 어떤 아이들은 '찾는 사람'을 하겠다고 한다. 또 어떤 아이들은 '구경꾼'을 하겠다고 한다. '구경꾼'을 하겠다는 몇 명을 제외하고 자연스럽게 두 편이 나뉜다. 찾는 사람에는 채송화(교사)가, 숨기는 사람에는 해바라기(교사)가 같은 편이 된다. 어떤 신발을 숨길 것인가 정할 때 아이들이 처음에는 채송화의 워커를 숨기겠다고 했다가 모래산이 너무 커져서 금방 들킬 염려가 있기 때문에 가장 작은 신발인 유리의 신발과 다른 아이의 신발을 숨기기로 한다.

숨기는 아이들이 신발을 숨기는 동안 찾는 아이들은 채송화와 둘러앉아 노래를 부르고 있다. 숨기는 아이들은 철봉 있는 곳과 조금 떨어진 곳에 신발을 숨기고는 신발이 없는 곳에도 모래산을 만들어 '가짜 무덤'을 곳곳에 만든다. 다 숨겼다고 하자 찾는 아이들이 모래를 헤쳐 가며 신발을 찾기 시작한다. 처음에 구경꾼이라고 하며 숨기는 과정을 다 지켜본 민경이가 얼른 신발 하나를 찾아낸다. 유리가 자신의 신발이 숨겨져 있는 곳으로 가자 경희가 살며시 다가와서 다시 모래를 다독이며 유리에게 여기는 신발이 없다며 다른 곳에 가서 찾아보라고 한다. 유리는 계속 앉아 있다가 결국 자신의 신발을 찾아낸다.

순서를 바꾸어서 이번에는 해바라기네가 찾는 편이고 채송화네가 숨기기 시작한다. 아까 구경꾼이었던 아이들도 자연스럽게 숨기는 편에 들어갔다. 채송화가 신발 하나를 나무 위에 숨긴다. 나무 위에 숨긴 신발은 윤수가 찾아낸다.

자연물의 경우 놀이뿐 아니라 탐색 활동도 이루어진다. 자연에 대한 관찰이다. 아이들은 교사가 가르쳐 준 풀잎을 따먹기도 하고 벌레를 잡기도 한다. 다음은 한강의 자연 학습장에서 꽃씨를 따는 예이다.

한강, 자연 학습장에서

(교사인 깨비가 자연 학습장으로 꽃씨를 받으러 가자고 아이들을 부른다.)

깨비 —— 자연 학습장에 가서 씨 받으러 갈 사람, 씨 받으러 가자.

(아이들은 물을 먹고 깨비를 따라 자연 학습장으로 간다. 자연 학습장은 여러 유치원이나 초등학교에서 심어 놓은 일종의 주말 농장 같다. 자유 어린이집에서 심은 것은 없다. 아이들이 해바라기 꽃을 가리킨다.)

깨비 —— 그거는 해바라긴데 해바라기 씨를 비둘기가 다 빼갔다.

재섭 —— 해바라기 씨가 들어 있어?

(해바라기 씨를 함께 보고 옆에 있는 맨드라미꽃으로 간다. 깨비가 맨드라미를 쳐서 아이들에게 씨를 보여 준다.)

깨비 —— 내가 여기 두드려 볼게. 씨야 씨야 잠을 깨고 나오너라.

(깨비의 손바닥에 작은 맨드라미 씨가 떨어진다. 아이들도 보면서 함께 맨드라미를 두드려서 씨를 빼 본다. 하지만 전체적으로 씨를 받기에는 이른 듯하다.)

깨비 —— 이거는 아직 안 여물었나 보다. 그렇게 활짝 핀 거에는 씨가 아직 안 생겼고 이렇게 된 거 있지. 이런 게 씨야, 이거 봐. 여기 새카만 게 조금 보일 거야. 그런 데 가서 씨를 받으면 되잖아.

(아이들과 깨비는 자연 학습장을 한바퀴 돌며 분꽃씨, 상추씨, 수수, 가지, 귀리, 피마자의 씨를 받는다.)

유아들의 놀이 대상은 항상 있는 도구나 환경이 되는 것은 아니다. 예를 들어 비가 온 뒤 놀이 환경은 조금 달라질 수 있다. 또 놀이 장소에서 특별히 부딪치는 일들에 유아들은 놀이의 소재를 얻기도 한다. 다음의 두 예에서 그런 유아들의 놀이를 볼 수 있다.

한강에서, 밤새 온 비로 생긴 물웅덩이

(비가 와서 운동장 곳곳에 얕은 물웅덩이가 생겼다. 재섭이와 영우가 둘이서 웅덩이에서 놀고 있다… 서로 흙 한줌씩을 웅덩이 속에 넣는다.)

재섭 —— 벌써 가라앉았잖아.

영우 —— 가라앉으면 어때.

(…돌멩이도 같이 갖고 놀기 시작한다.)

영우 —— 더 가니까…

재섭 —— 한강이 나왔네. 소나기가 내렸대. 우르르 꽝꽝. 비행기(돌멩이)가 내려 왔대. 벌레들(돌멩이)도 내려왔대…

영우 ── 그래도 이 기차(돌멩이)는 안 가라앉았대.

(돌멩이로 30분을 넘게 놀이한다. 현준이와 호철이도 합세한다. 아빠 놀이가 되어 물에 빠진 자기들, 돌멩이를 서로 구해 달라고 하고 구해 준다며 논다. 영우가 돌이 물에 잠기는 것을 보더니 ── 더 깊은 웅덩이를 현준이가 가르쳐 줬음)

영우 ── 우와, 되게 깊어. 집은 어떻게 옮기냐, 문제 없어.

(갑자기 영우가 자리를 옮겨 물웅덩이 끝부분에 천막 그늘이 드리워진 곳에 손을 댄다.)

영우 ── 애들아, 이 물 만져봐. 시원해.

(아이들이 모두 달려가 물을 만져 본다.)

아이들 ── 우와, 진짜 시원하다.

나들이 길에 만나는 사람들

유아들은 나들이를 통해서 어린이집 안에만 머물러서는 만나볼 수 없는 사람들과 만나게 된다. 예를 들면 골목을 지나며 만나는 동네 아줌마, 상점 주인들, 성미산에 가서 만나는 동네 아줌마, 약수터에서 만나는 아저씨, 놀이터에서 만나는 다른 어린이집 유아들이나 동네 유아들, 거리에서 만나는 교통 순경 아저씨나 군인 아저씨 등 유아들이 만나게 되는 사람들은 다양하다. 비록 그 사람들과 유아들 간에 적극적인 상호 작용이 있는 것은 아니지만 작게 부딪치는 사람들간에도 유아가 경험하게 되는 폭은 다양하다. 사람들과의 순간 만남은 유아들에게 호의적이기도 하고 그렇지 못한 경우도 있다. 다음의 예들이다.

성미산에서

아이들이 놀고 있는데 오늘도 말꼬리 머리를 한 아저씨가 '칼'을 데리고 온다(이 아저씨는 머리를 말꼬리처럼 하나로 묶고 반바지에 러닝 셔츠를 입고 다니며 성미산에서 자주 만나는 사람이다. 이 아저씨는 유아들이 나들이를 나가는 오전 시간에 '칼'이라는 몸집이 크고 흰 개를 데리고 성미산으로 산책을 나오기 때문에 유아들이 성미산으로 나들이를 가는 날에는 종종 이 아저씨와 칼을 만나게 된다. 유아들은 몸집이 큰 칼에게 많은 관심을 보인다.) 오늘은 다른 개도 데리고 왔다. 둘 다 몸집이 작은 송아지 만하다. 아이들은 새로 온 개를 보며 아저씨에게 궁금한 것을 묻는다. 칼은 맹인 안내견이고 새로 데려온 강아지는 몸집은 커도 삼개월밖에 안 된 강아지인데 사냥개라고 한다. 오늘은 아저씨가 칼이 아저씨 말대로 앉았다가 일어났다 하는 것을 보여 준다.

어린이집으로 돌아오는 길

나들이 길에서 지켜지는 몇 가지 행동 지침과 같은 것들이 있는데 이것들을 통해서 유아들은 골목길의 교통 안전을 몸에 익히게 된다. 먼저 차가 다니는 골목길을 다닐 때 도로 한가운데로 다니지 않는다. 길가로 걸어가며 차가 올 경우 비록 멀리서 오는 경우라도 교사들은 발견하는 대로 유아들에게 차가 온다는 것을 알려 줌으로써 미리 길가로 몸을 피할 수 있는 여유를 준다. 차가 옆을 지날 경우 가능한 한 유아들은 길가 쪽으로 붙는다. 도글방 유아들의 경우, 이때 서로서로 '차 온다, 숨어'라고 말하며 벽 쪽에 몸을 기대어 가만히 서 있다. 또 골목길을 건널 때 선두 교사는 뒤에 오는 유아를 기다렸다가 집단 전체가 가급적이면 신속한 걸음으로 길을 건너도록 한다. 차와 도로에 대한 이런 행동 습관은 유아들이 교사만을 보고 자동차는 무시한다든지 하는 충동적 행동을 하지 않고 대처하는 능력을 길러 준다.

나들이를 가서 돌아올 때 교사들은 놀다 남은 흔적을 남기지 않도록 주의한다. 즉, 유아들이 놀다가 지저분하게 했거나 어지른 부분은 청소하고 정리를 하게 하고 올바르게 이용하도록 가르친다. 이때 유아들이 같이 참여하고 또 기본적으로 유아들이 한 일은 그 유아 자신이 해결하므로 유아들은 공공 시설물에 대한 바른 태도를 실천하게 된다.

교사들은 은행이나 구청 등에 업무가 있을 때, 시장 볼 때 유아들을 몇 명씩 데리고 나간다. 이렇게 이루어지는 경험들을 통해서 유아들은 공공 기관 자체의 개념도 세우지만 또 자신의 구체적 요구에 맞는 개념들을 세워 나가기도 한다. 예를 들면 추운 겨울날 나들이를 다녀오면서 유아들이 은행에 들어가서 몸을 녹이자고 했다는 이야기는 공동육아 어린이집에서 유명한 이야기이다. ■

* 글쓴이 차현진은 서울 경성 유치원 교사이며, 별명은 '크레파스.'

일상 나들이 준비

이말순 · 박현숙

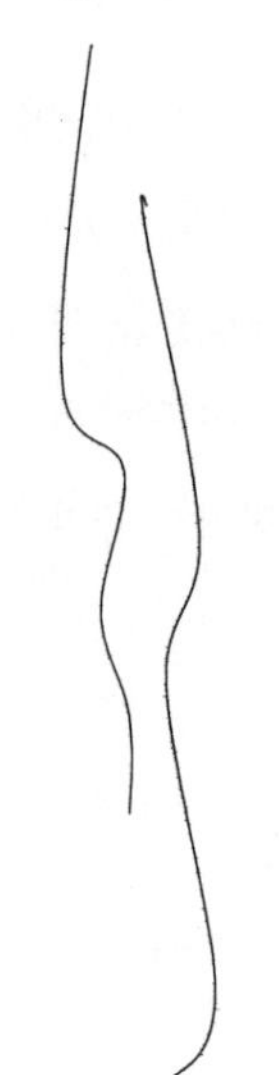

일상 나들이는 어린이집 주변의 지리적인 환경을 활용하여 가까운 야산이나 공터, 공원은 물론 인근 학교 운동장, 시장 등도 즐거운 나들이 장소로 이용되고 있다. 오고 가며 보고 듣는 것 외에도 장소에 따라 운동장에서는 축구, 야구, 긴 줄넘기 등 대 근육 활동을 하기도 하고 자연물을 이용한 놀이나 게임 지형지물을 이용한 나무 타기, 산비탈 미끄럼 타기 등 곳곳에서 아이들은 스스로 즐거움을 찾아낸다.

일상 나들이의 적당한 시간은 대체로 오전 새참 이후부터 점심 식사 전까지 두 시간 정도 걸리는 것이 적당하고 거리는 아이들 걸음으로 왕복 1시간 정도 보행을 하고 1시간을 즐겁게 놀이를 하는 정도이면 바람직하다. 나들이를 나가기 전 아이들을 모아

오고, 나들이 장소를 선택하게 하고 관찰 그림 그릴 연령의 아이들은 스케치북이나 학습장을 준비하기도 한다. 그리고 오고 가며 주의해야 할 점들, 즉 짝꿍과 손을 잡고 교사 뒤쪽으로 걸어가기, 혼자 뛰어가지 않기, 차량 위험으로부터 자신을 보호하기, 길에서는 절대 뛰지 않고 안전한 곳에 도착해서 뛰기, 한쪽 벽 쪽으로 걷기 등을 매번 이야기해 주어서 안전에 대하여 주의해야 함을 상기시킨다. 나들이 나갈 땐 터전에 남아 있는 교사(영양 담당)에게 나들이 장소를 알려 주어서 늦게 등원하는 아이들이 찾아올 수 있게 배려한다. 주의 사항의 전달이 끝나면 인원 점검을 하고 "출발!"을 알리는 신호(징소리)를 하고 출발한다.

차도 옆을 지날 땐 인솔 교사는 맨 앞, 차도 쪽, 행렬 맨 뒤쪽에 위치하여 아이들이 갑작스레 차도 쪽으로 뛰어들지 않도록 보살핀다.

준비물

먹을 물, 여벌 옷, 휴지, 약간의 간식, 휴대폰, 비상 연락망, 비상약.

연계 활동

아이들이 일의 시작과 끝을 경험해 보도록 배려하는 것이 중요하다. 나물을 뜯었으면 그것을 어떻게 요리하는지 경험하도록 한다. 또한 특성에 맞게 인간 생활에서 사용되고 있는 자연물을 직접 손으로 만져 보고 먹어 보고 놀잇감으로 사용해 보면서 가치를 느낄 수 있다.

나들이와 연계된 오후 활동은 하루를 두고 이루어질 수도 있지만 계절을 달리하여 이루어지기도 한다. 늦여름에 말린 꽃잎을 겨울에 카드 만들기 때 사용하면서 여름에 대한 추억을 떠올릴 수 있고 잎이 마를 때까지의 기다림과 마르기 전후의 꽃잎의 변화를 알 수 있다. 칡넝쿨로 냄비 받침을 만들어 생활 속에서 이용하고, 싸리나무 가지로 빗자루를 매서 마당 청소를 하면서 인간과 자연물이 생활 속에서 어떻게 연관되는지 알 수 있다.

- 나들이 때 잘 몰랐던 식물, 동물 찾아보기(식물 도감, 동물 도감, 비디오 등에서)
- 나들이에서 뜯은 나물로 반찬 해먹기
- 진달래 화전 만들기
- 풀 뜯어 염색하기
- 염색한 천을 이용하여 인형 옷이나 생활용품 만들기
- 칡넝쿨·인동 넝쿨·댕댕이 넝쿨 물에 담가 둥그미 짜기
- 줄넘기 만들어 놀기
- 주워온 나뭇가지로 윷 만들어 놀기
- 나들이 후 기억에 남는 느낌 말하기·그리기, 책으로 엮어 함께 보기
- 들꽃 스케치, 들꽃 책갈피에 꽂아 말리기, 말린 들꽃으로 꽃발 만들기, 카드 만들기
- 나무 주워와 모닥불 피우고 밤, 고구마, 감자 구워 먹기
- 찰흙으로 나들이 때 본 것 만들어 보기
- 우리 주변에서 볼 수 있는 봄, 여름, 가을, 겨울의 꽃을 슬라이드로 찍어 함께 감상하기
- 텃밭 가꾸기에서 수확한 채소 다듬기
- 솔잎 따와 송편 만들어 찌기
- 싸리나무 찾아보고 빗자루 매기

● 길다란 나뭇가지 주워와 움집·김치광 짓기 ■

* 글쓴이 이말순, 코뿔소는 부천 산 어린이집의 원장을 하면서 공동육아연구원의
현장 교육 전문가로 활동하고 있다. 초등학교 6학년, 3학년이 되는 두 아들의 엄마이
며 그림 그리는 남편과 칠순의 시어머님과 함께 살고 있다. 어린이집 아이들도 잘
교육해야 하고 두 아들도 소홀히 할 수 없으므로 늘 고민이다. 박현숙은 분당 두껍아
두껍아뭐하니 어린이집 원장. 별명 깨몽은 94년 공동육아 협동조합 교사로 얻은 별
칭. 깨어 있는 정신으로 공동육아 현장의 교사로서 그리고 부모 조합원으로서 몽매
함에 빠지지 말라는 뜻으로 새기고 있으나 별칭을 붙여준 길동이는 잠과 관련하여
꿈에서 깨어나라는 뜻으로 지어줌.

자연과 더불어 노는 나들이

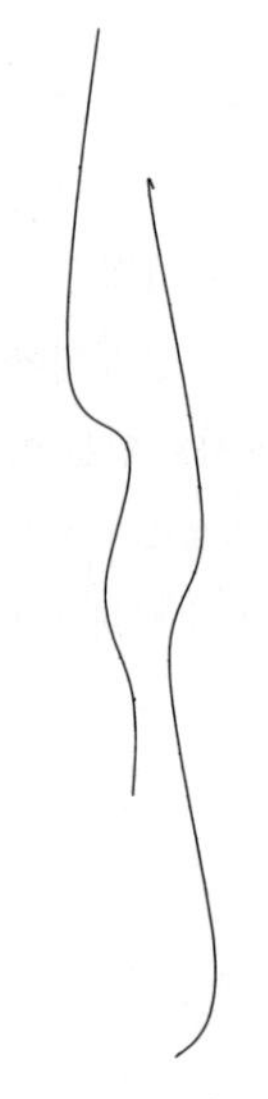

박현숙

나들이는 공동육아 어린이집에서 가장 핵심적인 생활인 동시에 교육이다. 나들이를 자칫 산책 정도로 생각하기 쉽다. 그러나 이 글은 계절에 따라 얼마나 다채로운 놀이들이 나들이에서 이루어지는가를 잘 보여 준다.

어린이집에서 진행하는 자연 속으로의 나들이는 시간(계절)의 흐름을 어느 결에 느끼게 한다. 봄, 여름, 가을, 겨울로의 변화를 느끼고 그 계절에 적합한 놀이를 찾아 생활하게 되고 그 속에서 아이들은 몸과 마음이 자라난다. 자연은 아이들의 가장 큰 놀이터이자 학습장이다. 온몸, 모든 감각으로 자연을 만나서 느끼고 즐긴다. 이렇게 아이들이 다른 사람의 말이나 행동으로 정보를 얻는 것이 아니라 직접 몸으로 체험한 것들은 지금 당장은 말로 설명할 수 없어 없는 듯이, 중요하지 않은 듯이 흘려보내지만 자기 자신의 느낌으로 영원히 남아 아이의 전 생애에 영향을 주는 것이다.

자연과의 교감은 하루 이틀의 실행으로 만들어지는 게 아니다. 일회적이지 않고 지속적으로 관심과 애정을 가지고 자연과 만나면서 자연과 인간과의 관계를 느껴야 하는 것이다.

아이들은 버들피리를 불기 위해 나들이 길에 버들가지를 발견하면 곧게 뻗은 가지를 골라 껍질에 상처를 주지 않도록 칼집을 내어 조심스럽게 꺾는다. 꺾은 버들가지를 잘 비틀어 적당한 크기로 칼로 자르고 껍질만 손상되지 않게 빼낸다. 이러한 만드는 과정에 아이들이 참여하기는 힘들다. 그렇지만 빼낸 버들가지 껍질을 한쪽을 얇게 해서 바람을 불어넣는 것부터는 아이들이 할 수 있다. 바람을 불어넣을 때 어떻게 넣어야 소리가 나게 될지 실험 정신을 발휘하여 여러 번 시도 해본 끝에 몸으로 소리내는 방법을 익힌다. 동생들이 불고 싶다고 하면 "이거 불기 무척 힘든 거야, 힘이 많아야 해. 그리구 불고 나면 배도 아파" "토할 것 같아" "하늘이 빙빙 돈다"라는 등 버들피리를 불고 난 아이들의 표현이 재미있다. 정말 세게 불어야 소리가 나나 보다.

냉이 '캔다'와 쑥 '뜯는다'도 아주 재미있는 일화이다. 이 말들은 일상적으로 어른들이 사용하는 말인데 아이들 중에서 호기심을 갖고 물어 오는 아이가 있다.

아이 —— 왜 쑥은 뜯어.

교사 —— 그러면 뭐라고 해?

아이 —— 냉이는 캐잖아.

봄·여름·가을·겨울,

계절에 따라 나들이에서는 다채로운
놀이가 이루어진다.

자연은 아이들의 가장 큰 놀이터이자
학습장이다.

아이의 질문을 받고서 곰곰이 생각을 해보았다. 일상적으로 생활화하고 있던 것들도 다시 한번 생각해 보면 고개를 끄덕이게 하는 지혜를 발견하게 된다. 냉이는 뿌리까지 캐서 먹으니 호미를 들고 냉이 '캐러' 가고 쑥은 칼을 들고 땅 밖으로 나온 잎들만 '뜯는' 거구나. 지금 아이에게 알려 주지 않아도 몇 해 동안 나물을 뜯고 캐면서 스스로 터득할 수 있는 기쁨을 줄 수 있을 것이다.

많은 풀 중에서 냉이를 찾아내는 것도 대단한 눈썰미를 요한다. 냉이의 잎 모양과 색을 기억했지만 냉이와 너무나 흡사한 뽀리뱅이와 확연히 구별하지 못하고 몇 번의 시행착오 끝에 냉이의 냄새, 촉감 등을 익히고는 차이를 확연히 구별한다. 하기야 냉이가 아니더라도 이른봄에 돋아나는 풀은 우리 몸에 해가 되는 것은 거의 없으니 느긋하게 아이들이 냉이의 냄새, 감촉을 느낄 수 있도록 여유를 가질 수 있다.

아이들이 나들이 길에 만나는 무수한 식물들은 어른들이 이름을 알고 있어 알려주는 것도 있고 그 이름과 관련된 이야기도 들려주고 잘 모르는 풀이나 꽃, 나무는 책에서 찾아보기도 하지만 찾아지지 않는 것도 많다. 그렇지만 아이들의 느낌으로 만난 식물에 이름을 붙여 주어 아이들이 주변에서 만나는 식물들과 친구가 된다. 아이와 풀이 만났을 때 간지러운 느낌을 받아서 붙인 '간지러운 풀'은 이다음에 어른들이 붙여준 무슨 과의 무엇이라는 것을 알 때까지 아이의 감각 속에 살아 있을 것이다.

개울가로 나들이를 가서 하는 아이들의 놀이는 아주 재미있다. 실내 수영장이나 풀장 등 자연과 떨어져 인위적으로 만들어진 곳에서는 튜브나 공, 물 미끄럼틀 등 놀이가 이미 정해진 것이지만 개울가의 물놀이는 다양하고 풍부하다. 넓적한 돌멩이가 접시가 되기도 하고, 개울가에 나 있는 풀들이 반찬이 되고 뾰족한 돌이 칼이 되어 풀을 자른다. 아이들이 이렇게 상황에 적합한 놀이를 만들어 내서 놀이하는 모습을 지켜보면서 이런 생각을 했다.

"우리 인간은 특히 아이들은 자연의 품속에서 저렇게 자유롭고 풍부하게 크는구나."

자연 속에서 아이들은 시인이 된다. 몹시 추운 날씨에 저수지가 꽁꽁 얼어 있고 그 위에 나뭇잎들이 바람에 쓸려 가는 모습을 보고 느낌을 말한다.

"나뭇잎들이 스케이트 타."

"미끄럼 타는 것 같아."

"나뭇잎들이 막 달리기 해.

"나뭇잎들이 저쪽으로 가."

"집으로 가는 거야."

눈이 오면 아이들은 산으로 눈썰매를 타러 간다. 눈 올 때를 기다리며 준비해 놓은 비닐 쌀 봉지를 들고. 눈이 잘 쌓여 있는 적당한 기울기의 장소를 정하여 눈썰매를 탄다. 아이들의 반응도 다양하다. 처음부터 아무런 두려움 없이 도전하는 아이, 한참 동안 지켜보다 타는 아이, 무서워서 타지 않으려고 하는 아이 등. 아이들은 눈썰매를 타면서 빠르게 내려가는 방법, 멈추는 방법 등을 터득한다.

"야, 하늘을 본다고 생각해 그렇지!"

"더 누워! 머리를 내려, 다리는 올리고!"

송년 잔치가 오후에 있어 아이들이 준비한 「혹부리 영감」 연극을 오전 나들이 간 산에서 해보게 되었다. 아이들은 자신이 맡은 역할에 맞는 소품을 산에서 찾아 든다. 나뭇잎, 나뭇가지가 도깨비 방망이가 되고 보석, 혹, 물고기, 그물 등이 된다. 이 모습을 보면서 다시금 우리 어른들이 아이들의 잠재 능력, 사고의 유연성을 무시하고 어른의 고정 관념에 사로잡혀 아이들의 놀잇감을 만들고 있고 정형화된 이 놀잇감을 사주고 있구나 하는 반성을 한다.

매미에 대해 아이들과 탐구하는 시간을 가졌다. 우리가 볼 수 있는 매미가 되기 위해서 땅 속에서 얼마 동안이나 기다려야 하는지, 왜 매미가 소리 높여 우는 것인지, 땅 속에서 지상으로 올라와 얼마 동안 살게 되는지 등 궁금한 것들을 책에서도 찾고, 알고 있는 사람들에게 묻기도 했다. 이런 이후 아이들은 매미를 만날 때 소중하게 아끼는 마음이 생겼다. 매미를 잡아도 조심스럽게 잡고 다시 놓아준다. 우리들 집 주변, 오가는 길에 피어 있는 작은 꽃도 무심히 지나치지 않고 관심을 기울이는 아이들의 모습에서 자연을 가까이 하고 사랑함을 느낀다. 사랑하게 되면 소중하게 아끼게 마련인 것이다.

그 동안 나들이를 통해 자연과 더불어 한 놀이들을 자연물의 소재와 관련된 놀이 유형으로 나누어 살펴보면 다음과 같다.

낙엽, 나뭇잎, 풀류와 관련된 놀이 유형

- 나뭇잎으로 나뭇잎 사람, 동물 만들기
- 낙엽 던지기 놀이, 낙엽 속에 몸을 묻고 하늘 보기, 나무 보기, 눈감고 주변 소리 듣기
- 낙엽으로 왕관, 목걸이 만들기
- 솔잎 따서 여러 모양 만들기(물고기, 목걸이, 팔찌), 솔잎 종이에 붙여 그림 그리기
- 물감으로 여러 나뭇잎 모양 찍기, 가장 큰 잎과 가장 작은 잎 찾기
- 가위바위보로 아까시나무 잎 떼어내기
- 풀각시 만들기, 풀 씨름, 토끼풀 목걸이, 팔찌, 반지, 토끼풀 화환
- 민들레 꽃시계, 목걸이, 봉숭아 물들이기,
- 꽃 꿀 따먹기(꿀풀·사루비아 등), 솔잎, 괭이밥, 며느리미씨깨(싱건지) 등

풀잎 따서 맛보기

- 나뭇잎으로 눈, 비 내리기
- 애기똥풀 매니큐어 칠하기
- 진달래 화전, 냉이·달래·쑥 등 나물 뜯기, 딸기·버찌·오디 등 열
매 따먹기
- 강아지풀로 강아지 부르기, 간지럼 태우기
- 토끼풀 뜯어 토끼밥 주기
- 풀잎, 꽃잎 찧어 즙내기, 염색하기
- 바랭이로 우산 만들기
- 밤·도토리·대추 줍기, 감 따기, 솔방울 줍기
- 칡 뿌리, 마 뿌리, 둥글레 캐기
- 여러 가지 꽃 관찰하고 꽃과 관련된 이야기 듣기, 보고 느낀 것 그리기
- 들꽃 책갈피에 꽂아 말리기

나뭇가지, 줄기, 껍질과 관련된 놀이 유형
- 여러 모양의 나뭇가지 놀이(총 모양, 칼, 젓가락 만들기)
- 흙무덤 만들어 나뭇가지 꽂은 후 나뭇가지 쓰러뜨리지 않고 흙 가져가기
- 나뭇가지 모아 굵은 것, 가는 것 구별하기
- 나뭇가지로 투호 만들어 놀기, 나뭇가지로 소꿉놀이용 상·식탁 만들기
- 생강나무·산초나무·초피나무 잎이나 가지를 꺾어서 냄새 맡아 보기
- 줄기 파마하기, 복조리 만들기
- 칡 그네 타기, 나무 타기
- 버들·개나리·보리·민들레 피리 불기
- 아까시 침으로 코뿔소 만들기

* 나뭇가지 주워서 모닥불 피워 감자·고구마·떡 구워먹기

돌, 바위와 관련된 놀이 유형

* 돌 쌓기, 돌로 방 영역 만들어 극놀이하기
* 여러 모양의 돌 줍기, 돌에 색칠해 극놀이나 소꿉놀이하기, 자갈돌 퍼즐
* 돌로 달팽이집 만들어 달팽이집 놀이하기
* 바위에 오르기, 내려오기
* 돌멩이로 돌 위에 그림 그리기
* 댐 쌓기, 시냇물에 돌로 징검다리 놓고 건너가기
* 붉은 벽돌 빻아서 가루 만들어 놀기(고춧가루, 붉은 색 표현)

흙, 모래와 관련된 놀이 유형

* 흙 모아 미끄럼 타기
* 땅 따먹기
* 흙 모아 나뭇가지 꽂고 쓰러뜨리지 않고 흙 가져가기
* 낙엽 속의 흙과 길에 있는 흙 비교하기
* 모래놀이(두꺼비집 짓기, 터널 만들기, 호수 만들기, 하수도 놀이)
* 가는 모래 만들기, 가는 모래 만들어 색으로 물들이기
* 좋은 흙 고르기(흙 속에 사는 곤충과 벌레 잡기)
* 모래 떡 만들기

시냇물, 물과 관련된 놀이 유형

* 물싸움, 물놀이
* 물 미끄럼 타기

- 수로 만들기
- 비가 많이 온 날 물 흐름 관찰하기
- 물에 뜨는 것과 가라앉는 것 실험해 보기
- 나뭇잎·종이로 배 만들어 띄우기
- 「퐁당퐁당」 노래에 맞춰 돌 던지기
- 올챙이·송사리·소금쟁이·가재·엽새우·물방개 등 관찰하고 키우기
- 물이끼 관찰
- 물 속에 사는 것 관찰
- 썰매 타기, 팽이치기

곤충·새·동물과 관련된 놀이 유형

- 개미집 찾기, 개미의 종류, 비 오기 전날 개미의 움직임 관찰하기
- 우리가 사는 주변에서 들을 수 있는 새소리와 새의 이름 알아보기
- 매미 소리 듣고 흉내 내기
- 꿀벌·말벌·땅벌의 생김새의 차이, 우리 생활과의 연관성에 대해 경험하기
- 개구리·뱀·지렁이·청설모·다람쥐 등 자주 볼 수 있는 생물에 대해 관심 갖기, 개구리 소리 듣고 따라하기, 귀뚜라미·여치 소리 듣고 따라하기

비·바람·구름·햇볕과 관련된 놀이 유형

- 바람에 흔들리는 나무, 떨어지는 나뭇잎 관찰하기, 몸으로 따라 하기
- 비 오는 날 비옷 입고 비 맞기, 우산 쓰고 빗소리 들어보기, 느낌 말하기

- 구름 모양 보고 이름 붙이기, 맑은 날 구름과 흐린 날 구름 비교하기
- 겨울 나들이 때 따스한 햇살이 머무는 곳, 더운 여름에 시원한 곳 찾기 ■

* 글쓴이 박현숙은 공동육아연구원 현장 교육 전문가이며, 두껍아두껍아뭐하니 어린이집 원장. 아이들은 '깨몽'이라고 부른다.

긴 나들이

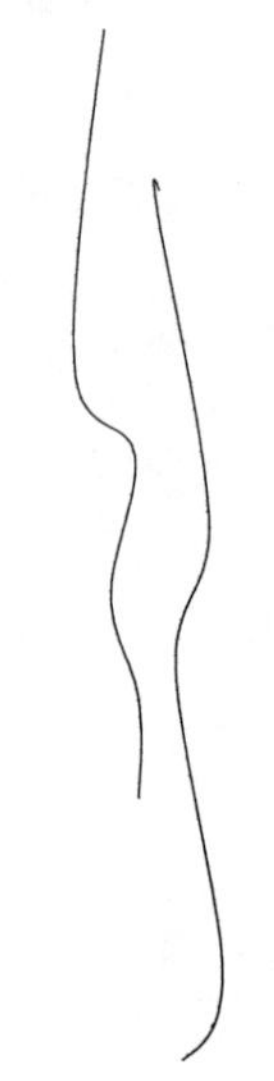

박혜원

공동육아 어린이집 아이들은 나들이를 통해 자연을
가장 가까이 호흡하고 오고 가는 길에 접하게 되는
거리의 풍경, 시장, 시장의 물건, 사람의 모습, 어른들
을 통해 세상을 배워 간다. 긴 나들이 날은 이런 맛을
길게 느끼는 날이다. 나들이의 맛을 길게 느끼는 날
은 아이들과 교사 모두 훨씬 여유 있는 마음이 된다.
아이들의 발걸음이 처져도, 거리의 풍경에 오래 머물
러 있어도 아이들이 허기가 지지 않을까, 또는 점심
시간을 맞춰야 한다는 일상적인 생각에서 벗어날 수
있다. 점심 싸들고 가는 긴 나들이는 6-7세의 경우
일주일에 한 번, 어린이집 전체로는 한 달에 한 번
정도 간다.

긴 나들이는 보통 어린이집으로부터 멀리 있어 나

들이하기 어려운 곳이나 가까이 있지만 좀 길게 놀다 오고 싶은 곳으로 가는데, 어린이집 전체가 가느냐 6-7세 방만 가느냐에 따라 장소 선정이나 나들이 시간, 그리고 준비해야 할 것들에 차이가 있다. 여기서는 어린이집 전체가 가는 긴 나들이와 6-7세 방만 가는 긴 나들이에서 서로 다르게 준비해야 할 것들과 특징, 어려움 등을 이야기해 보겠다.

전체 나들이

장소 선정

어린이집 전체가 갈 경우에는 3살 아이들에서부터 7살 아이들 모두가 편안하게 놀 수 있는 곳으로 선택한다. 3-4세 아이들은 신체 리듬상 점심을 먹고 5-7세 아이들보다 일찍(한두 시경에) 터전으로 돌아와 쉬어야 하는 것도 장소 선정 과정에서 고려되어야 할 일이다.

교통편

큰방 아이들이 가는 긴 나들이는 주로 대중 교통을 이용하여 다녀오지만 어린 방 아이들이 함께 가는 전체 나들이에는 차량 지원도 빠져서는 안 될 부분이다. 보통의 나들이에서 차량이 필요할 경우 아마가 동원이 되어 오고 가는데 때에 따라서는 버스를 대절하기도 한다.

아마 차량을 이용해야 할 경우에는 일주일 전에 어린이집 게시판을 통하여 가능한 아마를 물색한다. 아마 차량이 5-6대 정도로 넉넉하게 확보될 경우에는 큰방 아이들까지 아마 차를 이용하고 그렇지 않을 경우에 큰방 아이들은 대중 교통을 이용한다. 대중 교통을 이용하는 큰방 아이들은 갈 때에는 버스나 전철을 타는 게 더 좋다며 신나 하다가 실컷 놀고 돌아올 때에는

"왜 동생들만 차 타고 가! 우리도 힘들어!"라고 하면서 짜증을 내기도 한다. 길게 놀아 몸이 피곤하기 때문에 자연스레 나오는 짜증이라 여겨 안쓰럽기도 하지만 큰방 아이들은 이런 상황을 겪으면서 동생들을 먼저 생각할 줄 아는 어린이집에서 제일 큰형아로서의 역할을 익히게 되기도 한다. 아마 차량을 이용할 경우에는 한 대의 차에 약 6-7명의 아이가 타고 앞좌석에 교사 1인과 아이 1명이 탄다. 되도록 앞좌석에는 아이들을 태우지 않으려고 하지만 차량이 부족할 때에는 어쩔 수 없이 앞좌석에 아이를 안고 탄다. 한 달에 한 번씩 가는 전체 나들이에는 가능한 한 여유 있게 아마 차량이 동원될 수 있도록 미리 챙기는 것이 아이들의 안전에 필요한 일이다.

어린이집에서 많이 먼 곳으로 긴 나들이를 갈 때에는 비용이 들더라도 여러 대의 아마 차량으로 움직이는 것보다 버스를 대절하는 편이 낫다. 버스를 대절한 경우에는 먼 거리를 오가며 혹시 멀미를 하는 친구가 있거나 돌아오는 길에 낮잠을 자는 아이, 몸이 불편한 아이가 있을 경우 교사의 역할 분담이 쉽다.

점심과 간식

어린이집 전체가 가는 긴 나들이의 경우 점심은 영양 교사가 평소 출근 시각보다 일찍 나와 준비를 하는데 간혹 긴 나들이 장소가 어린이집에서 가까운 곳일 때에는 점심 준비를 나들이 전에 서둘러 하지 않고 먼저 나들이를 떠난 후 시간에 맞추어 점심을 배달하기도 한다. 보통은 볶음밥으로 준비를 하는데 볶음밥일 경우에는 영양 교사 혼자 준비를 하지만 김밥을 싸는 경우에는 다른 교사나 아마가 도와준다. 이렇게 준비한 점심은 때로는 큰 통에 나눠 담아 4-5명의 아이들이 함께 둘러앉아 먹게 하기도 하고 때로는 개인 도시락 통을 집에서 가져와 담아 가기도 한다. 각각의 경우 다 장단점이 있는데 4-5명의 아이들이 모여 밥을 먹을 때는 개인 접시에 밥을 덜어 먹는 어린이집에서와는 달리 한솥밥을 먹는다는 의미가 더 느껴지고 밥을 잘 먹지 않던 아이들도 이렇게 먹으면 평소보다 훨씬 많이 먹고 잘 먹게 된다. 어른들이 간혹 집에서 혼자 먹는 밥보다 여럿이 먹는 밥이 맛있는 것처럼 아이들도 그러한 느낌을 느낀다고 보인다.

개인 도시락 통에 밥을 담아 오는 경우에는 서로 모여 앉아 먹기는 해도 자기 도시락에 든 음식을 먼저 먹고, 남거나 모자랄 경우에는 서로 나눠 먹는다. 평소에는 자기 음식을 나눠 먹는다는 의미보다는 모자랄 경우 주방으로 가서 더 달라고 하지만 바깥으로 나와 자기 도시락을 가지고 먹을 경우에는 자기 음식을 다른 친구와 나눠 먹어야 하므로 나눠 먹는 즐거움도 느끼게 된다.

긴 나들이 날은 아이들이 나가서 밥도 많이 먹고 간식까지 많이 챙겨 먹고 와도 신나게 논 탓인지 어린이집에 도착하면 허기져 하기 때문에 꿀단지는 오후 간식을 감자나 고구마 같은 든든한 것으로 준비한다.

「열리는 어린이집」에서 지난 일 년 동안 전체 나들이로 간 곳은 서울대공원 내 동물원과 송호정, 경마장, 과천 정부 청사 앞 잔디, 과천 중앙공원, 수원성과 안양 수목원 등이며 이 중 수원성과 안양 수목원은 버스를 대절하여 다녀왔고 그 외에는 아마 차량을 이용하였다.

서울 대공원 내 동물원

동물원은 아이들의 호기심이 늘 많은 곳이라 날씨가 따뜻해지면 꼭 한번씩 이곳을 찾게 된다. 서울 대공원에는 돈을 내고 들어가는 동물원과 무료로 드나들 수 있는 어린이 동물원이 있는데 동물원에는 여느 동물원과 마찬

가지로 사자나 호랑이 등 흔히 볼 수 없는 동물들이 있고 어린이 동물원에는
우리 주변에서 흔히 볼 수 있는 동물, 소, 양, 말, 진돗개, 비둘기, 오리 등이
있다. 어린이 동물원은 기회가 되면 매일 가는 오전 나들이를 통해 수시로
드나드는 곳이며 동물원은 전체가 일 년에 한 두 번 정도 오게 된다. 동물원
나들이는 쉽게 볼 수 없는 동물들을 구경하는 것으로 진행된다.

안전을 위해 이름표는 달았지만 뛰기도 하고 걷기도 하면서 또는 동물에
따라 철창에 매달리기도 하면서 자유롭게 구경하는 공동육아 아이들은 멀리
서도 한눈에 구분이 된다. 하지만 앞서 가는 친구들과 뒤에 처져서 구경하며
오는 친구들과의 간격을 상황에 맞게 조절하는 것은 교사가 해야할 몫이다.

송호정

송호정은 소나무가 가득한 나즈막한 산과 호수가 있는 곳인데 추석을 맞
이해서 솔잎을 따러 전체 나들이를 다녀왔다. 키 작은 나무는 그냥 따고
높은 나무는 나무를 타고 올라가 솔잎을 따기도 했는데 애써 따온 솔잎은
그 뒤 솔잎혹파리방지약에 대한 우려 때문에 송편을 찌는 데 사용하지는
못했다. 하지만 송호정의 낮은 산과 그 아래로 펼쳐진 잔디와 호수는 아이들
이 맘껏 놀기에 충분한 곳이었다.

경마장

경마장 나들이는 5세 이상의 아이들의 말 타보기와 어린이 놀이터에서
노는 것, 자전거 타기 등으로 이루어진다. 말을 타보는 것은 경마장 나들이
에서만 할 수 있는 것으로 경마장 관리자가 말고삐를 잡고 타기 때문에 안전
하다. 자전거와 말타기는 예약을 해야 탈 수 있는데 예약은 보통 연초에
거의 마감이 된다고 한다. 공동육아 어린이집은 아이들 수가 많지 않아 다른

어린이집이나 유치원이 예약한 시간 틈새를 이용해 부탁을 하면 자전거와 말타기가 가능하기도 하다. 자전거는 무상으로 대여해 주는데 자전거를 탈 수 있는 넓은 공간과 아이들이 서로 타겠다고 싸움이 일어나지 않을 정도의 자전거가 충분히 있다.

과천 정부 청사 앞 잔디

과천 정부 청사 앞 잔디와 중앙공원은 세 살 이상의 아이들만 있는 「열리는 어린이집」의 모든 아이들이 걸어서 다니는 거리이다. 이런 곳으로의 긴 나들이는 그 장소에 대한 긴 시간의 탐색을 위한 것이라기보다 소풍 나와 점심 먹는 기분으로 긴 나들이를 한다. 아이들은 다른 때보다 오래 놀아서 좋고 나들이에서 먹는 점심의 색다른 맛도 즐기게 된다. 중앙공원이나 청사 앞 잔디는 자주 드나드는 곳이기 때문에 아이들의 행동이 더 자연스럽고 낯설지 않은 곳에 온 편안함도 보여 준다.

아이들은 잔디에서 공놀이를 하거나 교사가 준비해간 전래놀이를 하기도 하며 끼리끼리 모여 뛰어 다니거나 그 장소에 적합한 나름의 놀이를 만들어 하기도 한다. 아이들은 경마장이나 놀이 기구가 있는 곳에서는 그 놀이 기구를 맘껏 타며 놀기도 하지만 이렇게 아무런 놀이 기구가 없는 곳에서는 어린이집에서 쉽게 하는 전래놀이를 끼리끼리 모여서 한다. 때로는 전체가 함께 강강술래 같은 놀이를 하기도 한다.

중앙공원

중앙공원은 넓은 공원 안에 놀이터까지 있어 아이들은 다양한 놀이를 즐긴다. 술래잡기를 하거나 모래놀이를 하는 아이들, 분수대 근처에서 물놀이를 하는 아이들, 숨바꼭질을 하는 아이들, 놀이 기구를 타는 아이들 등 다양하게 자기들의 흥미에 맞게 놀이를 즐긴다.

수원성

수원성과 안양 수목원은 25인승 버스를 이용하여 다녀왔다. 수원성은 어린이집에서 대절한 차로는 30분 정도 걸리는 거리에 있지만 대중 교통을 이용할 때에는 한 시간이 넘는 거리이다. 수원성은 도시 중간에 있는 성곽으로 성곽 굽이굽이 역사적 사실에 대한 상세한 기록과 북문에서부터 이어지는 문들마다 서 계시는 전통 의상을 입은 문지기 아저씨들의 자상한 설명은 수원성 나들이를 더욱 풍부하게 한다. 또 수원 성곽 굽이마다 펼쳐진 잔디는 아이들에게 좋은 잔디 썰매장으로 변신하기도 한다. 수원성 나들이에서는 오랜만에 꿀단지와 교사, 아마가 힘을 합하여 김밥을 싸서 점심 도시락을 만들었다.

안양 수목원

안양 수목원은 단체 입장만 가능하며 갈 때에는 미리 예약을 하고 가야 한다. 단체 입장도 마구 받지 않기 때문에 안양 수목원은 가고 싶을 때 아무 때나 갈 수 있는 곳은 아니지만 예약을 하고 가면 다른 공공 장소에 비해 사람들이 없어, 우리 아이들이 다른 무리에 섞일까, 혹은 잃어버릴까 하는 걱정은 하지 않아도 된다. 아무런 염려 없이 나무와 꽃들을 실컷 보고 돌아올 수 있어 좋다. 그리고 반드시 잊지 않아야 할 것은 수목원 내에서 음식 먹는 것을 금지하고 있다는 사실이다. 우리는 대절한 버스가 수목원에 도착한 때쯤 점심 시간이 다 되어 수목원 바깥에서 점심을 먹고 수목원 안으로 들어갔다. 수목원 바깥도 앉아서 쉴 수 있는 공간이 있어 점심 먹기에 충분하였다. 아이들과 함께 수목원 안을 걸을 때는 끝까지 간다는 생각보다는 아이들의 컨디션에 따라 조절하는 것이 좋다. 우리는 천천히 걸으며 삼림욕도 하고 그 자연을 이용해 놀이도 즐기며 한두 시간 정도 계속해서 걸으며 그 자연 속에서 신나게 놀다 돌아왔다.

수원성과 안양 수목원 긴 나들이는 가을에 갔는데 이 즈음에는 3-4세방 아이들도 이 정도의 나들이는 충분히 즐길 수 있는 체력이 되어 일찍 터전으로 돌아가지 않고 형아들과 함께 있다가 갈 수 있었다. 물론 돌아오는 버스 안에서 모두들 꿈나라로 갔다.

큰방 아이들이 가는 긴 나들이

큰방 아이들이 가는 긴 나들이는 전체가 가는 긴 나들이보다 횟수가 잦고 다양하다. 큰방 아이들의 긴 나들이는 7세 방만 따로 가기도 하고 6-7세가 합방하여 함께 가기도 한다. 6세도 초기에는 7세와 다니는 긴 나들이를 힘겨워하는 아이들이 보이는데 7-8월 이후면 6-7세 사이의 연령차로 인한 어려움 없이 나들이를 다닐 수 있게 된다.

큰방 아이들은 우선 대중 교통을 이용할 수 있기 때문에 차량 지원을 걱정하지 않고 장소를 선정할 수 있어 훨씬 다양하게 나들이를 할 수 있다. 대중 교통을 이용하더라도 가는 길이 너무 혼잡하지 않은지 차를 몇 번 갈아타는지 등을 고려하여 장소를 선정하게 된다. 큰방 아이들은 자연 속으로 들어가 오래 놀다오는 긴 나들이를 즐기고, 평소에는 너무 멀어 자주 가지 못하는 문화 시설로 나들이를 나가서 문화적 경험을 충족하고 돌아온다.

나들이를 준비하는 아이들

행동 수칙

긴 나들이를 떠나기 전 아이들은 교사와 나들이에서 어떻게 해야 할 것인가를 이야기한다. 긴 나들이는 낯선 곳일 경우가 많기 때문에 어떻게 행동해야 할 것인지, 차 안에서는 어떻게 해야 하는지에 대해 이야기 나누기를 하고 나오면 그렇지 않은 날보다 아이들의 행동은 훨씬 정돈되어 안전 사고의 위험을 줄일 수 있다. 그렇더라도 7세 방을 교사 혼자 데리고 가는 것보다 6-7세가 함께 가며 교사가 2인이 되는 것이 화장실 가는 문제나 공공 장소에 들어가기 위해 표를 끊을 때 불안함을 덜 수 있다.

점심 준비

6-7세 방 아이들의 긴 나들이는 가기 전 날부터 아이들과 함께 긴 나들이 점심을 만드는 것부터 시작이 된다. 보통의 경우 점심 메뉴는 볶음밥으로 했으며 민속촌 나들이 때는 김밥을 만들어 갔다. 때로는 빵을 사들고 가기도 하는데 이런 날은 다른 때보다 조금 빨리 긴 나들이를 하고 터전에 돌아와 점심을 먹는다.

큰방 아이들은 음식을 만드는 일, 씻고 다듬는 일에서부터 설거지까지 재미있게 한다. 때로는 설거지를 서로 하겠다고 다툼이 일 정도로 아이들은 부엌에서 하는 활동을 즐거워한다. 칼을 쥐고 하는 활동이고 불이 있는 부엌이기 때문에 안전에 대한 당부는 활동 때마다 일러주고 활동하는 중간 중간 교사는 부주의로 인한 사고가 일어나지 않도록 신경을 써야 한다. 학교도 들어가지 않은 아이들이지만 활동 전에 교사가 안전에 대한 이야기를 해주면 서로서로 조심하는 모습을 보인다.

아이들과 함께 양파, 당근, 감자를 까서 씻고, 씻은 재료는 잘게 썰어 다진 쇠고기와 함께 볶는다. 재료를 만들 때 아이들에게는 위험한 부엌용 식칼보다 빵칼이나 과도(앞이 뾰족하지 않은 것으로 사용하는 것이 좋다)를 쥐어 준다. 잘 들지 않는 칼로는 양파를 썰고 당근이나 감자는 과도로 썬다. 잘게 썬 재료를 모두 모아 볶는 것도 아이들과 함께 한다. 이렇게 재료 만들기가 끝나면 아이들과 함께 뒷정리까지 한다. 우리가 어렸을 때 소풍 가는 날을 손꼽아 기다리고 그 전날은 잠을 설치며 설레듯 아이들은 음식을 준비하면서 긴 나들이의 설렘을 서로 나누게 된다.

다음날 아침 아이들과 함께 만들어 놓은 재료를 밥과 함께 볶아서 아이들 도시락 통에 나눠 담는다. 6-7세 방만의 긴 나들이는 보통 아마가 없이 대중교통을 이용하기 때문에 아이들은 자기가 먹을 밥과 물은 자기 가방에 넣어 메고 다니게 된다. 아이들은 자기 먹을 것을 들고 다니면서 힘들어하기도 하지만 그러면서 자기 것을 챙기는 버릇을 키우게 되고 더불어 교사의 힘도 덜게 된다. 간혹 한두 명의 아이가 가방을 준비해 오지 않을 경우도 있는데 그럴 경우에는 다른 친구에게 자기 먹을 것을 넣어 달라고 부탁을 하고 서로 나누어 들게 한다.

긴 나들이 때에는 일상적으로 가는 곳이 아닌 경우가 많기 때문에 교사는 아이들의 이름표를 챙기고 손 씻을 곳이 마땅치 않은 경우를 생각해 물수건도 함께 준비한다. 아이들이 개인적으로 물을 준비하지만 어린이집에서도 보다 많은 양의 물을 준비해 가며 나들이 간식도 평소보다 많은 양을 준비해 간다.

그 동안 6-7세 방에서 다녀온 곳은 관악산, 우면산, 청계산, 경복궁, 수원성, 남산 한옥마을, 민속촌, 철도 박물관, 짚풀사 박물관, 아프리카 박물관 등이다.

산

관악산, 우면산, 청계산은 어린이집 가까이 있어 자주 가는 산들인데 긴 나들이 날은 큰방 아이들과 도시락 싸들고 긴 산행을 하는 것이다. 아이들은 산을 오르내리는 아저씨 아주머니들과 인사를 나누고 이렇게 마주치는 어른들은 우리 아이들을 아주 대견해 한다. 우면산과 청계산은 정상까지 갔다왔고 관악산은 중턱쯤까지 갔다 왔다.

경복궁

경복궁은 과천에서 꽤 먼 곳이고 전체 나들이를 하기에는 교통도 혼잡한 곳이다. 전철 4호선을 타고 충무로에서 3호선을 갈아타고 경복궁 역에서 내려 걸어갔다. 갈아타는 충무로 역이 사람들이 많이 타고 내리는 곳이어서 아이들에게 주의를 시켜야 하지만 경복궁 역에서는 국립 중앙 박물관 출구를 찾아 나오면 찻길을 건너지 않고 경복궁을 갈 수 있다.

국립 중앙 박물관 출구를 통해 나오니 넓게 펼쳐진 광장과 잔디, 푸른 하늘의 햇살이 우리를 지하철 안의 갑갑함에서 해방시켜 주는 느낌이었다. 아이들은 넓은 광장을 신나게 뛰어다녔다. 하지만 교사가 안양 수목원에서 느꼈던 그런 편안함을 느끼기에는 경복궁은 너무 사람들이 많이 찾는 곳이었다. 그날도 여러 단체에서 경복궁과 국립 중앙 박물관을 찾았고 개인적으로 드나드는 사람들도 많았다. 아이들에게 일정한 공간에서만 놀았으면 좋겠다는 부탁과 교사가 보이지 않는 곳까지는 멀리 가지 않기로 약속을 했고 아이들은 그 부탁을 잘 지켜주었다.

이렇게 먼 곳으로 가게 되면 도착하자마자 점심 시간이 되어 먼저 밥을 먹고 구경을 다녀야 한다. 밥을 먼저 먹고 시작하는 게 아이들이 차를 타고 오느라 힘들었던 몸을 쉴 수 있어 아이들의 컨디션 조절에도 좋다.

경복궁 안은 하루에 다 구경하기에는 벅찬 곳이다. 민속 박물관, 국립 중앙 박물관, 그리고 근정전을 비롯한 여러 궁궐 등 경복궁 안에는 볼 것들이 아주 많다. 하지만 하루에 욕심을 내어 다 돌아다닐 수 없어 기회가 될 때마다 하나하나씩 구경을 한다. 민속 박물관 앞의 장승, 전래놀이터 등에서 아이들은 발걸음을 멈추어 놀기를 원하고 오고 가는 길에 보이는 열매를 가진 나무는 여지없이 아이들에게 시달린다. 공공 장소이기 때문에 나무를 타고 오르는 것은 못하지만 감나무에서 감이 뚝 떨어지기를 바라듯이 한참을 쳐다보기도 하고 나무 등치를 힘껏 차보기도 한다. 경복궁은 여러 가지로 아이들에게 많은 볼거리를 제공하는 곳이다.

수원성

수원성은 어린이집에서 버스로 약 40-50분 정도 걸린다. 버스를 타고 수원성 북문에서 내려 산 쪽으로 성벽을 따라 걸었다. 수원성 정문에 내려서 걸었던 전체 나들이보다 그늘도 많고 길도 재미있게 뚫려 있어 지치지 않고 다닐 수 있었다. 수원성을 따라 걸으면 수원 시내가 다 보인다. 아이들은 포구에 머리를 대고 수원 시내를 돌아보면서 성벽의 의미를 느낀다. 수원성은 성벽을 따라 오르내리는 아이들이 한눈에 보이는 구조이다. 조금 뒤에 처져서 이것저것 다 읽고 훑으며 가더라도 앞서간 친구들이 눈앞에 보여 불안하지 않게 다닐 수 있었다.

남산 한옥마을

남산 한옥마을은 지하철 4호선 충무로 역에 있다. 어린이집에서 전철 한 번으로 이동할 수 있는 곳이어서 오고 가는 길에 혼잡함을 덜 느끼는 곳이다. 한옥마을에는 남산에서 내려오는 것 같은 긴 연못도 있고 연못이 시작하는 즈음에 거대한 타임캡슐이 만들어져 있어 흥미로운 볼거리를 제공했다. 한옥은 우리 조상들의 생가를 본떠서 만들어져 있었고 투호와 널뛰기, 제기 같은 놀잇감도 있었다. 한옥마을은 서울 시내에서 결혼하는 남녀가 야외 촬영을 주로 하는 곳인지 곳곳에 촬영하는 남녀가 많았다. 그 모습을 가까이 봐서인지 아이들 사진을 찍으려 하니 마치 모델이 된 양 폼을 잡는다.

한옥마을 긴 나들이에서는 잊을 수 없는 일이 있다. 6세 방 친구 하나를 잠깐 잃어버린 일이다. 수시로 아이들의 수를 세고 다녔는데 충무로 역에 내려 한옥마을 출구로 나와 계단을 올라와 보니 한 친구가 보이지 않았다. 부리나케 계단을 내려가 찾아보니 전화기를 들고 있는 친구가 보였다. 교사가 이쪽으로 간다는 이야기를 듣지 못하고 있다가 일행을 놓쳐 지나가는 아저씨에게 자기 이름표에 써 있는 곳으로 전화를 걸어달라고 부탁을 해서 어린이집에 있던 영양 교사와 통화를 하고 있었다. 아찔했던 순간이었다. 그래도 나들이를 자주 다니면서 나누었던 이야기가 여섯 살인 이 친구에게 위기를 극복하는 힘을 심어주었다는 생각이 들어 나들이의 또 다른 힘을 느끼게 해주었다.

박물관과 미술관

철도 박물관, 짚풀사 박물관, 아프리카 박물관, 현대 미술관 긴 나들이는 점심을 먹을 만한 시설이 없어 조금 일찍 터전에서 출발하여 한두 시 경에 돌아와 터전에서 점심을 먹었다. 돌아오는 길에 허기가 질 수 있으니 빵을 미리 준비해 가는 게 좋다. 철도 박물관은 어린이집에서 한 시간 정도 버스를 타고 가면 있는데 비둘기호부터 새마을호까지 아이들이 좋아하는 기차를 가까이 실컷 보며 놀 수 있는 곳이다. 짚풀사 박물관과 아프리카 박물관은 삼성 역과 대학로에 위치해 있어 오가는 사람이 많아 힘들었던 곳이다. 이

두 곳은 그리 큰 규모는 아니지만 알뜰하게 볼거리를 제공하고 있다.

민속촌

민속촌은 용인에 있다는 이유로 늘 가고 싶다는 마음만 있을 뿐 나서지 못하고 있었는데 「열리는 어린이집」이 이사하면서 가능하게 되었다. 옛 터전에서는 수원까지 가려면 1시간을 잡아야 했는데 여기서는 20분이면 가능해졌고 수원에서는 민속촌을 오가는 셔틀버스가 있어 1시간이 걸리지 않고 갈 수 있게 된 것이다. 민속촌은 김밥을 만들어 갔다. 날씨가 제법 쌀쌀해서인지 민속촌에는 촬영하는 사람과 그 외 몇몇의 사람들만 보일 뿐 한산했다. 우리 조상들이 살던 모습 그대로가 재현되어 있는 곳에서 아이들은 이 동네 아이들처럼 이 집 저 집을 오가며 놀이를 즐겼다. 우리집 앞마당 같았다.

긴 나들이의 어려움

공동육아에서는 길게 가든 짧게 가든 나들이는 우리의 친숙한 일상이다. 아이들은 큰방이든 작은방이든 길게 놀다오는 긴 나들이를 더 좋아하기는 한다. 긴 나들이는 큰방 아이들의 경우 큰 어려움 없이 적당한 장소와 시기가 되면 다녀오는데 어린이집 전체가 가는 긴 나들이는 마음 먹는 대로 쉽게 다녀올 수 없다. 차량 지원이 필수적이기 때문이다. 보통 시간이 가능한 아마가 동원이 되는데 늘 같은 조합원에게 집중되어 미안하기도 하고 또 그 조합원들이 항상 가능한 것이 아니기 때문에 긴 나들이를 기획했다가도 취소하기도 하고 장소를 가까운 곳으로 옮기기도 한다. 하지만 이런 경우는 드물고 미리 차량 아마를 구할 경우에는 무리 없이 다녀올 수 있었다.

긴 나들이의 어려움은 또 하나 있다. 일상적인 나들이도 마찬가지이기는 하지만 긴 나들이는 특히 교사에게 많은 긴장감을 갖게 한다. 교통 사고가 잦은 이 땅에서 아이들을 데리고 어딜 나다닌다는 게 쉬운 일은 아니다. 하지만 아이들은 나들이가 거듭될수록 자기 방어력을 점점 키워나가게 되고 나들이 때마다 거듭하여 말하는 교사의 당부를 아이들이 잊지 않고 지켜주어서 지금까지 가능할 수 있었다고 생각된다.

긴 나들이를 가려고 아이들이 버스에 우르르 타면 버스에 있던 나이든 아주머니들은 따뜻한 웃음으로 우리를 맞이해 주신다. "너희들 어디 가니? 소풍 가?" 하고 물으시면 "나들이 가요" 하고 대답한다. 어린이집에서 만나는 어른들에게는 늘 반말만 쓰던 아이들이 길에서 만나는 어른들에게는 높임말로 대답을 한다. 이렇게 상황에 따라 다르게 반응할 줄 아는 공동육아 아이들은 나들이를 통해 세상 살아가는 법을 배운다. ■

* 글쓴이 박혜원, 말괄량이 삐삐는 이대 여성학과를 졸업하고 곧바로 공동육아연구원에서 3년간 일하다가 공동육아 현장에서 아이들과 함께 다시 크고 싶어 어린이집 교사로 2년간 일했다. 이 글은 과천 열리는 어린이집 교사로 있는 동안 쓴 글이다. 지금은 학부 전공(미술)을 살려 아동 미술을 공부하기 위해 여기저기를 기웃거리고 있다. 과천에서 '까마귀'라는 별명을 가진 사람과 함께 살고 있다.

들살이 길잡이

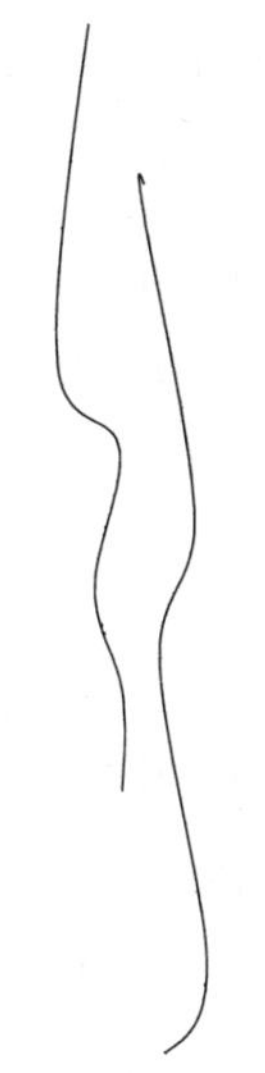

이말순

공동육아 터전에서는 매일 지역의 산이나 들, 공원,
유적지, 놀이터 등을 자유롭게 탐색하는 나들이 외에
도 한 달에 한 번 하루 종일 소요되는 긴 나들이를
하고 있다. 긴 나들이는 장소도 조금 멀리 잡아서 차
량도 이용하고 도시락도 준비하는 등 일상 나들이보
다 큰 규모로 이루어진다. 이 밖에도 1년에 1-2회 정
도 1박 이상 걸리는 들살이가 있다. 이 들살이가 어
떻게 구상되고 실행되는지 정리해 보았다.

구상 단계

연간 교육 계획안을 짤 때 일년 중 언제쯤 들살이를
할지 미리 계획을 세워둔다. 여름 들살이는 6-8월 중에, 겨울 들살이는 12-1월에 보통 한다. 장소가 가장 중요한데 이 정보는 육아 정보지를 이용하면 많이 얻을 수 있지만 상업성을 띤 캠프장 등은 다른 일행과도 겹치게 되어 복잡할 뿐 아니라 인위적인 활동이 많아서 충분히 자연을 즐기고 탐색하며 휴식까지 취하고자 하는 본래 취지와 동떨어져 있는 경우가 많다. 따라서 교사 회의나 교사 협의회 등 타 지역에서 추천하는 곳이나 지역의 부모님들이 다녀 보고 권하는 곳이 실제로 도움이 된다.

준비 단계

교사 회의에서 들살이의 목표를 미리 세워 보고, 왜 들살이를 가는지 아이들과 이야기를 나눈다. 또 어느 연령까지 함께 할지, 프로그램은 어떤 것이 가능한지에 대해 답사를 한 후에 결정하는 것이 바람직하다. 답사는 2-3주 전에 해야 하고, 사진 등을 찍어 와서 회의 때 참고 자료로 활용하면 좋다.

들살이를 함께 할 아이들과 장소, 프로그램 등이 어느 정도 잡히면 이동할 방법을 알아보고 식비, 교통비, 숙박비 등 예산을 세우고, 이사회와 논의를 한다. 긴 나들이는 경제적인 부담이 따르기 때문에 이 비용을 경상비로 해결할지 부모들에게 추가 부담을 시킬지를 결정해야 하고, 교사 회의를 통해 교육 계획에 대해서 사전 조율할 수 있는 기회가 된다.

실행 단계

- 차량을 어린이집 아마 차량으로 할지 버스를 대절할지가 결정되면 1-2주 전에 부탁이나 예약을 해야 한다.
- 프로그램은 장소에 따라 적절하게 계획한다. 예를 들면 갯벌 탐사일 경

우 최대한 자연 조건을 이용한 게 · 조개 잡기, 진흙팩 하기, 진흙으로 빚기 등의 프로그램으로 구성하는 것이 바람직하다.

* 프로그램이 결정되면 계획안을 서면으로 부모들께 알리고 아마 지원이나 자원 봉사자를 적극 유치하도록 협조 요청한다. 이때 프로그램에 필요한 노랫말 등도 실어 보내서 충분히 익숙해지도록 한다. 아이들과는 프로그램 구상 단계 때부터 아이들의 욕구를 수렴할 수 있도록 모둠 활동을 통해 참여시킨다. 지금까지의 일상과는 다른 프로그램을 맛보게 하기 위해서 연령별로 나뉘어 있던 방별 모임보다는 혼합 연령으로 조를 짜고 조 이름, 조 노래, 구호 등을 아이들과 계획한다.

* 당일 준비 — 도시락, 간식, 물, 돗자리, 이름표, 깔개, 호루라기, 물수건, 카메라, 또는 캠코더, 비상약, 비상 연락망, 그 외 프로그램에 따르는 준비물.

평가

* 나들이 다녀온 것을 소식지를 통한 서면 보고를 하거나 영상물로 기록하였다면 돌아와서 부모들에게 발표하는 보고회를 갖는다.
* 사진으로 전시하여 보고한다.
* 아이들과 다녀온 것에 대해 소감을 나누고 그림 그리기 등으로 연계 활동을 갖는다.
* 교사 회의에서 부모들의 반응을 서면으로 받아두었다가 다음 프로그램에 반영한다.
* 교사 회의에서 실행하면서 느낀 소감이나 문제점 등을 토론, 평가, 기록해 둔다.
* 계획에서 실행, 평가까지는 기록하여 자료화한다.

[자료] 산어린이집 1999년 방과후 겨울 들살이 계획

1. 언제

1999. 1. 19(화) - 1. 21(목)

2. 어디

포천 산정호수 한화콘도(0357. 34. 5500)

3. 누가

예비 방과후(12명) + 방과후(13명) + 교사(4명) + 자원 활동(1명)

4. 들살이에서 우리는…

'방과후' 새 식구 맞이

묵은 해 정리와 새해 계획

얼음판에서 뒹굴기

5. 일정

날짜	시간	활동
1. 19 (불)	9:00	어린이집 — 동서울 터미널로 출발
	10:40	동서울 터미널 — 운천행 버스를 탐
	12:40	운천 도착
	13:15	운천 — 한화콘도 셔틀버스 탐
	13:25	한화콘도 도착
	14:30	준비해 간 점심 먹고 쉬기
	17:30	산정호수에 가기
	19:00	저녁 먹기
	21:00	예비 방과휴/ 방과후 방모임
	22:00	모둠별 모임
	22:30	잠들기

1. 20 (물)	8:00	일어나기, 개울에 나가 보기
	9:30	아침 먹기
	12:00	자임사 둘러보고 산책하기
	14:00	점심먹기
	17:30	토끼해에 만들어 보는 토끼 인형, 개울에서 놀기
	19:00	저녁
	21:00	촛불놀이
	22:00	별보기
	22:30	잠들기
1. 21 (나무)	8:00	일어나기, 산정호수에 가기
	9:30	아침 먹기
	11:00	마음 주고 받기
	12:30	점심 먹기
	13:20	산정호수－운천 시내버스 탐
	14:17	운천－동서울행 버스 탐
	16:17	동서울 도착
	17:30	어린이집 도착 예정

6. 이렇게 지내요

1. 19(불)

예비 방과후, 방과후 모임, 방별로 진행

아이들과 98년 살아온 이야기와 99년 살아갈 이야기를 나누는 자리.

마음 나누기 등 심성 놀이를 해본다.

1. 20(물)

토끼 인형 만들기 — 원하는 아이들만 진행, 토끼해, 토끼 인형을 만들어 가방에 달아 보자.

촛불놀이 — 모둠별로 진행, 방과후가 예비 방과후 아이들에게 새식구 됨을 기뻐하며 촛불을 나누어 준다. 서로에게 하고 싶은 말을 한다.

1. 21(나무)

마음 주고받기 — 모둠별로 진행, 서로에 대한 느낌을 적는다.

놀이와 이야기를 많이 준비하기 — 팽이, 구슬, 윷놀이, 썰매(?), 게임 등 / 토끼에 관련된 이야기, 별자리 이야기, 산정호수에 관한 이야기 등.

7. 모둠 나누기

아이들의 특성, 성, 나이 등을 고려해서 두 모둠으로 나눈다.

파란 모둠(백조의 호수) — 강산, 한슬, 휘종, 창희, 민우, 혜수, 무리, 민수, 성우, 은수, 꽃분, 정윤, 연우

빨간 모둠 — 한백, 준보, 상호, 형기, 재현, 수진, 새록, 가은, 완희, 서현, 의경, 경빈

모둠 1 (1.14)

들살이 일정 이야기, 산정호수 소개

모둠 나누기 — 준비된 제비뽑기 형식

모둠별 역할 나누기 — 병원장, 밥 도우미, 통합 도우미

준비물 정하기, 밑반찬 준비

모둠 2 (1.18)

하고 싶은 놀이 들어보기

생활규칙 정하기 — 콘도에서, 얼음판에서 조심할 일

대중 교통을 이용할 때 — 버스에 앉을 짝 정하기, 약속 정하기

8. 먹을거리

간단하게, 정성껏, 든든하게

(쌀, 감자, 호박, 당근, 미역, 콩나물, 하이라이스, 무, 된장, 멸치, 식용유, 소금, 감자칼, 어묵, 빵, 고구마, 팝콘 옥수수, 귤, 사과)

9. 여행자 보험

출발 이틀 전 가입, 아이들 주민등록번호와 어린이집 직인 필요(ㅇㅇ생명)

10. 준비물

아이 — 점심, 수저, 수건, 칫솔, 갈아입을 옷, 속옷, 양말(넉넉하게), 모자, 목도리, 장갑

교사 — 필름, 팽이, 윷, 구슬, 썰매, 종이, 연필, 전지, 매직, 테이프, 가위, 풀, 초, 라이터, 화장지, 비누, 약품, 비닐 봉지

11. 지출 예산/결산

항목	비용	결산	합계	재정수입
교통비	시외버스 어른 5,200 x 4 x 2 = 41,600 아이 2,600 x 24 x 2 = 124,800 마을버스 어른 300 x 4 x 2 = 2,400 아이 100 x 24 x 2 = 4,800 지하철 어른 450 x 4 x 2 = 3,600 아이 200 x 24 x 2 = 9,600 시내버스 어른 500 x 4 x 2 = 4,000 아이 250 x 24 x 2 = 12,000 소계: 208,800	교통비 마을버스비 아마주유비 248,500		
숙박비	34,700 x 2 x 2 = 138,800	248,300		
식비	300,000	162,860		
교구비	30,000	46,800		
예비비	계:150,000 의약품 보험 기타	계 37,450 14,950 19,500 3,000	결산총액 957,710	부모지원 460,000 조합지원 500,000
답사비	43,800	93,800	잔액 2,290	총액 960,000
수당	30,000 x 4 = 120,000	120,000		

11. 평가

일정 — 1월 19,20,21일 (2박 3일)

장소 — 산정호수 한화콘도/ 산정호수 얼음/ 콘도 주변 개울

인원 — 아이들 24명, 교사 4인, 자활 1인

아마 — 휘종 엄마, 연우 아빠

1) 규모와 일정

방별 3모둠으로 나눴다.(인위적 구성)

• 모둠 구성에 따라 다르기도 하지만 모둠 활동이 힘들지는 않았다.

모둠 중심으로 움직였기 때문에 별 어려움은 없었지만 25명이 전체로 움직인다
면 들살이다운 모습을 찾기 어려웠을 것이다.

• 전체 활동이 부족했다. 전체가 모일 시간, 장소가 없었다.

다른 방 아이들과 친해질 수 없었고, 아이들도 담당 교사에게만 의존하는 모습을
보였다.

• 전체가 30명이 넘어가면서 장소 문제만이 아니라 들살이 규모에 대한 고민이
필요하다.

식사 해결, 강당 사용 등의 문제도 알아보고, 들살이의 목적에 맞는 규모를 찾아
야 하지 않을까? 대규모 들살이의 의미를 찾아보든지?

2) 준비 과정

• 답사를 아이들과 함께 한 것이 좋았다. 물론 확정이 됐기 때문이지만.

• 준비가 늦었다. (왜냐하면 장소 선정이 어려웠기 때문에)

교사들간에 활동에 대한 충분한 공유가 부족했다. 아이들과도 마찬가지.

예비 방과후와 방과후가 함께 준비해야 하는데 방과후 중심으로 준비가 이뤄졌
다. 콩이는 첫 들살이로 사전 정보 없이 참여하게 되었다. 어린이집 지원 교사의
결정이 늦었다.

• 민우(장애우) 지원 체계에 대해서 충분히 준비하지 못해 아쉽다.

3) 장소

- 콘도는 들살이 장소로 적당하지 않았다.
- 다른 사람들에게 심각한 피해를 주고 왔다. 내복 차림, 맨발로 왔다갔다. 이 집 저 집 시끌벅적!!
- 교사들은 긴장을 하고, 아이들도 자유롭지 못했다.
- 우리끼리의 관계도 단절된 느낌을 줬다. 꼭 벨을 눌러야 들어갈 수 있는 문!!

4) 생활

- 교통 : 거리가 짧아 차 안에서 보내는 시간도 그리 힘들지 않아 큰 무리가 없었다.
- 먹을거리 : 요리를 할 수 있는 상황이 아니었다. 음식을 하기에는 교사수가 부족했기 때문이다. 밑반찬에 의존해야만 했다. 음식을 전담하는 사람이 필요하고, 아이들과 함께할 수 있는 공간도 필요하다.
- 놀이 : 기가 막힌 산정호수의 얼음과 썰매의 조화!! 훌륭했다. 서로 도와가며, 독점하지 않고 재미있게 탔다. 썰매를 만들어 주신 분들께 정말로 고마움을 전하고 싶다. 고맙습니다!! 팽이놀이가 자연스럽게 놀이마당까지 연결됐다. 그밖에, 개울 탐험, 고드름 따먹기, 오리 구경, 징검다리 건너기, 동굴 탐험 등이 있었다.
- 방과후, 예비 방과후의 시간

예비 : 여자아이들이 많고 순진한 아이들이라 잘 지냈다.

방과후 : 집중하지는 않았지만 서로에게 하고 싶은 말도 하고, 자신의 생각을 그림으로도 그려 발표하면서 정리했다.

- 촛불놀이 : 2모둠이 컸다. 신경을 안 쓰는 아이들도 있었다. '위험한 놀이'였다. 의도한 바는 아니었지만 비교적 솔직한 이야기를 했다. 자기 반성보다는 상대에 대한 요구 사항이 많았다.
- 실내놀이를 하면서 예비 방과후와 방과후 아이들이 좀더 가까워졌다.
- 촛불놀이, 별 보기로 이어지면서 시간이 촉박했다.

5) 지원 체계

들살이에서 장애우를 제외한 교사 대 아동 비율은 1:7을 넘어서는 안 된다.
장애우의 경우, 교사 또는 자원 봉사 활동가가 꼭 필요하다. ■

* 글쓴이 이말순, 코뿔소는 산 어린이집의 원장을 하면서 공동육아연구원의 현장
교육 전문가로 활동하고 있다. 초등학교 6학년, 3학년이 되는 두 아들의 엄마이며
그림 그리는 남편과 칠순의 시어머님과 함께 살고 있다. 어린이집 아이들도 잘 교육
해야 하고 두 아들도 소홀히 할 수 없으므로 늘 고민이다.

산 어린이집 텃밭 일지

이말순 · 신경선

텃밭 가꾸기는 자연을 그저 보고 즐기는 관상용으로가 아닌 실제로 자연 속에서 먹거리를 일구고 거두어들이는 등, 경작을 체험해 봄으로써 자연과 인간간의 관계를 바르게 알고 그 소중함을 느끼게 하기 위한 교육 활동이다. 「산 어린이집」은 97년에는 5월 중순에 개원하였기에 농사 지을 때를 놓쳐 버렸고 소사동에 자리잡은 지 아직 얼마 안 되었기 때문에 동네에서 텃밭을 얻어 가꿀 형편이 아니었다. 그러나 이듬해엔 꼭 해보리라 마음먹고 있었다.

텃밭은 어린이집에서 10분 정도 차를 타고 가는 곳(시흥)에 있어서 덩더쿵(6,7세) 아이들 프로그램으로 설정을 하고 교사는 딱따구리와 코뿔소가 주로 인솔하였다. 상반기에는 일주일에 1회 정도 나들이를 갔다. 텃밭의 규모는 120평 정도인데 조합원이 집터로 사둔 것을 당분간 경작하기로 했고 어린이 집에서는 그 중 30-40평 정도만 가꾸어 보자고 계획하였다.

4월 초에 「산들꽃 농장」 팻말을 세우는 일부터 시작하여 상추, 열무, 알타리 씨를 뿌리기 시작하였다. 아이들은 매주 관찰 일지를 들고 가서 무 싹이 자라나는 과정을 그리기도 하고 글로 적어 산들꽃 소식지에 싣기도 하였다. 동생들도 가끔 갔는데 싹이 난 것을 발로 밟고 다니거나 벌레 쫓기에 바빴다. 씨를 뿌릴 땐 한꺼번에 너무 많은 양을 쏟아 부어 상추, 열무, 알타리 순을 솎아내어 샐러드로 무쳐 먹기도 했다. 상추는 농사가 잘 되어서 여러 번 뜯어다 맛있게 먹었고, 알타리도 김치를 담궈 먹었다. 열무는 수확기를 놓쳐 버려서 만개한 꽃을 보는 것으로 아쉬움을 달랬지만 열무꽃이 메밀꽃 버금가게 아름다워 아이들과 교사들의 마음을 사로잡기에 충분했다.

6월말, 장마 전에 봄에 뿌린 것들을 모두 거둬들이고 2차 경작으로 고구마를 심었다. 고구마는 순을 휘묻이(가지에 싹을 내어 두 마디 가량을 눕혀서 심음) 방법으로 심는 것인데 심어 놓고 비가 안 와줘서 애타는 농부의 심정이 되었다. 다훈이 이모와 새코미의 조언으로 뿌리 내리기를 할 때쯤에 흙을 두툼하게 올려주는 북돋우기를 해주었다.

고구마 밭은 2주에 한번 정도 가서 풀 뽑기와 밭 매주기 정도를 해주면 되어서 하반기에는 자주 가지 않았다. 고구마를 조금 늦게 심었기 때문에 추석 이후에나 거두려고 했는데 옆 고랑의 할머니네 고구마를 누가 몽땅 캐어 간 것을 보고 우리도 빨리 수확을 하기로 했다.

9월 하순에 고구마를 싣고 올 아마 차량 두 대와 봉고를 타고 가서 고구마를 캤다. 이때에는 어린 방도 다함께 참여하여 날고구마도 깎아 먹고 호랑나비 애벌레도 발견하여 환호를 지르기도 하였다. 캐어 온 고구마는 두고두고 간식으로 잘 먹었다.

텃밭이 멀리 있어서 정작 어린이집에서 푸성귀를 먹어야 할 때 쉽게 가기 어렵고 비가 안 올 때는 물 주기가 어려워 안타까운 점이 많았다. 또 매주 차량을 이용해야 하므로 비용 발생도 만만치 않고 아마 차량도 한계가 있었다. 이러한 문제점에도 불구하고 텃밭 활동은 매우 즐겁고 유익했다. 아이들은 텃밭에서 저희가 김 매고 풀 뽑고 애써 거둔 먹거리를 자랑스러워하며 야채들을 잘 먹었다.

텃밭 가꾸기를 해보니 농사에는 물, 햇빛 등 자연적인 조건과 시기를 잘 맞춰서 씨뿌리고 거두는 것을 해야 튼실한 작물을 거둘 수 있다는 것을 깨달았다. 농사의 무지함에서 눈뜨는 한해였다. 새해에는 때를 잘 맞추어 경작을 해야 되겠고 될 수 있으면 어린이집 가까운 곳에 터를 구하여 일상의 나들이로 텃밭 가꾸기를 해보아야겠다. 다음은 텃밭 일지의 구체적인 내용이다.

4월 3일

"텃밭 간판 만들 사람 모여라!" 피터팬의 말이 떨어지자 아이들은 분주하게 움직였다. 쓱싹쓱싹 톱질하고 망치질하여 「산들꽃 농장」이라는 간판을 만들고, 우리가 처음 심기로 한 열무, 알타리, 상추 등도 팻말을 만들었다.

4월 4일

첫날, 따뜻한 봄 햇살과 함께 텃밭 가꾸기가 시작되었다. 덩더쿵, 당실, 소근이들이 먼저 「산들꽃 농장」 팻말을 입구에 심어 놓고, 열무, 알타리, 상추 팻말도 자리잡아 심었다. 아이들은 여기저기 흩어져 개미니 벌레를 찾느라 바쁘고 교사들은 전날 갈아둔 밭을 고르고 이랑을 만들기에 바쁘다. 간신히 이랑을 만들어 열무, 알타리, 상추를 심었다.

씨를 뿌리기 전에 아이들을 모아 놓고 씨앗 관찰을 했어야 했는데 그것을 놓쳤다. 나중에 팻말 주변에 꽃씨를 심을 때 민경이가 "씨가 어떻게 생겼나 보자!"고 담이에게 아우성.

일을 끝내고 밭가에 앉아 점심을 꿀맛나게 먹었다. 오는 길에 레포츠 공원 놀이터에서 신나게 놀다 돌아왔다. 어린 생글, 도글이를 못 데려가서 안타까웠다.

"비야 내려라! 우리 씨앗들 잘 자라게" 돌아오는 길은 어느새 농부의 마음이 되어 있었다.

4월 21일

씨앗을 뿌리고 2주만에 가본 텃밭은 놀라운 일이 일어나고 있었다. 우리가 뿌린 조그마한 씨앗이 파릇파릇 싹을 틔운 것이다. 떡잎 두 쪽이 뾰족이 내밀었는데 상추나 열무나 알타리나 모두 비슷하였다. 열무가 제일 빨리 자라서 솎아 주어야 했고 솎아낸 것을 모아서 샐러드를 해먹었다. 아이들이 매우 맛있어 했다. 근처에서 고추모종을 사다 사이사이 간격을 두고 심었다.

5월 7일

2주만에 텃밭에 갔다. 몸이 불편한 현석이(7세, 선천성 구룻병을 앓는 어린이인데, 이 해 가을 급성 폐렴을 이기지 못하고 하늘 나라로 갔다.)를 업고 13명의 아이들과 시내 버스를 타고 가야 하기 때문에 자원 봉사자가 도와주지 않으면 매주 가기가 어려웠다. 풀이 많이 자라 있었다. 열무, 알타리, 상추가 너무 커버려서 자라는 과정을 제대로 볼 수가 없었다. 아이들은 많이 자라버린 채소를 보며 신기해 했다.

자라는 채소 사이사이로 잡초가 많이 자라 있었다. 아이들에게 채소에게

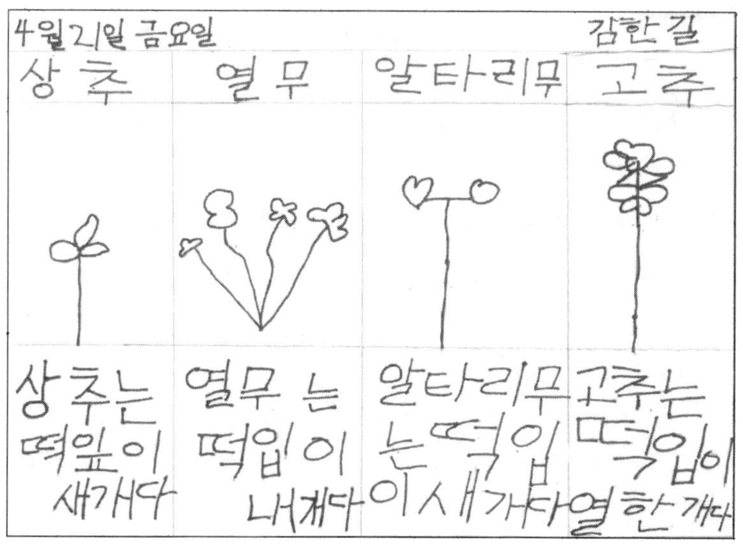

4월 21일 텃밭 관찰 일지

가야 할 영양분을 풀이 다 가져간다고 설명을 하니 "나쁜 풀!"이라며 열심히 뽑아 주었다.

옆 이랑의 할머니 밭에도 열무, 고추, 가지, 참외가 자라고 있었다. 아이들은 이곳 저곳을 다니며 무당벌레를 잡느라고 정신이 없었다.

아이들이 관찰 일지에 기록한 글이다.

상추는 올록볼록하다. 또는 색깔은 연두색이랑 보라색 같다. 열무는 뾰족뾰족한 느낌이 드는 것 같다. 손바닥만큼 자랐다. 알타리무는 노란 게 있다. 상추는 재미다(재미있다). 엉덩이 같타(같다). 고추는 빨간 보라색 같다. 정말 재미자(재미있다). ― 성민경

5월15일

오랜만에 당실이들과 텃밭에 갔다. 당실방(5세)은 처음 가는 텃밭이라 차를 탈 때부터 들떠 있었다. 텃밭에 가서도 무당벌레에 관심이 더 많다.

상추가 셋째 손가락에서 한마디 더 올라오게 컸다. 자주색이 더 많아졌다.

열무는 꽃이 하얗게 3개 피었다. 거름을 사다 뿌려 주었다. 할머니네 밭에는 노오란 오이꽃이 피었고 손가락만한 오이가 열렸다.

열무가 더 자란 거 같애. 고추는 주홍이 앉아 있는 것만큼 자란 것 같애. 상추는 키가 크졌다(커졌다). 열무키가 크졌다. 꽃이 피었다. 알타리무 키가 많이 커졌다. 고추 막대기를 세웠다. 상추는 주홍이 손만하다. 열무는 꽃이 많이 피었다. ― 조주홍

5월 19일

상추가 다 커서 먹어도 될 것 같다. 열무는 꽃이 많이 피어서 못 먹게 생겼다. 알타리무는 솎아 주었다. 고추는 비가 안 와서 노랗게 잎이 떴다.

모래가 많은 땅이라 땅콩을 심는 것이 좋겠다는 이야기를 집에서 땅콩 농사를 짓는 딱따구리가 했다. 알타리무를 뽑아서 껍질을 까서 먹어 보았다. 무 맛이 아릿했다. 그래도 아이들 모두 맛있다며 한입씩 먹었다.

상추잎을 따고 솎아낸 열무랑 손에 손에 들고 버스를 타고 돌아왔다. 열무 김치를 담궈 먹었다.

상추는 붉은 색깔과 초록색이 섞었어(섞였어). 열무는 만지니까 막 손가락이 따갑고 아팠어. 알타리무는 꽃처럼 자란 것 같애. 열무는 아직도 손가락이 따갑다. 상추는 부은(붉은) 색가리다(색깔이다). 열무엔 큰 꼬시(꽃) 피었어. ― 이보미

상추는 만타(많다). 여무는 만이(많이) 키가 크다. 알타리무는 만니(많이) 자랐다. 고추는 잎이 크다. 상추는 많이 자랐다. 열무는 많이 자랐다. — 이혜란

5월 28일

생글, 도글이(24-26개월)와 함께 텃밭에 갔다. 누리, 진석이는 상추밭이 풀밭인 양 뛰어다니다가 형아들의 원성을 사고 가장자리로 쫓겨났다. 상추가 많이 자라서 몇 보따리를 뜯어 냈다. 장마 오기 전에 모두 뽑고 비 오기 전에 고구마를 심기로 했다.

날씨가 무더워서 자주 못 가봤더니 열무꽃이 만개하여 연보랏빛 열무꽃이 '메밀꽃 필 무렵'(메밀꽃도 하얗다)을 연상케 했다. 농사의 실패에는 아랑곳없이 꽃을 본 아이들과 교사들은 함성을 질렀다. 모두들 모여서 기념 촬영을 했다. 아이들이 관찰 그림 그리기도 풀 뽑기도 모두 힘들어했다. 할머니밭 오이 따서 한 입씩 베어먹고, 가지꽃이 가지처럼 보랏빛이고 참외꽃이 참외처럼 노란꽃이 핀 것을 보며 신기해 했다. 고추도 제법 열려서 아이들이 볼 거리가 많았다.

상추는 집에 갈 때 모두 조금씩 나누어주고도 터전에서 실컷 먹을 양이 되었다. 모두들 저희들이 농사 지은 것이라며 쌈을 잘 싸 먹었다.

상추는 잎이 손가락 같다. 열무는 맨 위에 잎이 동그라미 같다. 고추는 맨 위에 잎이 조금하다(조그맣다). 알타리무는 잎이 노랑색 연두색이다. 상추는 잎이 만다(많다). 열무는 다 자랐고 잎색갈(깔)은 노랑이다. 고추는 맨 위에가 꽃 같다. 색깔은 아직도 초록이다. 예쁘다. 알타리는 그림 그릴 때 너무 어렵다. 고추는 줄기가 많다. — 조담

상추는 둘째 손가락만큼 자라써요(자랐어요). 고추는 우리 손까락 반저도 커따(손

가락 반정도 컸다). 알타리에 개미가 만이 와따(왔다). 상추는 새끼손가락보다 쫌음(조금) 커따(컸다). 열무는 꽂(꽃)이 피어따. 알타리무는 손바딱(손바닥)보다 쫌음(조금) 커따(컸다). 고추는 옛날이랑 아주 또까따(똑같다). 알타리무는 맛이(많이) 커다(컸다). 열무는 벌써 꽃이 피어서 모(못) 먹게 되따(됐다). 상추는 벌써 맛이 먹어도 되따(된다). 고추는 매일매일마다 또까따(똑같다). ― 김한길

상추는 색깔이 달라졌더. 가운데 줄기가 있어. 초록색이었는데 조금 다른 색이랑 초록색이 있어. 조금 달라졌어. 상추는 꼬불꼬불해. 많이 자랐어. 알타리무에 노란게 있어. 열무가 흰색 꽃이 폈어. 고추는 코끼리(자원 봉사자)가 사왔어. 우리가 파서 넣었고, 고추는… ― 서효림

열무는 두 뼘만큼 자랐어. 상추는 많이 자란 것 같애. 2개 꽃이 폈어. 상추는 먹을 만큼 많이 자란 것 같애. ― 이영주

6월 12일

날씨가 더워 풀 뽑고 관찰 그림 그리는 데 어려움이 많다. 무당벌레가 많았는데 7점 무당벌레는 보이지 않고 해충인 27점 무당벌레만 많았다.

6월 25일

상추를 모두 뽑았다. 열무꽃도 지기 시작해서 모두 뽑았다. 다음 주엔 고구마를 심어야지. 비닐 주머니로 주렁주렁 들고 돌아왔다.

7월 7일

고구마를 심기에 조금 늦은 것 같다. 고구마순 구하기가 어려웠다. 대보 시장에서 간신히 모종을 구해 왔다. 모종을 이틀 동안 물에 담궈 싹을 내어

서 들고 갔다. 줄기에서 뿌리가 난 부분을 두 마디 정도 눕혀서 심고 북을 많이 돋아 주어야 한다. 퇴비를 사다가 사이사이 뿌려 주었다. 보미가 할머니밭 옥수수 자라는 것을 보더니 "풀이 이렇게 많이 자랐어"라고 해서 모두 웃었다.

관찰 일지 쓰는 게 힘들어서 공동 텃밭 일지로 바꾸기로 했다. 그리고 텃밭 모둠을 하였다.

"텃밭 가는 건 너무 힘들어. 맞아. 막 뛰어 다니지도 못해. 일만 해야 돼. 너무 더워. 그림 그리는 것도 힘들어."

날씨가 더워지면서 아이들은 "텃밭 가는 것이 힘들다"며 가기 싫다고 하였다. 그래서 아이들과 모둠을 통하여 왜 가야 하는지를 이야기하였고, 텃밭 관찰 일지를 각각 적지 않고 함께 적는 관찰 일지로 바꾸었다.

지난 주에는 장마로 인해 텃밭에 자주 가지 못하였더니 "상추나무야" "상추가 크리스마스트리 같애" 하며 상추 키가 자란 걸 보고 신기해 하였다. 상추는 모두 거둬들이고 고구마 이랑을 만들어서 고구마 줄기를 심었다. 그 동안은 일주일에 한 번씩 꼭 갔었는데 날씨 관계로 조금 뜸해지고 있다.

텃밭에 가면 어때?

영주 —— 기분이 좋아. 텃밭에 가면 열무도 뽑고 상추도 뽑는 게 좋아. 달팽이도 잡고 무당벌레도 잡아서 좋다.

한길 —— 뛰어다니지 말아야 해. 살살 걸어가고, 아무 것도 밟으면 안 되고, 오이 먹어서 좋다. 햇빛이 쨍쨍 비추니까 너무 더워.

현석 —— 기분이 좋아. 우리가 열무도 뽑고, 상추 뜯으러, 그리고…

담 —— 기분이 좋아. 왜냐면 알타리무도 뜯고 상추도 뜯어서. 오이 먹어서 좋아. 알타리무 뜯을 때 따가워.

깻잎을 따는 아이들

혜란 —— 기분이 더운 것 같고, 좋은 건 곤충도 많이 잡고 알타리무 뽑아서 좋아. 오이 먹어서 좋아.

한길 —— 수박은 파마처럼 꼬였어. 가지가 밑에는 부드럽고 꼭지 밑에는 따가워. 가지 속은 초록색, 겉은 보라색.

보미 —— 풀이 이렇게 많이 자랐어(옥수수를 보고).

담 —— 노란색 참외꽃에 벌이 앉았어. 가지꽃은 보라색.

주홍 —— 가지 발견! 가지 발견!

성후 —— 우리 가지를 관찰하자.

9월 1일

오랜만에 가보니 고구마가 무척 자라 있었다. 고구마 잎사귀가 탐스럽게 뻗어 있었다. 작은 날고구마를 캐서 한입씩 먹어 보았다. 터전에서는 날것을 안 먹었던 아이들이 텃밭에 오면 무, 고구마, 오이 등 모두 잘 먹는다.

우리 고구마 순은 짧아서 대신 할머니 고구마순을 뜯어 와서 나물을 해먹기로 했다. 할머니네 밭은 고구마, 옥수수, 깻잎, 수박, 참외 등 없는 것이 없다. 우리 아이들의 자연 학습장이 되었다. 아이들은 깻잎을 한 잎 한 잎 따고 풀도 뽑아 주고 달팽이, 무당벌레를 잡으며 즐거워했다.

9월 22일 고구마 수확!

이틀 전 할머니네 고구마를 누가 몽땅 캐 가버려 우리도 잃기 전에 미리 수확을 하기로 했다. 아이들과 줄기를 걷어내고 하나씩 고구마를 캐 보았다. 제법 알이 굵은 것도 있었다. 고구마를 캐다가 커다란 연두색 배추 애벌레를 발견하고는 모두 질겁했으나 이내 아이들이 이파리에 싸서 어떤 나비가 나오는지 관찰하자고 했다. 고구마를 캐어 오려고 아마 차량을 두 대나 마련한 것과는 다르게 수확량은 많지 않았다. 고구마를 잃어버린 할머니께 한 바구니 드리고 나머지는 간식으로 여러 번 먹었다.

아이들이 흙에서 먹거리가 가꾸어지고 먹을 것을 수확하여 나누는 기쁨을 알게 된 순간이었다. 또한 땀을 흘리며 일해야 하고 제때 맞춰 부지런히 가꾸어야 좋은 농작물을 수확할 수 있다는 자연의 이치를 조금이라도 깨닫게 되었다. ■

* 글쓴이 이말순은 부천 산 어린이집의 원장을 하면서 공동육아연구원의 현장교육 전문가로 활동하고 있다. 아이들은 '코뿔소'라 부른다. 신경선은 아이들이랑 웃고 울고 뒹굴면서 지내는 걸 좋아하는 '딱따구리.' 부천 산 어린이집에 와서 사랑하는 사람 만나 결혼도 하고 예쁜 아기도 낳았다. 때론 힘들고 지치지만 우리 아이들의 웃음이 큰 힘이 되어 준다고.

나들이 미술 교육 방법

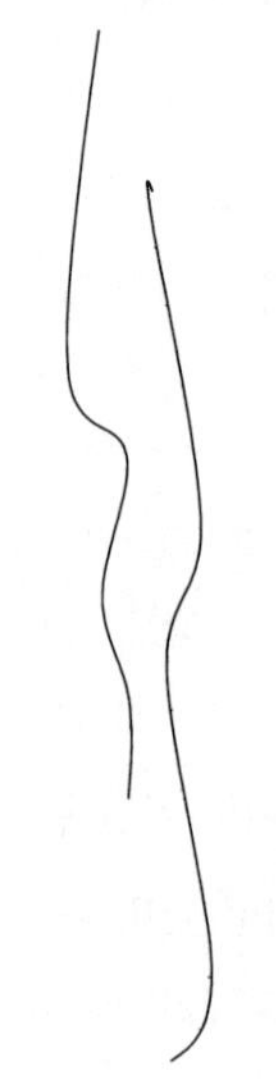

신현경

피아제나 로웬필드 등의 교육학자들은 유아들의 그림을 그들 심신 발달과 연관해서 분석한다. 로웬필드에 의하면 1-4세를 난화기(낙서기)로 4-7세를 전도식기(前圖式期)로 분류한다(권상구, 1991 : 48). 개인과 성별에 따라 많은 차이가 있으며, 이 이론이 1930년대에 제기되었음을 고려할 때 이를 영상 세대인 오늘날의 유아들한테 적용하는 것은 무리가 따른다. 어쨌거나 4세까지 두뇌의 80%가 형성된다는 점을 생각하면 유아기는 사람의 전 인생 중 가장 변화가 많으며 또 그만큼 중요한 시기임에는 틀림없다. 이러한 시기에 유아들에게 기능 쪽에 치우친 미술 교육을 하는 것은 매우 위험한 일이다. 짐작하겠지만 나는 유아 미술 교육이 훌륭한 화가를 키우는 데에 목표가 있어서는 안 된다고 생각한다. 그것보다는 아이들이 자기 표현을 잘할 수 있도록 돕는 것이 이 시기 미술 교육의 역할이다.

유아기와 초등학교 시기를 구분하는 기준으로 피아제는 자기 중심적 사고를 들고 있다(김재은, 1988 : 40). 자기 중심의 세계 속에서 세상을 보는 유아들에게 엄마나 교사는 100%의 사회적 대상이자 유아를 둘러싼 유일한 환경이기도 하다. 비록 나는 유아들의 눈으로 그들이 보는 세계를 설명할 수 없지만 되도록 엄마로서 또는 교사로서 '관찰'을 통해 그들이 보는 세계에 접근해 보고 싶다. 유아들을 어른들의 축소판으로 자칫 잘못 생각해서 교육에 적용하기 때문에 유아 미술 교육에서 문제가 발생한다고 본다.

유아들은? 그리고 미술 교육

서울 강남에서 유치원 또래의 여자아이들을 지도했을 때의 이야기다. 첫 수업에 아이들의 그림 대하는 태도를 보기 위해서 마음대로 그리라고 했다. 아이들은 서로 눈치를 보며 어떻게 시작해야 할 줄을 모르고 있었다. 그러다 한 아이가 공주같이 예쁜 여자아이를 그리기 시작하니까 다른 아이들도 그것을 따라 그리기 시작했다. 아이들은 하나같이 공주같이 예쁜 여자애와 집, 그리고 꽃들을 그렸다. 크레파스로 칠할 때쯤부터는 지루해하기 시작하더니 자세가 조금씩 흐트러졌다. 다음 시간에도 마음대로 그리기를 했는데 상황은 마찬가지였다.

이 아이들 경우를 분석하면서 미술의 형식 요소인 선에서 형태로, 색, 그리고 그들의 관계 속에서 유아 미술 교육의 문제점을 도출하고 대안을 찾고자 한다. 강남 아이들의 문제점을 너무 확대 해석하는 것이 아닌가 하겠지만

이러한 미술이 대부분의 초등학교와 미술 학원에서 행해지고 있다고 지적한
다(「공동육아」 97년 4월호).

선으로부터 형태로

아이들의 그림은 '심상'(心象)의 표현이다(신현경, 1996 : 41-43). 특히 마음
대로 그리기 속에는 어른들의 간섭이 없는 아이의 상황을 그대로 보여 준다.
강남의 아이들이 공주를 그린다는 것은 공주에 대한 선망이 대리 만족을
시켜 줌으로 즐겨 이 소재를 선택해서 그리게 된다는 이야기다. 그런데 네
명의 아이들 그림이 거의 비슷한 모습이었다. 물론 그리면서 소재가 전염되
기도 하지만 아이들이 그린 그림이 너무나 획일적인 환경 속에서 주조되고
(mould) 있는 것이다. 그 아이들의 그림에는 다양한 개성이 없었다. 찰리 채
플린의 무성 영화 「모던 타임즈」에서 볼 수 있는 공장의 한 라인에서 반복
되는 일만 하도록 틀에 짜여진 인간을 보는 느낌이었다.

이렇게 기계같이 키워서 시집 잘 보내 자신을 닮은 기계 같은 부인이라는
틀(?)을 만들어 주는 것이 엄마의 바람일까? 이렇게 살면 잘산다고들 하는
것 같은데 이 글을 쓰면서도 아직도 내 마음은 답답하다. 집 또한 대부분
사각형에 사다리꼴이나 세모 모양을 지붕으로 그렸는데 사실 아이들이 사는
집은 아파트이다. 말로 표현하자면 단체로 거짓말을 버젓이 하고 있는데 실
상 아이들이 거짓을 그리고 있는 것이 아니다. 자신과 100% 동일시되고
있는 대상인 어른들이 그렇게 가르쳐 준 것이다. 아이들에게 별다른 체험이
없이 집안에서 거의 모든 경험이 이루어지고 있다는 이야기다. 실제 자신의
집은 아파트인데 단층집을 자신의 아파트로 보고 있는 것이다.

물론 이렇게 그리는 것을 낙서기에서 전도식기로 넘어가는 과정에서 개념
적인 그림이 나타나는 것으로 볼 수 있다. 낙서기는 아이의 둥그런 형태

속에 엄마의 얼굴도 있고 많은 이야기들이 상징적으로 들어 있다. 물론 개인 차가 있기는 하지만 자기 중심에서 모든 세계가 움직이고 아장아장 걸음마를 걷는 시기이다. 그래서 이 시기에는 무엇을 그렸는가를 보는 것이 아니라 무엇을 '이야기'하고 있는지를 보아야 한다. 그림 속에 나타나는 상징적 도형들은 아이의 손놀림이 그 정도의 능력을 지니고 있다는 이야기이기도 하지만 그들이 세상을 그렇게 보고 있다는 이야기이기도 하다. 성인이 되어 시력을 회복한 시각 장애인들을 실험한 바에 의하면 물체를 제대로 인식할 수 있을 때까지 1-2년이 걸린다 한다. 그러니 아이들도 사물을 객관적으로 인식할 때까지 단계를 거치게 된다. 엄마의 얼굴도, 동물원에 구경갔던 호랑이의 얼굴도, 자동차도 아직은 자신이 그려놓은 형체로 보는 것이다.

아이가 뛸 수 있는 시기가 되면 전도식기로 이행하게 된다. 뛸 수 있는 만큼 아이의 세계가 조금은 넓어지게 된다. 자동차와 집은 네모가 되고 엄마의 얼굴 속에는 눈, 코, 입도 있으며 다른 형태들도 도식화되어 나타나기 시작한다. 전도식기는 대상이 객관화되기 시작하는 전 단계로 형태가 나타난다는 것은 이미 많은 부분들을 사실적으로 볼 수 있다는 이야기다.

이 아이들이 초등학교에 들어가면 더 많은 사회 활동 속에 놓이게 되어 다른 친구들과 선생님을 자기 중심에서 벗어나서 인식할 수 있는 도식기 또는 사실기로 접어든다. 이때부터 사물이 구체적인 사실로 보이기 시작한다. 그런데 이전 단계인 전도식기에서 사물을 제대로 보는 훈련이 없던 아이들, 즉, 아파트를 네모 모양에 세모꼴이 올려져 있는 모양으로 외워 그리도록(거짓말하도록) 훈련받은 아이들은 사실기에 들어가서 문제가 생긴다. 이러한 아이들은 사실기에 들어가 보는 영역을 넓히는 데 어려움을 겪게 되고 주로 외운 것만을 그리게 되는 것이다. 경마장의 말한테 빨리 달리게 하려고 옆을 못 보게 덮개를 씌워 주는 것처럼 교육했기 때문이다.

전도식기에 사물을 보는 훈련을 제대로 받지 못하고 말로 인식하는 데 익숙한 대부분의 아이들은 1, 2학년이 되어 그림에 흥미를 잃는다. 이 아이들은 보고 그리는 것이 아니라 외워서 그리기 때문에 사실적으로 그릴 수 없는 것이 당연하다. 사물을 사실적으로 보기 시작하는 시기에 자기가 사실과 닮게 그릴 수 없다는 사실을 발견하고 아이들은 스스로 실망하고 그림을 못 그리는 사람으로 성장하게 된다. 결국은 사실기에 들어가서 생기는 자신감 상실이 아이들로 하여금 그림에서 멀어지게 되는 첫번째 이유이다.

색에 대하여

그런데 강남의 아이들이 지닌 가장 큰 문제는 크레파스로 꽉꽉 채우는 과정에 있다. 크레파스는 상당히 빡빡해서 칠하기가 어려운 매체인데 그 조그만 손으로 더군다나 힘을 들여 꽉꽉 채워서 칠해야만 된다고 생각한다. 그래야 엄마한테 야단맞지 않고 그림이 예뻐 보인다고 생각한다. 그렇지만 창의성까지 운운하지 않더라도 이 과정 속에 죽어 가는 아이들의 심성은 어떻게 될까? 이 시기는 그들 일생의 삶 속에서 가장 자유로울 수 있는, 마음대로 날개를 펼칠 수 있는 자기 중심의 세상이 허용될 수 있는 유일한 시기이다. 이런 아이들이 가장 사랑하고 기댈 수 있는 사람에게 억압받는다면 불행한 일이다. 이 힘없는 아이들은 믿고 있는 사람 때문에 자신이 상처받고 있다는 사실조차 모르면서 억눌린 채, 벗어날 출구도 없이 살아가게 될지도 모르는 일이다. 이러한 억압은 자아 의식이 발달하는 사춘기에 이르러 엄청난 반항으로 나타날 수 있을 것이다. 이유 없는 반항이나 이유 없는 가출이 아닌 것이다. 그래도 이런 아이들은 불행 중 다행이다. 사춘기에 반항조차 해보지 못하는 아이는 어른이 되어서도 자아를 표현할 줄도 모른 채 그 억눌린 감정은 심하면 정신병으로 분출되는 경우도 있다니 말이다.

강남 아이들의 정형화된 그림을 보고 너무 기가 막힌 나머지 악담이 심했나 보다. 그래도 우리 나라에서는 아무리 무식한 부모 밑에서도 잘 자라날 수 있는 기본 바탕은 있었다. 엄마와 자식 간에 거의 간격이 없는 스킨십이 그것이다. 아이가 엄마 젖을 빨면서, 엄마 등에 업혀서 거의 하루 종일 엄마 품속에서 욕구를 충분히 풀 수 있었기 때문이다. 그러나 전쟁 후 베이비 붐 시대에 태어난 요즈음 아이들은 미국 육아법에 따라 서양식으로 자라게 되었다. 서양은 부모 자식 간의 연대감보다는 부부간의 연대가 더 중요해서 아이를 하나의 객체로 인정한다. 우리도 사회 구조가 서양식으로 변해 가면서 육아법도 서양식으로 변했다.

그러니 스킨십이라는 전통적 욕구 해소 방식도 상실한 우리 나라의 아이들은 무엇으로 이 억압 구조로부터 벗어날 수 있을까? 미국의 경우 그래서 자아 표현을 통한 유희(遊戲)방식으로 미술 교육을 진행할 필요가 있었을 것이다. 나는 서양 아이들 그림 중에 우리 나라 식의 크레파스 그림을 한번도 본 적이 없다. 어른들이 크레파스를 필요한 부분에만 골라 쓰는 경우는 있지만 아이들은 대개 쉽게 그릴 수 있는 색연필이나 기름이 많이 들어 있는 크레용으로 옅게 칠하는 정도이다. 우리 나라 아이들이 그린 예쁜 크레파스 그림을 보면 잘 그렸다는 생각보다 걱정이 앞선다. 그렇게 힘들여 크레파스 칠을 해야 하는 아이들의 연약한 손가락이 안쓰러울 뿐 아니라 그 넓은 공간을 꽉 채우면서 죽어갈 아이들의 창의력이 안타까운 것이다(「공동육아」, 96년 4월호).

계속 네 살 아이들 이야기로 이어보자. 마음대로 그리기에 이어 마음대로 칠하기로 수채화 도구를 준비했지만 마음껏 칠해 보지도 못하고 크레파스로 칠하려고 했다. 그러다 수채화로 칠하는 방법을 가르쳐 주었더니 아이들은 칠하는 데 맛을 들여 마구 칠해 놓는다. 그런데 칠하는 놀이가 오래가지

서양 아이들은 대개 쉽게 그릴 수 있는 색연필이나 기름이 많이 들어 있는 크레용으로 옅게 칠하는 정도이다.

않았다. 아이들이 눈치를 보기 시작한 것이다. 엄마한테 그림을 보여준 아이들이 야단 맞고 잘 칠해 가지고 오라는 소리를 들은 것이다. 내 역할은 엄마부터 설득하는 것이었다. 그러나 엄마들을 더 이상은 설득할 수 없었다. 그들이 사는 방식마저 참견할 수 없었을 뿐만 아니라 경제적인 요인도 많은 부분을 차지했기 때문이다. 아이들이 자신을 표현하고 싶어하는 욕구는 의식주만큼 세상을 살아가는 데 필요하다. 이러한 표현 욕구를 미술 교육에서 가장 효과적으로 풀 수 있으나 이를 이익을 우선으로 하는 사교육 기관에서 담당하게 되면 어쩔 수 없이 부작용이 따르게 마련이다. 아이들의 이러한 기본 욕구를 채워주기 위하여 공교육 기관에서 하루 빨리 관심을 가지고 실행할 구체적인 개선 방안이 마련되어야 할 것이다.

하루는 날씨가 좋아 아이들을 데리고 밖으로 나갔다. 그런데 아이들이 풀밭에 앉으려 하지 않고 의자부터 찾았다. 의자에 앉으면 꽃나무들이 너무 멀어 그릴 수 없으니까 풀밭으로 가자고 했더니 한 아이가 조심스레 풀밭에

모 잡지에 실린 우리 나라 아이들 그림. 집과 사람, 꿩, 우주 여행을 주로 그리는데, 대개 비슷하며 꽉 채워져 있다.

자리를 잡고 앉자 나머지 아이들도 하나 둘 따라 앉았다. 그런데 이번에는 벌레가 달려든다고 투정하며 결국 의자에 가서 그림을 그리게 되었다. 바깥으로 나오니 꽃도 볼 수 있을 뿐 아니라 물감이 튈 염려도 없어 신나게 칠하기를 즐기고 있는데 엄마들이 간식을 가지고 나왔다. 그러나 그 이후로 아이들과 나는 미술 시간을 더 이상 가질 수 없게 되었다. 아이들이 색을 섞어서 여러 가지로 나오는 신기한 색들에 기뻐하기 시작하고 형태도 구체적으로 좋아지고 있었다. 엄마들이 조금만 더 참아 주었다면 아이들은 그림 속에 온갖 상상의 날개를 펼치고 마음을 풀면서 아름다움을 만들어 낼 수 있었을 것이다.

보통 아이들은 열 살 정도까지는 대체로 나이만큼 비례해서 색을 구분하게 된다. 한 살이면 모든 세상이 흑백으로 보이며 세 살 정도가 되면 빨강, 노랑, 파랑 정도의 3원색을 구분해서 볼 수 있다. 그러니까 다른 색도 3원색으로 보게 된다. 부르노의 뽀뽀뽀 그림책은 세 살 아이는 3원색으로 보인다는 이론적 토대 위에서 그들을 대상으로 나온 책이다. 일곱 살이 되면 7가지 색, 열 살이 되면 열 가지 색을 구분하게 되므로 더 이상의 다른 색을 주어 보았자 소용이 없다. 그러나 요즘 아이들은 너댓 살 때 이미 많은 중간색을 쓰고 있는데 다른 아이들보다 색에 대한 경험이 많은 아이들이다. 열 살이 넘어 제대로 색 훈련을 받게 되면 사람은 500가지 이상의 색을 구분할 수가 있다. 컴퓨터는 5,000가지 이상의 색까지 구분해서 만들 수 있다는데 사람마다 많은 차이가 있다. 그런데 문제는 열 살이 넘어도 색에 대한 훈련 부족으로 이 상태에 머물러 있는 사람들을 많이 보게 된다. 이들이 칠해 놓는 세상은 유치한 상태이다. 이 유치한 색상을 거리에서 보게 된다는 것은 괴로운 일이다.

대부분의 디자인도 색에서 망치는 것을 볼 수 있는데 그 이유를 살펴보니 여기에도 문화 충돌에서 생기는 부정적인 면이 보인다.

즉, 우리 전통색은 오방색으로 색동과 단청에 대표적으로 나타난다. 더군다나 이들 색은 상징적 의미들을 지니고 있는데 현대로 오면서 색에 대한 상징성을 잃어버리고 전통 재료를 유지하지 못한 것이 문제이다. 우리 전통 안료는 대부분 자연물에서 만들어진 것으로 어느 색을 조합해도 자연스럽게 어울린다. 그러나 서양 물감은 인공물로 만들어져 원색을 쓰게 되면 유치하고, 조화로운 배색일 수가 없다. 유치한 원색이면 어때? 하겠지만 그것은 아름다운 배색을 경험해 보지 못한 소리일 뿐, 게다가 색 때문에 싸구려로 전락하게 된다.

아이들은 수채화 물감이나 과슈(불투명 수채화)를 쓰면서 자신이 갖고 있는 잠재력을 무한대로 일깨운다. 선에서 형태로 이행하듯 많은 인식 작용이 '물감놀이'를 통해 이루어진다. 아이들은 색을 칠하면서 즐기는 자유와 물감이 섞이면서 만들어지는 새로운 감동, 그리고 넓어지는 색채 경험을 통해서 아름다움을 알게 되고 이를 통해 자기 표현을 하게 된다.

관계에 대하여

전도식기 단계에서 기저(基底)선이 나오기 시작하면 아이들은 대상을 객관화해서 보기 시작한다. 기저선으로 땅과 하늘이 구분되어 땅은 아래에 있고 그 위에 하늘이 펼쳐진다. 그 전에는 시공간의 구분이 없이 자신의 세계 속에서 한 화면 안에 함께 혼재하던 대상들이 논리적으로 시공간을 구분해서 표현된다. 아이들은 종이의 사각형 속에 그리고 있는 대상의 윤곽선과의 관계 속에서 그림을 그린다.

커다란 화면에 한 부분에만 몰려서 그리는 아이는 문제가 있다. 그러나 이때 그림을 크고 자유롭게 그릴 수 있도록 환경을 마련해 주어 화면을 가득 채우게 되면서 아이의 소심함도 사라질 수 있는 치유력이 그림의 기능 속에 있다. 마음이 활달한 아이는 화면을 가득 채우고 활발한 율동감이 전체에 흐르게 된다.

이렇게 멋있게 포치하는 것은 아이들이 오른쪽 두뇌를 활발하게 활용하면서 관계를 보는 능력이 있다는 것을 의미한다. 그러나 불행히도 우리는 아이들을 학교에 보내면서 문자 언어가 위주로 된 교육의 틀 속에 가두게 되어 점점 오른쪽 두뇌의 기능을 잃게 되는 것이다. 그러니 아이를 개체화하여 어른의 축소판으로 보는 서구 모더니즘의 틀이나 아이를 미개화된 인간으로 보는 동양의 교육관 모두를 다시 생각해 보아야 한다. 아이들은 나름대로 굉장한 잠재 능력을 가지고 있다. 그 중에는 우리 어른들이 이미 잃어버린 능력들이 포함되어 있는데 예컨대 오른쪽 두뇌와 왼쪽 두뇌를 균형 있게 쓰고 있다. 그러니 단지 우리의 시각에서 아이들을 기능 위주로 가르친다는 일은 말도 안 된다. 이런 말도 안 되는 환경에 우리는 아이들을 내몰고 있다.

사물의 형태를 그린다는 것은 물체 하나만을 보고 그리는 것이 아니다. 오른쪽 두뇌로 그리기 연습 중에 기초 단계로서 그리는 손을 안 보고 그리기가 있다. 물체의 한 부분을 종이 위에 연필 선으로 댈 때만 보고, 아예 몸을 90도 돌려 물체만을 보면서 그리는 손은 안 보고 그린다. 그리기 시작하는 시작점에서 눈은 물체의 형태가 어디로 가는지 얼마만큼의 길이인지를 따라가며 보아야 한다. 나는 이 과정을 점들로 이어진 선과 다음 선이 그어질 방향과의 관계로 보는데 이렇게 관계를 보면서 그리는 순간은 오른쪽 두뇌로 이행해서 작용하게 되는 것이다. 이렇게 관계를 보게 되는 과정에서 물체를 정확하게 보게 되고 이를 통하여 창의력이 발달하게 된다. 누구나 배우고 익히면 말도 하고 글로 표현할 수 있듯이 그림도 마찬가지로 누구나 제대로 배우면 그림을 그릴 수 있다. 그러나 우리 나라 미술 교육은 일반 교과 과정에서 입시 위주의 전문인 훈련을 위한 교과 과정과 혼동해서 가르치고 있다. 이러한 기능 위주의 훈련은 아이들 발달 단계에 맞추어 제때에 필요한 만큼 보충해 주면 된다. 예를 들면 전도식기에서 사실화가 나타나는 도식기에 이르면 삼차원의 물체를 어떻게 한 시점에서 이차원의 종이 위에 그릴 수 있는가를 단계적으로 가르칠 필요가 있다. 그러나 대부분은 보는 교육을 제대로 한다면 아이들 스스로 표현력을 키워 가게 된다.

현시점에서

초등학교 들어가서 겪게 되는 문제점들은 뒤로하고 우리 나라 유아 미술 교육의 말도 안 되는 상황들을 몇 가지 들어보자. 우선 유아 미술 교육을 맡고 있는 유치원, 미술 학원 등에서 행해지는 교육 방식은 앞서 이야기했던 엄마들에게 동조하고 있지 아이들 중심으로 이루어진 프로그램이 아니다. 더군다나 유아 미술 교육을 담당하고 있는 대부분의 학원이 영리를 목적으

로 엄마들의 이기심을 부추기고 있다. 세계 어느 나라가 아이들 교육을 자본
주의 시장에 맡길까? 비록 미술을 할 수 있는 환경을 제공한다는 의미에서
의 순기능은 있을 수 있으나 시장 논리가 우선되는 상황에서 교육의 목표가
제대로 이루어질지 의문이다.

또한 학원 이외의 교육 매체로 책과 TV, 비디오 테이프를 들 수 있는데
말도 안 되는 환경은 여기서도 마찬가지이다. 과연 자신들이 아이들 미술
교육에서 어떤 역할과 기능을 해야 하는지 한번이라도 진지하게 생각해 보
았다면 기능만 강조하면서 말초 신경을 자극하는 일이 되풀이되지는 않을
것이다.

요즈음 TV에 광고되고 있는 모대학 시각 디자인 교수가 운영하는 미술
교실에 대해 찬반론이 많다. 디자인 계통의 사람들은 어느 정도의 효과가
있을 것으로 보지만 대부분의 미술 전공자들과 미술 교육 전문가들은 이에
대해 비판적인 시각을 보이고 있다. 지난번 조형 교육학회에서도 진정한 미
술 교육을 저해하고 있다는 의견이 지배적이었다. 우리 아이도 그 책을 보더
니 사달라고 한 적이 있는데 언뜻 보아서는 색감도 좋고 재미있어 보였다.
또 한 도형에서 여러 가지를 그려낼 수 있도록 하는 방식도 좋아 보였다.
그러나 크기가 제한되어 있는데다 반복적이며 기능적으로 외어서 그리게
되어 있는 점이 마음에 들지 않아 사주지 않았다. 시리즈가 많이 나와 있는
데 대부분 형식적으로 비슷하였다.

아이들이 그림을 이렇게 추상적으로 오래 그리게 되면 단기적으로는 예쁘
고 재미있는 그림을 그릴 수 있게 되는지 몰라도 보지 않고도 그리는 데
익숙하게 되어 시각 훈련을 하는 것이 아니라 오히려 역기능이 발생할 수
있는 것이다. 아이들이 쉽고 재미있게 그릴 수 있도록 한 의도는 좋다. 그러
나 아이들이 자신의 세계를 더 다양하게 전개할 수 있는 시각 자료를 제시하

지 못하고 있을 뿐더러 스스로 표현 방식을 변화시켜 갈 수 있는 훈련 과정
도 빠져 있다. 더군다나 미술을 통해서 다양한 체험을 할 수 있어야 하는데
너무 좁은 의미의 미술로 거의 모든 사물을 기능적으로 보고 반복 학습을
하도록 되어 있다. 이 책만이 문제가 아니라 대부분 아이들 교재가 이런
식으로 되어 있다.

근본적으로 교사들의 자질과 역할이 가장 중요할 것이다. 교사들이 그림
을 좀 그릴 줄 알고 교육론을 안다고 제대로 할 수 있는 것이 아니다. 끊임없
이 자기 능력을 개발하고 표현할 줄 알아 아이들한테 모델이 되어야 한다.
물론 교사 혼자만의 노력으로만 되는 것은 아니다. 필요한 공부를 언제든지
시작할 수 있도록 평생 교육 환경이 마련되어야 하고, 대부분이 여자인 미술
교사들이 계속 공부할 수 있는 여건이 마련되어야 한다.

본다는 것과 그린다는 것

어떤 미술사가는 본 것을 가장 잘 그려낸 그림으로 알타미라 동굴 벽화를
들면서 레오나르도 다빈치가 알타미라 들소 그림과 같은 살아 있는 묘사력
의 50% 정도를 표현할 수 있었고 현대 작가에게는 벽화의 묘사력을 거의
찾아볼 수 없다고 파악한다. 알타미라의 화가, 즉, 샤먼은 들소를 그려냄으
로써 그 영혼을 소유했다는 믿음을 가지고 용감하게 사냥할 수 있었다.

이렇게 그림을 그려서 영혼을 소유한다는 믿음에서 나온 생생한 묘사력을
우리는 가끔 아이들 그림에서 볼 수 있다. 실제로 이집트어로 조각가는 '살
아 있게끔 하는 자'라는 뜻인데 융은 이러한 원시 신앙이 현대인의 의식
속에 특히 아이들한테 살아 있다고 보고 있다. 아이들은 가지고 싶은 것이
있으면 그림 속에서 그리고 또 그리면서 그 갈증을 해소하게 된다는 것이다.

이 알타미라를 통해서 우리가 보아야 하는 것은 들소를 살아 있는 것처럼

잘 그린 벽화 그 자체라기보다 샤먼이 그렇게 그리게 된 과정에 있다. 그 과정 속에는 샤먼이 씨족과 함께 굶어죽지 않고 한겨울을 살아 남기 위해 들소 한 마리를 잡아야만 했던 욕구가 있다. 이러한 생과 사의 관심은 들소를 관찰하고 그림을 그려내면서 그 놈의 영혼까지 빼앗아 두려움을 없앨 수 있게 만들었다. 들소의 모든 행태를 파악한 샤먼은 가장 들소를 잘 그릴 수 있게 된 것이다. 다시 말하면 당시의 샤먼은 이렇게 관심과 관찰을 통하여 생명력 있는 묘사 능력이 가능할 수 있었다. 이러한 관심과 관찰이야말로 우리가 유아 미술 교육에서 가르쳐야 할 기본적인 요소이다.

그런데 사각형의 아파트 틀 속에서는 아이들의 관찰 능력이 제한받게 되어 멀리서 전체를 보면서 사물간의 관계를 볼 수 있는 능력을 잃게 된다. 더군다나 교육 환경마저도 열악해서 집과 학교에서 아이들의 능력을 죽이고 있으니 그림을 그려내면서 자신을 풀고 인간답게 살아갈 방법을 어디서 찾을 수 있을까? 인간은 의식주만 가지고는 살 수 없다. 더군다나 앞으로의 사회는 자유롭고 창의력 있는 인간만이 인간다운 삶을 살게 될 것이라고 말한다. 다시 말하면 틀에 박힌 듯 기능화된 인간은 할 일 없이 퇴보할 것이라고 말한다. 아무도 자기 아이들이 할 일 없는 낙오자로서의 삶을 살아가기를 원하지 않을 것이다.

재미있는 한 예가 있다. 『미래주의자 *Futurist*』라는 미국 잡지에 제임스 홀스톤의 책 『현대인의 도시 : 브라질리아에 대한 인류학적 배경』을 바탕으로 에드워드 코니쉬가 「유토피아 건설하기: 브라질리아의 교훈」이라는 제목으로 쓴 글이다. 코니쉬는 브라질에 새 수도를 건설한다는 것이 설계자의 이상이었을 뿐이지 그곳의 많은 거주자들한테는 오히려 악몽이 되었다고 진단하고 있다. 깨끗하고 편리하며 기능적인 계획 도시를 건설하려는 도시 행정가와 설계자의 꿈은 브라질 원주민의 삶을 무시한 채 계획되었기 때문에 그 도시를 황폐화시킨 주범으로 이야기하고 있다. 자연과 함께 공동체적인 삶을 살던 원주민들은 고속도로로 구획된 도시와 콘크리트의 벽 속에서 소외감을 느끼고 그 도시를 벗어나게 되면서 도시의 공동화를 촉진시켰다. 그 이유는 이 글에서 지적되었듯 설계자의 이상일 뿐 자연과 더불어 공동체 삶을 살아오던 원주민의 전통적인 삶을 무시한 계획 때문이었다. 이러한 도시 건설에 관한 이야기와 마찬가지로 교육에서도 우리가 지녀왔던 삶을 바탕으로 서양의 미술 교육을 받아들였어야 했다.

우리는 전통적인 풍습 속에 우리의 살길이 마련되어 있는데 그 풍습이 단절되고 상실된 채 서양 교육 제도를 무비판적으로 받아들여 적용한 것이 우리 미술 교육의 문제점이다. 이러한 단절된 전통 미술 교육을 찾아내어 현대의 삶과 환경 속에서 어떻게 살려낼 수 있을까는 또 하나의 커다란 과제가 되므로 여기에서는 전통적인 자연 친화적인 삶의 방식과 교육 방법을 공동육아의 공동 과제인 나들이 교육에 한해서 나름대로 찾아보고자 한다. 콘크리트 속에서 아이들을 해방시켜 자연 속에서 자연을 익히고 배울 수 있도록 나들이를 통한 미술 교육, 그것도 미술을 위한 미술 교육이 아니라 미술을 통한 교육을 찾고자 한다.

나들이 미술 교육 방법

「공동육아」 소식지에 쓴 글 "자연 속에서 I, II"(1996년 6월과 7월)과 「돌솟대 쌓기」(1995년 8월) 등에서 나는 자연에 나가 아이들과 함께 할 수 있는 미술을 구체적으로 이야기해 보았다. 그러나 여기에서는 몇 년 전 여름 지리산 자락에 위치한 산청에 새로 생긴 간디 학교에서 했던 미술 수업 과정을 이야기하면서 나들이 미술 교육의 기본적인 자세와 구체적 예를 제시하고자

한다. 그때 간디 학교에서는 내게 3일간의 미술 수업을 제안하면서 학교측
이 준비할 것이 무엇인지 물어왔다. 그래서 미술 교육에 필요한 것은 '아이
들을 이해하고 사랑하는 교사'와 '미술을 할 수 있는 환경' 이라고 말해 주
었다.

교사는 아이들을 아이답게 이해하는 열린 자세와 미술에서 무엇을 가르칠
것인가에 대한 전체적인 맥락을 이해하고 있는 것, 미술의 형식인 재료에
대한 친숙함, 그리고 형태와 색에 대한 폭넓은 감각을 가지고 있어야 할
것이다. 한편 환경은 마음에 부담 없이 칠하고 그릴 수 있는 곳과 손쉽게
쓸 수 있는 재료, 그리고 작업복이면 될 것이다. 이렇게 해서 아이들 필요에
따라 환경을 마련해 주고 수업을 진행할 수 있으면 가장 이상적인 미술 교육
이 될 것이다. 그러므로 기본적으로는 무엇을 가르칠까가 아니라 아이들이
무엇을 원하는가를 살피는 일이 중요하다. 그래서 간디 학교에서는 자연 속
에서 아이들이 무엇을 원하며 어떻게 도와줄 수 있을 것인가를 찾기로 했다.

첫날은 '마음대로 하기'이다. 첫 번째 수업은 항상 '마음대로 하기'를 하
면서 아이들이 마음을 풀 수 있고 재료에 친숙해 지는 시간을 갖는다. 교사
는 이를 통해서 아이들에게 필요한 수업이 무엇인가에 대한 '감'을 찾을 수
있다. 첫날 우리는 학교 주변을 쏘다녔다. 가끔 만나는 동, 식물들도 보고
지리를 익혔는데 아직 건물만 두 채 들어섰지 길도 제대로 닦이지 않은 채
돌 투성이와 잡풀이었다. 우리는 돌아와 저녁을 먹고 우리가 본 것들, 일어
난 일들을 이야기하고 잠자리에 들었다. 그 다음날 오전에 미술 수업이 짜여
있다. 나는 아이들을 데리고 나가 그늘에 자리를 잡고 이야기를 시작하였다.

"미술이란 무엇일까?" "찰흙 만들기예요" "그리기예요" 등 형식적인 측
면에서 대답들이 나온다. 그래서 나는 이야기를 시작했다. 돌솟대를 쌓게
된 과정을 미술로 비유해서 아이들에게 미술의 개념을 알려 주면서 길도

닦기 위함이었다.

"옛날에 사람들이 하나 둘 살기 위하여 모여들었는데 그곳에 마을이 생겨 났어. 첫째로 할 일은 길과 집터를 잡는 일이었지. 각자 살 집이야 다들 필요 하니까 지을 수 있었지만 길 닦는 일은 보통 일이 아니었어. 길을 닦기 위해 돌을 주워 옆으로 나르다 끝도 없는 이 일이 너무 힘들자 마을 대표는 생각을 한 거야. 지나다니면서 돌을 주워 그럴 듯하게 돌을 쌓으면 기원이 이루어진다고 했어. 그래서 마을 입구에 항상 돌탑이 생겨나게 되었지. 돌 쌓는 사람들은 정성들이기 위하여 머리도 깨끗이 감고 소원을 빌면서 돌을 쌓기 시작했지. 그러한 돌탑을 돌솟대라고 한단다. 그것이 금세 무너지기도 하고 아니면 100년, 200년이 되도록 지나다니면서 사람들의 눈을 끌고 감정을 느끼게 했다면 그게 바로 작품이 되는 거지."

"돌을 쌓은 사람은 미술가이고 돌솟대는 그렇게 되어서 작품이 된 거야. 마이산에 천 년도 넘은 돌솟대 마을이 있는데 나는 못 가 보았지만 가서 본 사람들 말이 그 광경을 보고 무언가 이상한 느낌을 전해 받는 모양이야. 이렇게 많은 사람들이 좋아하고 오랫동안 남게 되면 훌륭한 작품이 된단다. 그런데 누구나 돌솟대를 쌓을 수 있듯이 자신이 즐겁게만 하면 잘 만들 수 있는 거야. 이게 미술이란다. 자 우리도 여기 돌이 많은데 길도 다듬을 겸해 서 여러분의 돌솟대를 만들면서 기도하듯 쌓아 보자!"

아이들은 신기하게도 돌솟대에 여러 가지 장식도 하면서 멋있는 탑을 만 들었는데 나름대로 무너지지 않게 단단하게 돌 쌓는 방법도 연구하여 탄탄 하게 만들었고 덕분에 길도 저절로 닦여지면서 그 날의 미술 수업을 끝냈다. 다음날 아침 수업은 날씨가 좋아 나가 놀자고 했다. 낮이 되어 더워지자 아이들이 하나 둘 들어와서 쉬고 있다. 아이들이 심심해하기 시작하자 나는 커다란 종이와 미술 용구들을 펼쳐놓고 공동으로 마을 지도를 그려 보았다.

그 동안 탐험하고 이야기해 보았던 곳들을 하나하나 다시 생각하면서 대강의 자리를 정하고 부분부분 보았던 것들을 각자 그려서 오려 붙였다. 나머지 배경 부분을 함께 첨가하여 칠하고 정리하면서 마을의 그림 지도를 완성하고 함께 흐뭇해 하였다.

기본적으로 아이들이 하고 싶을 때에 미술을 할 수 있는 환경을 마련해 주는 것이 교사가 할 일이다. 우리는 나들이를 나가서 하나하나 보고 발견한 이야기들을 적당한 시기를 잡아 그려보고 만들어 본다. 이때 주의할 것은 아이들 수준에 맞추어 단계적으로 수업을 진행해야 한다. 우선 작은 것부터 그려 본다. 예를 들면 작은 잎 하나부터 한 가지, 나무 한 그루에서 두 그루로 점차 늘려 나간다. 이렇게 하면 그 다음 나들이 때는 아이들이 자연을 관찰하는 모습은 그냥 나갔다 돌아오고 했던 때에 비해 훨씬 성장하게 될 것이다.

나들이 미술 교육은 아파트 콘크리트 벽 속에 갇혀 자연으로부터 소외된 아이들에게 자연과 더불어 풍요롭게 사는 삶을 돌려주는 계기가 된다. 포스트모더니즘의 대표적인 작가 조셉 보이스는 현대인의 정신병은 이성 중심의 모더니즘이 인간을 자연으로부터 소외시켰기 때문에 샤먼 모자를 쓰고 인류의 현대병 치유를 자처하고 나섰다.

또한 모더니즘의 이상인 인간 이성의 실현은 자연과 삶을 유리시키고 결국 파괴를 낳게 되자 이를 거부하며 포스트모더니즘에 동참하는 작가들이 나타났다. 포스트모더니즘 미술을 양식화하기는 아직 이르다지만 내용적으로는 '이야기'의 부활과 형식에 있어서는 '다양성'이 공통적인 흐름으로 제시되고 있다. 모더니즘에서 제외되었던 수많은 사람들의 이야기가 알레고리의 부활과 함께 다양한 형식으로 나타난다.

키치라 불리던 여성들의 공예 같은 물건들, 쓰레기, 그리고 사람들의 몸뚱

이마저 작품이 된다. 마르셀 뒤샹이 **1915년** 미국 뉴욕 근대 미술관에 변기를 내놓고 샘이라 명명한 이후로 거의 모든 것이 작품의 소재와 재료가 되었다. 심지어 한 이탈리아 작가는 자신의 똥을 수십 개의 캔에 넣어 전시했는데 모두 팔렸다 한다. 인간의 제일 혐오스러운 배설물인 똥을 예술 작품으로 승화(?)시켜 카타르시스를 느꼈다고나 할까? 이렇게 미술의 내용이나 형식 면에서 거의 모든 벽들이 무너지고 있지만 다양성 가운데에서도 하나의 흐름을 발견할 수가 있는데 그것은 작품들이 대체적으로 자연의 형상을 닮아 가고 있는 것이다. 모더니즘의 기계론적 모습을 직접 빗대어 비판하는 작품들을 제외하면 자연물 등을 화랑 공간 안에 재배열하거나 아예 자신의 생각을 자연 속에 연결하기도 하여 자연스러운 형상을 이루고 있다.

자연스럽게 보인다는 것은 모더니즘 양식에서 보듯 직선적인 인공미에서는 볼 수 없다. 특히 여성 미술에 있어서는 둥그런 형상을 나타내고 있어 자연을 닮았기 때문이다. 이러한 작품들의 의도와 그 아이디어를 어떻게 형식화하여 보여 주었는가를 이해한다면 아이들과 함께 나들이를 통한 미술 수업에 대한 아이디어가 끊임없이 나올 것이다. 이 책에 실린 박소영의 「개울 가는 길에 핀 우리 들꽃」에는 나들이 미술 교육을 구체적으로 전개한 좋은 사례가 있다.

또한 이호철 선생님의 교실 혁명 시리즈 중 『살아 있는 그림 그리기』에 재미있는 과제가 있다. 하루는 돌을 주워오라고 한 다음 그 다음 주에 그 돌을 주워 온 자리에 돌려놓고 오는 것이었다. 자연을 그대로 놓아 두는 것도 하나의 수업이다. 「공동육아」에 실린 "보물찾기"(95년 11월)에 쓰레기 청소를 하고 온 수업에 대하여 쓴 적이 있었다. 홍천의 무릉도원에 사흘을 머물면서 아이들한테 보물을 찾아오라고 하였다. "이 보물은 절대로 썩지 않아 흉해 보일 뿐만 아니라 자연을 병들어 아프게 한단다"라고 말했다. 이렇게 해서 우리는 산 속에 있는 많은 쓰레기들을 모아 쓰레기장에 가져다주었다.

요즈음 아이들 작품전이나 작가들 작품전 할 것 없이 많은 쓰레기를 남겨 놓는다. 무엇이든지 미술이 될 수 있다고 하는 포스트모더니즘의 영향 때문인지 태울 수도 없는 플라스틱 쓰레기들을 양산하는 경향이 있다. 삶 속에서 미술의 기능을 부활시키고자 하는 포스트모더니즘의 진정한 이상을 이런 식으로 오해해서는 안될 것이다.

나가면서

말을 들을 수 있어야 말을 하게 되듯이 제대로 볼 수 있으면 그릴 수 있다. 문제는 제대로 볼 수 없도록 만드는 우리의 교육 여건에 있다. 제대로 보는 훈련이 유아에서부터 길러지지 않는다면 보고 있지만 보는 것이 아니다. 경주 박물관장 강우방 선생님은 많은 사람들이 경주 에밀레종 앞에서 사진 한 장 찍고 흘러가듯이 에밀레종에서 무엇을 보았는지 의문이라고 하신다. 그들과 선생님이 느끼는 황홀감 사이에는 엄청난 시각 차이가 있을 것이다. 레지오 에밀리아 유아 교육은 '보는 교육'을 위주로 프로젝트가 구성되어 있어 레지오 아이들의 표현력은 어느 미술가 작품에 비해 뒤지지 않는다. 풍부한 시각 자료, 미술 교육을 위한 공간, 교사들의 창의적인 프로그램 개발 속에서 끝없이 자라나는 아이들을 보면 부럽다.

크로체는 시각 훈련 과정에서 창의력이 창출된다고 하였다. 또한 그 시각은 인간이 바깥 정보를 받아들이는 지각 중에서 **80%**를 차지하고 있다. 한번 본 것을 그려보는 과정과 색을 만드는 과정에서 알타미라의 화가(샤먼)처럼 미술을 하는 과정에는 수많은 인지 작용과 함께 경험을 쌓게 된다. 그려

보지 않고 만나는 자연과 그려 본 후 찾으면서 보게 되는 자연은 엄청난 차이가 있다. 우리가 그리는 대상과 교감하기 때문이다. 자연 속에서 보고 그리고 교감하는 것을 배운다는 것은 그들의 삶을 보다 건강하고 풍부하게 살도록 뒷받침해 줄 것이다.

엘렌 디사나야키는 그녀의 책『예술이란 무엇을 위한 것인가? *What is art for*』와『미학적 인간 *Homo Aestheticus*』에서 미적인 충동이야말로 인간이면 누구나 필요한 기본적인 욕구이며 권리인데 모더니즘에서 미술은 작가의 전유물로 되고 대중은 관람객으로만 남아 있게 되었다고 주장한다. 우리는 미술 교육에서 결과물에 너무 집착해 왔다. 마음을 풀면서 과정을 즐기다 보면 저절로 좋은 작품이 나오게 된다. 이것을 우리는 살아있는 표현력이라고 한다. 유아 미술 교육은 모더니즘의 기능 위주의 틀에서 벗어나 자연 속에서 교감하고 이를 과정에서 충분히 표현할 수 있도록 아이들을 돕는 데에 있다. 이는 특히 기존의 교육과는 전혀 다른 시각과 사고하는 방식을 오른쪽 두뇌에서 찾아보고 감성의 영역을 풍부히 할 수 있는 기초 영역으로 미술 교육이 인식되어야 할 것이다. ■

＊ 도움받은 글

공동육아 기획팀, 1997, "사교육 현장의 사례 연구,"「공동육아」 4월호.

권상구, 1991,『아동 미술 교육』, 미진사, **48**.

김재은, 1988,『그림에 의한 아동의 심리 진단』, 교육과학사.

신현경, 1996, "5월은 마음이 푸른 모든이의 달,"「공동육아」 4월호.

＿＿＿, 1996, "아이들의 그림은 심상의 표현이다,"「공동육아」 10월호, 41-43쪽.

＿＿＿, 1997, "오른쪽 두뇌로 그림 그리기,"「공동육아」 2월호.

＊ 글쓴이 신현경은 공동육아 전문위원, 영산대학교 디자인학부 교수다.

개울 가는 길에 핀 우리 들꽃

박소영

지난 99년 8월 26일 나 제비꽃과 동생 장미꽃(박주연)은 분당의 「두껍아두껍아뭐하니 어린이집」을 방문했다. 사실은 방문하기 전 다른 좋은 프로젝트를 구상해 놓았다. 깨비반은 6, 7세 어린이들이기에 취학 전에 스스로 자신의 유아기를 되돌아보며 매듭짓고 새로운 세계로 나아가는 뜻으로 "○ ○ ○ 의 유아기 역사(가칭)"란 프로젝트를 미리 구상해 준비해 갔다. '그림책', '입체 그림 주사위', '사진집', '나의 뿌리', '나의 꿈' 등… 여러 방향으로 다양하게 접근할 생각이었다. 그러나 아이들과 나들이를 같이 가서 보니 그것보다 더 훌륭한 프로젝트 소재가 있음을 발견했다. 개울에 몸 담그고 즐거워하는 모습과 오는 길에 핀 들꽃 이름에 호기심을 가지는 아이들을 보며 개울가에 관계된 프로젝트를 해야겠다고 생각했고, 그래서 준비해 간 프로젝트는 다음 기회로 미루기로 했다.

아이들은 봄의 새싹을 닮았다. 들판에 핀 잡초인 들꽃들도 그렇다. 그들은 산소와 같이 소박하고 그 향기

"드디어 완성되었어요." 파랑방(깨비반) 벽에 붙인 200호 큰 걸개 그림.

또한 은은하지만 자세히 보면 빛이 난다. 그들의 강한 생명력은 어른들에게 그들을 닮고 싶은 충동을 일으키고, 강한 호기심을 선사한다. 그러나 그런 기회를 갖게 되는 어른들은 흔치 않으며 아주 행복한 사람들이다. 무심히 지나쳐 버린 자신의 어린 시절을 어린이 눈높이로 다시 살아 볼 수 있는 기회를 가질 수 있으니까. 올 여름, 난 이제껏 여러 해 동안 살아오면서 보아 온 들꽃보다 훨씬 많은 들꽃을 한꺼번에 아주 많이, 아주 자세히 볼 수 있었다. 왜 여태껏 그러지 못했을까? 의아하다. 수없이 여러 번 풀숲 곁을 지나다녔는데도 말이다. 보고 나니 제일 작고 소박한 꽃이 가장 아름답게 빛남을 알 수 있었다. 참 이상한 일이다.

살아 있는 프로젝트

먼저, 어린이들이 현재 가장 관심을 기울이고 있는 것이 무엇인가를 생각했다. 그것이 살아 있는 프로젝트이기 때문이다. 어린이들은 올 봄부터 들꽃과 그 이름에 관심을 가져왔다고 한다. 그래서 그 관심을 더욱 구체화하여 관찰하고, 이해하며 표출하여, 다각도로 표현토록 유도하고자 했다. 관찰 → 인식 → 그림 그리기 → 교감하기 → 시 짓기 → 몸짓으로 표현하기 → 종합하기(전시회, 발표회, 연극 등). 이와 같이 교육이 연결되고

"개울 가는 길에 핀 우리 들꽃. 만져 보고 냄새도 맡고 맛도 보았어요."

심화되어 완결될 때 어린이들은 성취감을 맛볼 것이며, 경험으로 인식되어 소화시킨 만큼 그 분야에 대한 관심은 더욱 깊어지고 지속될 것이다.

둘째로, 그림 그리기 재료에 있어서도 우리는 어려서부터 우리 것을 알기도 전에 너무 서양 것에만 물들어 있는 것 같다. "가장 한국적인 것이 가장 세계적인 것이다"는 말을 깊이 새겨둘 필요가 있다. 선조들이 오랜 세월 써 왔던 모필과 먹, 화선지를 알고 나서 크레파스 등 서양 재료를 습득하는 것이 좋다고 생각한다. 우리의 뿌리를 인식시키기 위함도 있지만, 어린이 발달상 딱딱한 크레파스보다는 부드럽고 유연하며 속도와 농담이 자유로이 조절되는, 붓끝이 살아 있는 긴 수묵화 모필이 어린이 그림에 더 적절한 매체이기 때문이다. 특히 화선지 위에서 먹의 번짐은 물의 농도나 붓의 속도에 따라 변화 무쌍하며 시간의 흐름조차 읽어낼 수 있다. 이는 삼차원에서 사차원으로까지 확산할 수 있는 사고력을 길러주는, 수묵화나 수묵 담채화

가 가지고 있는 독특한 특징이다. 이러한 점은 나아가 철학적 사고의 바탕을 만들어 주는 것이기도 하다.

이렇듯 중요하고 효과적인 수묵 담채화 교육이 일선 유아 교육 현장이나 초등학교에선 잘 실현되고 있지 않는 것 같다. 매우 안타까운 일이다. 그 이유는 여러 가지가 있겠으나 가장 큰 이유는 교사들의 수묵 담채화에 대한 선입견이 가장 큰 요인일 것 같다. 본 프로젝트는 수묵 담채화란 어렵지도 번거롭지도 않은, 누구나 아무런 사전 지식 없이도, 교사의 약간의 적절한 지도만 있다면 아주 잘 그려낼 수 있는 것임을 보여 주기 위한 목적으로 시도되었다. 재료가 준비되었다면 이미 반은 완성된 것이나 다름없다.

"먹의 농담으로 시간의 흐름을 읽을 수 있어요."

셋째로 우리의 선조들은 자신들의 숨결과 희망, 해학이 담긴 슬기로운 그림과 민예품을 늘 가까이 두고 생활했다. 벽장 문이나 찻잔, 술병, 항아리에도 반짇고리나 옷장 문에도 늘 아름답고 복된 그림이 함께 하고 있었다. 우리는 그 그림들을 민화라고 부른다.

그러나 요즈음 우리의 맛과 멋, 지혜가 담긴 그림과 가구, 민예품을 점점 주위에서 보기 힘들다. 뿌리와 의미가 무언지 잘 알 수 없는 왠지 낯선 그림과 문양이 우리들 주위를 에워싸고 있을 뿐이다. 거기에는 우리의 체취가 묻어 있지 않다. 우리 곁에서 소박하고 정겨운, 혹은 고아하고 단아한 멋을 선사하는 것이 아니라, 뽐내거나 투기의 대상이 되기도 한다. 그것은 살아 있는 그림이라고 할 수 없다.

전통이란 시대에 맞게 더욱 새롭게 변하여 계승된다. 더 이상 좋은 것일 수 없는 전통은 이미 전통이 아니다. 자생력을 갖춘 것만이 전통으로 살아남아 전해진다. 민속학자 심우성에 의하면, 전통이란 변화를 위해 제 몸을 잘라내고 새로운 것을 접목하는 것이 아니라, 뿌리를 토대로 새로운 자양분을 자꾸 빨아들여 수용해야 하는 것이라고 한다. 새로운 것을 수용하여 자기 것으로 승화시켜 더욱 아름다운 꽃으로 피어나게 하고 더욱 좋은 열매를 맺게 하는 것이다. 그럴 때에야 자생력이 생겨나기 때문이다.

문화란 자생력을 가지고 생활 속에 있을 때 꽃피는 것이다. 우리 어른들이 할 일은 어린이들이 아름다움에 일찍 눈을 떠 만물을 애정과 관심을 가지고 바라볼 수 있게 도와주는 일이다. 애정을 가지고 바라볼 때에 만물과 우리는 서로 길들여질 것이며 하나가 될 것이다. 그러면 우리의 생활 속에는 저절로 새로운 민화가 싹트리라 생각된다.

위의 세 가지 취지를 가지고 이번 "개울 가는 길에 핀 우리 들꽃"이란 프로젝트가 진행되었다. 이 과정을 통해 아이들은 적어도 들에 핀 풀꽃들을 애정 어린 눈으로 바라볼 수 있게 되었을 것이다. 그들이 그린 이름 모를 들풀 하나 하나가 그들 가슴마다 아주 특별하게 새겨졌음을 느낄 것이다. 그리고 앞으로 그들이 살아가면서, 수많은 것들이 그들에게 특별한 의미를 가지고 다가옴을 느끼게 될 것이다.

들꽃 프로젝트 — "개울 가는 길에 핀 우리 들꽃"

다음은 시각 미술 지원가의 입장에서 프로젝트 "개울 가는 길에 핀 우리 들꽃"의 전 과정을 어린이집 교사들과 학부모님들에게 작은 도움이 되고자 하는 목적으로 분석하여, 중요도에 따라 간추려 보았다.

언제 —— 1998년 8월 26일부터 10월 22일까지 20회에 걸쳐서

어디서 —— 「두껍아두껍아뭐하니 어린이집」부터 근처 율동 문형산에서 불국산으로 이어지는 능선에 있는 한 계곡에 이르기까지

누가 —— 「두껍아두껍아뭐하니 어린이집」 깨비반 오혜리(5), 최승연(5), 안준성(6), 유현정(6), 김선민(6), 오민석(6), 김혜림(7)

무엇을 —— "개울 가는 길에 핀 우리 들꽃"을

어떻게 —— 우리 들꽃을 관찰한 후 화선지와 장지 등에 붓펜과 목탄, 붓, 먹, 동양화 물감 등으로 그림을 그리고 오려 붙여서 아주 큰 벽화를 협동 작업으로 완성했다. 그 과정에서 풀과 대화도 나누었고, 춤으로 풀들의 움직임을 표현하기도 했다. 연극은 계획은 있었지만 시간이 모자라 못했다.

왜 —— 우리 들꽃을 관찰하고 그 이름을 알고 싶었고, 두껍아 어린이집 벽이 휑하게 비어 있어 아이들 힘으로 벽화를 그려 붙이고 싶었다.

교사 —— 박소영(제비꽃, 시각 미술 지원가 Atelierista) : 전 과정 진행과 그림 지도 및 기록, 녹음·녹취·전사, 비디오와 사진 촬영. 박주연(장미꽃, 아틀리에리스타) : '자연과 대화하는 법', 구연 낭독, 그림 지도, 사진 촬영. 장연숙(아이스크림, 어린이집 교사) : '들꽃 이름 찾기', '초대장 만들기', '미술관 관람' 지도, 사진 촬영, 요약 기록.

총 20회의 본 프로젝트 프로그램 중 11회에 걸쳐 오전, 오후 계속 행해진, 그림에서 출발한 통합 교육인 '주 프로젝트'가 아틀리에리스타에 의해 진행되었다(10회는 글쓴이, 1회는 박주연). '주 프로젝트' 사이사이엔 '미술관 관람'과 주로 '토론' '슬라이드 감상' 등의 짤막한 재방문 등 7회의 '연계 학습'이 어린이집 교사(장연숙)에 의해 진행되었고, 나머지 2회는 발표로서 학부모들 참여 속에 진행되었다. 도입·전개 부분에서 '나들이 현장에서 그리기'를 6회 실시하였는데, 오전에 나들이 가서 직접 들꽃을 보고 그리고 오후엔 어린이집에서 '상상으로 그리기'를 반복했다.

　　그러면 들꽃 프로젝트에 몰입해 가는 아이들의 모습을 좀더 사실적이고 구체적으로 보여 주기 위해 녹취, 전사한 아이들의 대화 내용 중 일부를 간간이 삽입해 가며 진행 일지를 소개한다.

도입

| 첫날, 1998년 8월 26일
| 오전
| 장소 — 어린이집에서 다리 밑 개울까지
| 주제 — 관찰을 통한 주제감 수집

프로젝트 주제를 정하기 위해 나들이를 같이 가서 관찰해 보니 아이들이 좋아하는 개울 주변과 관련된 수많은 소주제들이 연이어 떠올랐다. '물 속 돌과 햇빛 받은 돌', '물가의 풀들과 개울 가는 길의 풀들', '개울에 가까이 있는 돌과 멀리 있는 돌의 차이', '소나무의 종류와 잎 모양의 차이', '젖은 흙과 마른 흙', '죽은 나무와 살아 있는 나무', '싱싱한 나뭇잎과 벌레 먹고 마른 나뭇잎', '사람이 쌓은 돌과 자연스레 물 속이나 물 밖에 박혀 있는 돌', '해가 쨍쨍할 때와 비 온 뒤의 개울가' 등 개울가에 관련된 주제는 무궁무진했다.

　　그러나 돌아오는 길에 아이들은 길가에 피어 있는 들꽃과 들풀에 아주 관심이 많은 것을 발견했다. 그 모습을 보니 "개울 가는 길에 핀 우리 들꽃"이란 새로운 주제가 또 떠올랐다.

| 오후
| 장소 — 「두껍아두껍아 뭐하니 어린이집」
| 주제 — 토론에 의한 제목, 주제, 내용 정하기

점심 때 깨몽(박현숙 원장)과 장미꽃, 아이스크림과 같이 프로젝트의 주제에 대해 의논했다. 아이들이 올 봄부터 관심을 가져온 '개울 가는 길의 들꽃'을 주제로 정했다. 텅 비어 있는 깨비반 벽에 벽화를 그려 붙였으면 좋겠다는 제안을 했고, 재료는 먹과 화선지, 동양화 물감으로 하기를 권했다.

점심 후엔 아이들과 회의를 하여 제목을 "개울 가는 길에 핀 우리 들꽃," 내용을 연극, 진경 그리기, 벽화 그리기, 초대하기 등으로 결정했다.

아이들이 그 동안 그린 그림을 보았으나 양도 많지 않았고 많은 시간을 그림 그리기에 할애하지는 않은 느낌이었다. 몇몇은 관념화된 것도 있었다. 그러나 아이들이 관심을 가지는 주제를 학습과 연결하여 관찰을 하게 하면, 흥미가 유발되어 변화가 일어나리라 믿기에 큰 걱정은 하지 않았다. 아이들은 내겐 제비꽃, 동생에겐 장미꽃이란 예쁜 별명도 지어 주었다.

> 둘째 날, 8월 28일
> 장소 — 오전 다리 밑 얕은 개울 가는 길 옆, 오후 어린이집
> 재료 — 붓펜, 스케치북
> 셋째 날, 9월 1일
> 장소 — 오전 다리 밑 얕은 개울 가는 길 옆, 오후 어린이집
> 재료 — 오전 붓펜, 스케치북, 오후 화선지, 먹, 벼루, 다양한 붓들, 담요
> 넷째 날, 9월 4일
> 장소 — 오전 얕은 개울 위쪽에서 깊은 계곡 옆길까지, 오후 어린이집
> 재료 — 오전 붓펜, 목탄, 돋보기, 스케치북, 오후 화선지, 먹, 벼루, 붓들, 담요
> 둘째 날에서 넷째 날 주제 — 오전 진경 그리기 : 현장에서 들꽃 직접 보고 마음의 눈으로 그리기, 오후 오전에 관찰한 들꽃 상상으로 그리기

둘째 날부터 넷째 날까지는 나들이 간 개울가에서 직접 들꽃을 보고 그렸다.

"난 개망초 그렸는데…" "난 이질풀이야." "난 왕고들빼기." "근데 난 이름을 몰라."

아이들은 처음으로 끝이 이리저리 누이는 말랑말랑한 붓펜으로 종합장 위에 관찰한 풀꽃을 그렸고, 그 이름도 책에서 찾아보았다. 손으로 문지르면 번지는 목탄과 붓펜을 섞어서 그리기도 했다. 풀의 향기도 맡아 보고 만져도 보고 맛도 보았다. 돋보기로 꽃술과 잎맥을 자세히 들여다보기도 했다. 이렇게 대상에 대한 관찰과 탐구를 하게 되면 그 대상을 '마음의 눈'(心象)으로 인식하게 되고, 그것이 깊어질수록 애정을 느끼게 된다. 그리하여 생명력 있는 그림을 창출하게 된다. 이것이 바로 선조들의 '진경산수'(眞境山水) 정신이 아닐까 유추해 본다. 이는 주입식 교육에 의한 관념화된 도식적 그림이 죽은 그림처럼 생동감이 없는 것과는 아주 대조되는 현상이다. 오후엔 오전에 관찰한 것을 상상하며 자유롭게 화선지에 먹으로 그리니 분출되듯 많은 작품들이 순식간에 쏟아져 나왔다.

전개

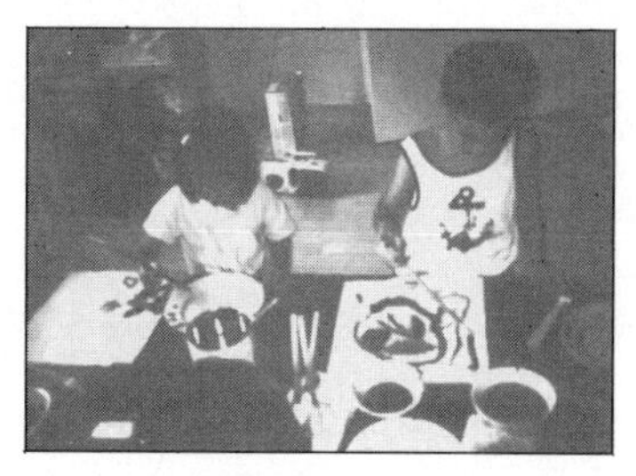

다섯째 날, 9월 8일
오전 10−12시
장소 — 깊은 계곡 옆길 그늘진 곳
사진 — 장미꽃, 아이스크림
진행 및 사진·비디오 촬영, 녹취·전사, 기록 — 제비꽃
재료 — 붓펜, 목탄, 스케치북, 화선지, 붓들, 먹, 벼루, 동양화 물감
주제 — 땅에 귀를 대고 풀과 대화하기

벌레 소리, 개울물 소리가 들리는 깊은 계곡 옆길 그늘진 곳에서 아이들은 흙, 풀, 꽃의 소리를 들으며 그들과 이야기를 해보고 스케치를 했다. 풀의 소리를 들을 때 눈 높이를 풀의 키만큼 낮추고 바라보기도 하고 땅에 누워 귀를 대고 이야기를 해보자고 했다. 물을 들여다보며 소리나 느낌을 이야기하기도 했다. 아이들은 스케치할 때도 진지한 표정으로 앉아서 그렸다.

이 수업, 즉 '땅에 귀를 대고 풀과 대화하기'는 놀라울 정도로 성과가 컸다. 아이들은 끊임없이 샘솟는 상상력을 마음껏 발휘하고 심취했다. 긴 시간을 지칠 줄 모르는 아이들은 느낌을 마치 '시어처럼 아름답게 표현'했다. 감동적인 순간들이었다.

상상을 구체화시켜 끌어내려는 진행 교사의 말과 아이들의 반응을 유의하면서, 아이들의 시 구절과 같이 아름답고, 노장 철학이 담긴 듯 심오하기도 한 '풀과의 대화'를 음미하시기 바란다. 진행하는 나 역시 의외의 효과에 무척 감탄했다. 사실 이러한 효과는 프로젝트의 말미쯤에나 가능하리라 생각했는데 의외로 아이들이 빨리 동화되어 무척 기뻤다.

땅에 귀를 대고 소리를 듣고 있는 승연이. "풀이 숨 쉬어! 이렇게 습~하! 습~하!"

제비꽃 —— 저리 가자, 그늘 있는 쪽으로. 물소리가 들리는 그늘 있다. (새, 벌레 소리가 잘 들리는 이 장소를 택한 것은 상상력을 더욱 발현시킬 수 있다는 생각에서 이다.)

혜림 —— 어름땅놀이 할 사람!

승연 —— 하지마, 야아! (어름땅놀이보다 이 새로운 놀이가 더 기대되는 모양이다.)

제비꽃 —— 어떤 소리가 들려. 우리 땅에 대고 풀 소리를 들어보자.

민석 —— 땅에 기대니까 **마음이 편해.** (아이들 모두 땅에 납작 엎드려 귀 대본다.)

혜림 —— 그래.

민석 —— 이거, **풀잎들이 우리 세상으로 들어오라**고 해. (풀의 의인화)

혜림 —— 이질풀 아니야?

선민 —— 땅에 귀 기울여봐.

승연 —— **풀이 쉑쉑거려. 풀이 숨쉬어.** 이렇게(들이마시는 시늉). **아름다운 노래 소리 같애.**

민석 —— 아! 진짜 들린다. 어, 노랫소리가 들려. **'끽끽끽'** 하는 소리.

혜림 —— 들린다! 풀이 숨쉬어. **풀잎이 춤을 추고 있어.** 아! 여기 며느리밥풀꽃 있다.

혜리 —— **나 그릴래.** (조금 떨어진 곳에서 꽃을 관찰하며 **자발적인 충동으로 그리기 시작한다.**)

민석 —— **마음이** 막 마구마구 **시원해져.**

준성 —— 나 누워서 귀 대볼래. (이제사 말문을 연다.)

승연 —— 아이스크림! **땅에 누우니까 마음이 깨끗해져!** (기쁜 소식 전하듯 좀 떨어진 곳에서 꽃 사진을 찍고 있는 아이스크림에게 외친다. '마음이 편해' → '마음이 막 시원해져' → '마음이 깨끗해져' 이와 같은 감정 묘사가 심화된다. 이때 조심스럽게 **그림 그리기를 유도**해 본다.)

제비꽃 —— 또? 그릴 사람은 그리고 계속 귀 대볼 사람은 대보자.

승연 —— **나 그릴래.** (그러자 현정이, 선민이도 그림을 그린다고 한다. 드디어 다른 아이들도 그리고픈 충동을 느끼게 되었다. 그런데 준성이는 자신이 없는지 슬그머니 아이스크림 있는 쪽으로 가서 꽃 찾기를 한다.)

민석 —— 어어, **팥케이크 같은 물질 같은 게 나한테 말을 해.**

제비꽃 —— 오! 뭐라 그래? **나도 가르쳐 줘.** (놀라움을 표시, **구체화를 유도**한다.)

승연 —— 숨셔! 근데 끽끽 하고 소리 내.

민석 —— 풀이 나보고 '이리로 와' 해.

제비꽃 —— 어머, 민석이가 풀하고 얘기했더니 풀나라로 들어오라고 그랬대! (크게 감탄하며 아이들의 관심을 환기시킨다. 이는 민석과 선생과의 대화를 **공중파로 쏴 주어 공유케** 하기 위함이다.)

민석 —— **진짜 들어오래.**

제비꽃 —— **그럼 들어가 봐.** (아주 자연스러운 듯이.)

민석 —— 어떻게? (난처한 표정을 짓는다.)

제비꽃 —— **네 마음이 통한다고 생각하고 풀들하고 계속 얘기해 보는 거지.** (풀 속에 들어가는 것이 꼭 물리적 현상만을 의미하지는 않는다는 것을 알려준다.)

민석 —— (의아해 하며) 계속??

제비꽃 —— 계속 귀를 쫑긋하고 들어보는 거지. 풀 소리 들리면 말해 줘야 해. **친구들에게 말해 줘야 해.** (느낌을 친구들과 공유하도록 유도한다.)

민석 —— (확신이 생긴 듯 의기양양한 목소리로) 알았어.

현정 —— 며느리밥풀꽃 찾았어.

제비꽃 —— 며느리밥풀꽃 찾았다고? 그려 보자! (민석이에게) 그런데 계속 들려? 진짜?

민석 —— 어, **진짜 쉭** 그래.

승연 —— 응, 나는 쉭 그래. 응, 맞지?

제비꽃 —— 쉭 그래? 혜림이는 뭐라 그래? 쉭 그래?

민석 ——아니 '쉭—' (길게 소리내며 **'쉭'과 '쉭—'이 다름**을 진지하게 묘사한다.)

혜림 —— 나도 **째액 그래.** (다들 다시 눕는다.)

선민 —— **바다 소리가 들려, 쌕— 그래.**

제비꽃 —— 오, 풀들이! 그럼 그게 무슨 뜻일까?

준성 —— 나도 들어볼래. (따라 눕는다.)

혜림 —— 산 같애. 아까 **나뭇잎이 뒹굴뒹굴거렸다.**

승연 —— 나도 들어볼래. **나도 그려 봐야지.** 나뭇잎이 **빙글빙글 돌았어.**

현정 ——**나 그려 봐야지!**(다시 그리고픈 충동이 드나보다) 어- 아까 어- 나뭇잎들
이 **소리 지르고 술 마셔.**

제비꽃 ——술 마셔? 술은 어디 있을까? (후훗. 현정 아버님 술 좋아하시나 보다.)

현정 —— (계면쩍어하며) 몰라.

승연 —— 근데 나 풀이 **작게 웃어.**

제비꽃 ——물소리도 같이 들리지? 물하고 대화하는 것 같지 않아, 혹시? **(관심
의 대상을 확대시켜 본다.)**

현정 —— 아니 난 그 소리 안 들리는데…

제비꽃 —— 아 풀소리만 들리는구나.

민석 ——풀들이 **우리에게 얘기해.** (아직은 다른 관심사가 끼어들 틈이 없나 보다.)
개미들이 풀 속에서 **개미집에** 한번 들어오라고 해. (관심 대상 확산.)

제비꽃 ——들리는 대로 말해봐 다들, 상상으로라도 좋아. 풀들의 목소리가 작아
서 그 뜻을 네 머리 속 상상으로 전달할지도 몰라. (마음 놓고 상상에 푹 빠져들도
록 유도해 본다.) 그 노랫소리 들리는 대로 한번 해봐.

승연 —— 풀들이, 새가 쩍쩍 거렸어.

민석 ——풀들이 나를… 가까이 갔더니… 응응… **내가 갑자기 풀들 맨 끝에까
지 올라가는 것 같애.** (이 말은 나를 짜릿하게 한다. 「장자」의 한 장면을 연상케
하기 때문이다.)

제비꽃 —— 네가 쪼그마해져서 개미처럼?

혜림 ——나 **상상 속에서 풀들하고 얘기했어.** 풀 속으로 들어오라고… 들어가고
싶어.

승연 —— 풀이 숨쉬었어. (아까부터 계속 풀이 숨쉰다고 한다.)

제비꽃 —— 오, 숨쉬었어? 어떻게?

승연 —— **습- 하 습- 하** (가슴을 들썩이며 들이쉬고 내쉬는 모습이 천진스럽고

귀엽다.)

현정 —— 나는 나무랑 풀들이 **춤추는 것 같았어.**

제비꽃 —— **그럼 춤춰 봐.**

현정 —— 후후훗, 아이 싫어. (쑥스러워한다.)

제비꽃 —— 풀들이 **바람이 불면 어떻게 춤을 출까?** 이렇게? (쑥스러워 말라고 먼저 시범을 보인다. 처음 유도할 때는 선생님이 너무 잘 추면 오히려 아이들이 주눅이 든다.)

민석 —— 이렇게 이렇게. (팔을 위로 올려 흔든다.)

승연 —— 이렇게. (춤춘다.)

제비꽃 —— **비가 오면 어떨까? 소나기가 오면?** (상황을 설정해 주어 상상력을 자극한다.)

민석 —— 이렇게 **뚜두두 두둑.** 이렇게 (팔을 위아래로 세게 흔든다. 모두 춤춘다.)

제비꽃 —— (춤추기가 끝나기를 기다려) 풀 소리를, 풀의 모습을 그려볼까? 풀들이 굉장히 커 보이겠지. **풀 속에 들어가 봐.** 그럼 그 **광경을 상상**해보자. 풀 속에 집이 있는지 모르지만 풀 아이들이랑 봄바람이 불고… 잊어버리기 전에 그걸 느낌으로 바로 그려보자. 손이 풀로 변한 것도 그려 보고… (추상의 단계를 높여 본다.)

승연 —— 난 안 할래. (그건 아무래도 자신없나 보다.)

혜림 —— 그러면 사람이 얼굴을 풀 속에 집어넣고… (생각에 잠긴다.)

민석 —— 내가 갑자기 풀 속에 들어가서 **투명한 손 이파리가 있는 풀아이들이 랑… 봄바람이 불고… 아주 폭신해.** 근데 내 손도 풀로 변했어.

혜림 —— **나는 풀로 변했어.**

현정 —— **눈 감고도 그렸어.** (다들 삼매경에 빠진 듯 열심히 그린다.)

선민 —— (왜 내겐 소리가 안 들릴까 하는 표정을 내내 짓고 있던 선민이가 갑자기 고개를 뒤로 젖히며 무엇인가 말하려고 한다.)

제비꽃 —— 선민이는? 선민이는 들렸어?

혜림 —— 선민이는 개울 소리와 새소리를 들었대. (선민에겐 아직 실제 소리만

들리나보다.)

승연 —— (다시 관심을 가진다.) 풀이 **뚜뚜뚝** 했어, 눈감고 하니까.

혜림 —— 난 달개비 그렸어. **난 꽃으로 변했어. 달개비꽃으로.**

제비꽃 ——달개비꽃으로? 아, 그런 거구나. 혜림이가 달개비와 친해져서? (아이들은 앞다투어 그린 후 보여 주기를 반복하며, 자기 얘기들을 들어 달라고 아우성들이다. 급기야 혜림이는 달개비꽃으로 변했단다.)

민석 —— **아주 부드러워,** 손을… 응-응- 풀이 잎사귀가 풀이… 손이… **물이 잔뜩 있어서 거기다 물을 넣어주었더니 녹색 물체가 움직였어. 근데 눈 코 입이 있고.** (색으로 표현하기 시작한다.)

승연 ——근데 빨개졌는데, 아무도 없어.

혜림 —— 다 그렸어. 가족도 있어.

선민 ——(**환희에 찬 표정**으로) 나도 소리가 들렸다!

제비꽃 —— 애들아, 잠깐만! 선민이도 소리가 들렸대. (대단한 사건인 양 주위를 환기시킨다.)

승연 —— 그런데 풀이 **걸어가는 소리**가 들었어. 그런데 빨간 데… 아무도 없는데 걸어가는 소리가 들렸어.

선민 ——**목소리도 들렸어.** 근데 벌 소리도 들렸어.

제비꽃 —— 윙윙?

선민 —— 윙윙 -

제비꽃 —— 승연이는 어떻게? 살금살금, 뚜벅뚜벅?

승연 —— 뚜벅뚜벅. (이 부분에선 선민과 승연에게 묘사하도록 기다려 주는 게 더 좋았겠다.)

▲ 선민의 기쁜 표정.
▼ 혜림의 달개비 식구들.

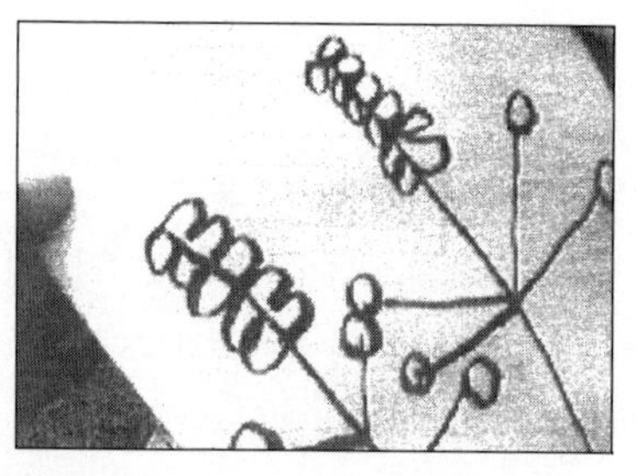

헤리는 제일 어리지만, 충실한 관찰로 생동감 있고, 독특하며 성실한 그림을 그렸다.

헤리 —— (좀 떨어진 곳에서 열심히 그림을 그리던 헤리가 달려왔다.) 나 며느리밥풀꽃 찾았어. (이마에 맺힌 땀을 닦으며 열심히 그린 그림을 내어 보인다. 나는 기특해 하며 칭찬해 주었다.)

민석 —— 나랑 막 놀았어, 근데 풀을 맛보았더니 아주 달아. 꿀도 안 쳤는데 **아주 단맛이 나와. 갑자기 내 몸이 엄청 재밌었어.** 갑자기 나무, 풀이…

제비꽃 —— 참 재미있다. 얘기만 들어도 재밌네.

승연 —— **근데 말도 안하고 여기는 파랗고 여기는 하얗게 막 깜박여. 근데 파란색이 안 보였다가 빨간색이 점점 안 보여. 아니 점점 빨개져. 근데 난 빨간…** (그림을 가리키며) **보석이 반짝거려.**

혜림 —— (갑자기 바로 앞의 실개울로 가더니 무언가를 가리킨다.) 이것 좀 봐!

제비꽃 —— (아이들 시선이 간 곳으로 가본다.) 이것? 아니면 돌 사이에 난 이 풀? 야! 생명력 강하다. 우리도 어려운 환경 속에서도 강하게 자랄 수 있지?

혜림 ——(다른 풀도 가리키며) 여기도… 근데 그건 자란 것 아니야. 떨어진 거야. 아! 여기 이게 물 속에서 자랐어. (그러면서 물을 건너 뛰어보니 재미있는지 반복한다.)

민석 ——**재미있게 놀았어, 재미있게 논 거야.** (아이들은 점심 시간이 지났는데도 이 놀이를 끝낼 생각이 없나 보다.)

승연 —— 그런데 **물에 귀 대볼래.** 물에 조금 대보니까 **'습습' 하고 숨쉬었어.** (땅에 대보듯 물에도 귀를 대고 소리를 듣는다는 것은 중요한 **의식의 확산**이다.)

승연 —— **흡흡…응 살살…** (눈을 내리뜨고 어깨를 들먹이며 천진한 모습으로 숨을 들이쉬고 내쉬는 모습에 웃음이 절로 나온다.)

제비꽃 —— (준성이는 이제야 우리 곁으로 왔다.) 준성아 풀 소리 들어봤니? (준성이는 말없이 물을 건너뛰어 본다.)

민석 —— 풀이 붙었어! (솜털이 까슬
까슬하게 난 풀을 뜯어 옷에 붙였다.)

제비꽃 —— 풀이 붙었어? 풀들이 뜯
으면 아파할 텐데…

민석 —— 아! (난처한 표정을 짓는다.)
'아파하는데, 풀 딱 한 개만 뜯어 했어.

제비꽃 —— 미안하다 그랬어? 허락
받았어?

민석 —— 응.

승연 —— (갈대 털을 손으로 훑어낸다.) 안녕!

혜림 ——(승연이에게) 야! 그렇게 만지는 것도 싫어해. (혜림인 대단한 환경 보호
자이다.)

"살살 만지면 부드럽다."

현장 교육을 하면서 확인한 점은 그 장소에서 '느낀 감흥은 그 장소에서
바로 그림으로 표현해야 느낌이 살아 있다'는 것이다. '그날 아이들은 자연
과 하나가 되었다.' 끝까지 관심이 끝나지 않았지만 점심 시간이 다가와 '아
쉽지만' 어린이집으로 향했다. 그런데 아쉽게도 그날의 클라이맥스인 '풀의
춤추는 모습을 아이들이 흥겹게 춤으로 추어 보인 장면'이 녹화되지 않았다.
봄바람이 불 때, 바람이 세게 불 때, 비가 후두둑 떨어질 때 그리고 폭풍우가
몰아칠 때의 풀의 춤추는 모습을 같이 추었는데… 무용으로까지 이어지는
아주 귀중한 자료가 되었을 텐데 아쉽기만 하다.

　그날 오후는 어린이집 사정상 오후 프로젝트를 하지 못했다. 그래서 '풀과
의 대화 내용을 상상화로 표현하기'를 사흘 후인 11일에 시도해 보았으나
이미 때를 놓쳐 현장에서처럼 생생하게 표현되지 않았다. 그러나 자연과 교

감했던 그들의 동질 체험은 이미 그들의 몸과 마음에 어느덧 흡수되어 그들의 전 인생을 통하여 옹달샘 역할을 하리라 믿는다. 흡수된 그 소중한 체험들은 용해되어 그들의 삶에서 언뜻언뜻 그 모습을 내어 비칠 것이다. '마르지 않는 동심의 샘물 옹달샘'으로 말이다.

오전엔 먹물과 그림물감 등 일체를 싸가지고 계곡까지 가서 흙 위에 담요를 깔고 '야외에서 먹과 동양화 물감을 이용한 그림 그리기'를 했다. 처음에는 야외에서의 물감 사용이 처음이라 자못 흥분한 듯 열심히 그리더니 차츰 계곡이라는 무궁무진한 놀거리에 관심이 쏠리나 보다. 두꺼비를 따라 계곡을 내려가 보기도 하고 하늘소 비슷한 검정벌레가 손등을 간지럽히는 것을 느껴 보기도 했다. 아이들의 욕구대로 자연스레 관심의 이동을 용납했다. 혹시 그리기 맥이 끊기면 어쩌나 우려했는데 다행히 실컷 놀고 와서는 스스로 먼저 그리던 그림을 완성했다. 더욱 풍성하고 깊이 있는 그림들이 나왔다. 물론 각자의 독특한 기법이 스스로 무르익을 때까지 기다린 후에 전통적 기법을 가르침으로써 '그리기의 심화 과정'을 유도했다.

민석 —— 근데, 검은색이랑 빨간색이랑 섞으니 너무 이상하지? 검은색이랑 노란색하고 빨간색 **섞었더니 이상한 색깔**이 나왔어.

승연 —— 하얀색, 빨간색… 이상한 색이 되었네. 여기 검은색…

혜림 —— 이것봐! 빨간색하고 하얀색 섞으니까 이렇게 됐어. 주황색물은 내 거야. (재미있게도 남자애들 붓을 빤 물색은 점점 거무튀튀해지고 여자애들 물은 연분홍 연보라 등 칸칸이 여전히 곱다.) 안되겠다. 이쪽을 내 물 할래. (혜림은 붓 빤 물이 더러워질까봐 꽤 신경을 쓴다.)

민석 —— 한자에 사람이 있다. 응, 한자… 사람 人자 써볼래. 시옷이 사람 人자지? (잠시 후) 하늘 天이다! (풀이 아니고 글씨였나? 민석이는 "사람~ 인, 하늘~ 천" 등을 계속 읊조리며 글씨를 쓰듯 그렸다. 그것을 나는 풀 그림으로 본 것이다. 옳거니! 이게 사군자가 아니고 무엇이겠는가? 뜻이 담긴 그림, 사군자! 글씨든 그림이든 어떠랴.)

제비꽃 —— 책(현대 작가 팜플렛) 볼 사람은 이것 봐도 돼. (자꾸 개울에 관심을 가지는 아이에게 제시한다. 그러나 나머지 아이들은 아랑곳 않고 그림에 몰두한다.)

아이스크림 —— 그림 삼매경인가 봐요.

제비꽃 —— 하하하. 혜림이는 **물 색깔이 무지개 같애.** (꼼꼼한 혜림이는 붓을 빤 물통의 물빛이 차례로 정말 곱다. 얼마 지난 후 그림을 보니 어느덧 정말 고운 무지개가 피어 있다.) 어머, 무지개! 내가 알아 맞췄네. 현정이는 빨간색 하늘이네, 혜리도 보라색 **노을이 됐구나.** 현정이는 분홍색을 잘 만드는데? 아유, 선민이는 추상화네. 멋있다! (남자애들은 어느새 개울가에서 놀고 있다.) 이 무지개 좀 봐! 빨주노초파남보네! 혜림아, **무지개 밑엔 뭐가 있을까?** (은유를 통해 상상력을 자극한다.)

혜림 —— …(미처 생각 못한 듯. 그러나 곧 생각해 보는 눈치다.)

제비꽃 —— 혜리야! 거기 **옆에 애기풀도** 하나 그려 주자. 혼자 외롭잖아. **엄마풀 같은데. 식구가 있을 텐데?** (구도를 조언할 때

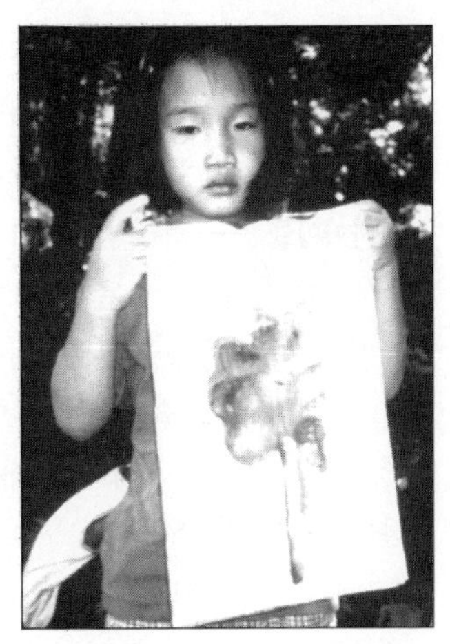

"혜리의 탐스런 꽃 좀 보아요! 아름답지요? 기법을 안 후, 그린 그림이라 풍요롭습니다."

도 자연스레 상상력을 자극한다.)

혜리 —— 하늘이 번졌어.(낭패한 목소리로)

제비꽃 —— **무지개가 번졌어?** 괜찮아, 멋있어! (낭패한 것이 아님을 강조한다.)

혜리 —— 물이 말랐어. (아직도 걱정스런 얼굴이다.)

제비꽃 —— 어디 보자, 물이 말랐어? 하늘이 번졌어? 어디? 와, 멋있는데? 그런
데 현정이 노을은 **저녁인가 봐!** (아이들은 혜림이 언니처럼 깔끔하게 안 되니 망친
것 같은지 걱정스런 표정들이다. 그러나 오히려 그것이 더 색다르게 멋있을 수도 있음
을, **감탄과 칭찬**을 아끼지 않음으로써 **자신감**을 불어넣는다. 남자아이들은 두꺼비가
있다고 빨리 오라고 야단들이다. 여자아이들은 마저 그릴까 유혹에 넘어가 버릴까
잠시 고민하는 것 같다.)

제비꽃 —— 보여 줘봐. 혜리 노을, 어유 예뻐라. 현정이 노을. 혜림이 무지개…
(선민이는 어느새 물에 들어갔다.)

혜림 —— 나 그만할래. (모기만한 소리로)

아이스크림 —— 무지개도 그리다 말고?

제비꽃 —— 하하! 마음이 들썩들썩해? 유혹을 못 견디겠어? 그런데 **무지개만
그리니까 외로운데? 그럼, 조금 놀다 돌아와서 무지개 밑에 마저 그리자. 무지개
밑에 뭐가 있을까?** (여자아이들은 외로운 무지개와 아기 없는 엄마풀, 그리다만 붉
은 노을을 걱정스런 눈빛으로 바라본다.)

남자아이들 —— 빨리 와, 빨리! 조금 있으면 두꺼비 없을 거야! (아주 다급하게
외쳐 댄다. 드디어 참지 못하고 여자아이들은 모두 옷을 걷어붙이고 첨벙첨벙 물속으
로 들어간다. 남자아이들은 두꺼비를 따라 자꾸 계곡 하류쪽으로 내려간다. 나도 아예
비디오를 둘러매고 슬라이드용과 인화용 사진기를 목에 차고, 게다가 녹음기까지 들
고 계곡의 돌을 건너 아이들을 쫓아 계곡의 바위들을 따라 내려간다. 아이들의 모습이
하나하나 왜이리 소중하게 느껴지는지 모르겠다. **일단 놓치지 않고 기록하고** 싶은
욕심에 최선을 다하고 싶다.)

제비꽃 —— 얘들아 물소리가 들린다. 너무 예쁘다. 개울물 소리. (녹음기를 물에
갖다대 녹음해 본다.)

남자아이들 —— 여기 있다. 여기 있어! 찾았다! (두꺼비를 찾았나보다.)

혜림 —— 찾았대! 속으로 퐁당 들어갔어. **무슨 말하고 있어!**

민석 —— **무등 타려고 하고 있어!**

준성 —— 어 진짜네. 올라가고 있다!

승연 —— 바보 두꺼비야 가만 있어! 야 임마! 뭐하고 있냐?

민석 —— 엉금엉금!

승연 —— 엉금엉금! 우리가 따라가겠다! '개굴개굴' 우는 건데 아닌가? 히히히.

민석 —— 뭐? **두꺼비니까 '두껍두껍' 울지!** 따라가자, 도망간다. (잠시 후 다시 찾은 두꺼비를 가로막으며) 못 가, 못 가.

준성 —— 두꺼비 숨소리 들어보자. (녹음기를 가까이 댄다.)

승연 —— (갑자기 「고기를 잡으러 어디로 갈까요?」 라는 노래를 가사를 바꾸어 부르기 시작한다.) 두꺼비 잡으러 / 어디로 갈까요? / 두꺼비 찾으러/ 어디로 갈까요?

/ 안녕! / 너희 집 찾 - 아 / 가 - 지 -
요오 / 두꺼비 만나고 / 다시 돌아가요!

민석 —— 두꺼비처 - 럼 / 엉금엉금
기어 / 두꺼비가 나가신다 - 야! (어느
덧 민석, 준성, 승연은 같이 합창한다. 각
기 산에 갈 땐 꼭 가지고 가는, 긴 막대기
를 '모세의 지팡이'처럼 짚으며 바위 위
에 오르더니 두꺼비처럼 바위 위를 엉금

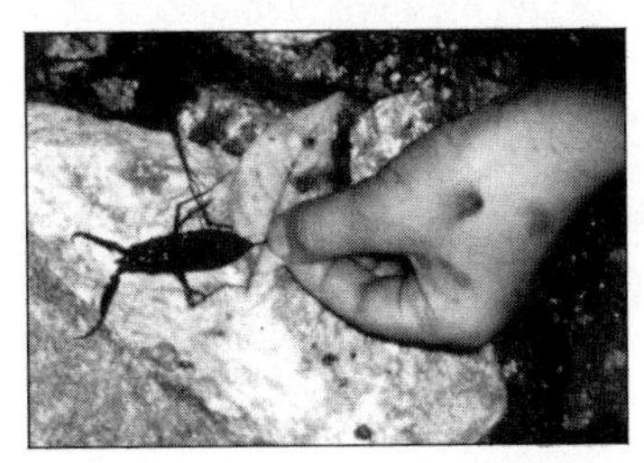

엉금 기면서 **제멋대로 가사를 붙여 노래
를 한다.** 다시 그림 그리던 자리로 계곡을 거슬러 올라와 보니 혜리는 언제부터인지
검은 보라빛 꽃을 계속 그리고 있다. 혜림이도, 현정이도 **아까 그리던 것을 마저 그리
고 있다.** 민석이가 까만 벌레를 손에 쥐고 있다.)

승연 —— 하늘소다, 하늘소!

민석 —— 하늘소가 무슨 물에 있나? 하늘소는 나무에 있지.(역시 만물박사답다.)

제비꽃 —— 그럼, 그건 이름이 뭐야?

민석 —— 까먹었어. **어린이집 책에 있는데…**

준성 —— 나 동물 도감책 있는데…

승연 —— 만져 볼래. 간지러워? (손등을 벌레의 발 밑에 대어 본다.) 간지러워라!

준성 ——밤 좀 그려봐. 빌려줘 봐, **밤 좀 그리게.** (혜림 손에 있는 밤송이를 달라고 한다. 와! 놀라운 일이다. 준성이가 이제는 스스로 그리고픈 욕구가 이는가 보다.)

혜림 —— 으응…, 난 밤 안 그려. (혜림이는 **들꽃이란 주제에서 이탈하고 싶지 않은가 보다.** 처음에는 개울이란 너무 볼거리 많고 재미있는 장소에 와서 아이들의 집중도가 흩어지면 어쩌나 걱정했는데, 혜림이가 놀다와서 다시 무지개 밑에 들꽃을 그리는 것을 보니 나의 걱정은 기우에 불과했다. 현정이와 선민이, 혜리도 마찬가지로 그리던 그림을 마저 멋지게 완성하였다. 현정이는 **시꺼먼 하늘을 망쳤다고 생각**하는 것 같았다. 그래서 다음과 같이 말해 주었다.)

제비꽃 ——(현정이의 시꺼먼 하늘을 가르키며) **비가 오려고 그러나봐. 먹구름이 끼었어.** 현정아! 비가 오면 우산 쓰고 집으로 들어갈까?

현정 —— 아니.

제비꽃 —— 비 맞을래? 비 맞으면 어떨까?

현정 —— 시원해.

제비꽃 —— (붓에 물을 듬뿍 찍은 후 붓끝에 물감을 묻힌다. **어느 정도 물감이 빨아 올려진 후** 붓을 화선지에 오래 누른다. 물감이 화선지에 번져 나간다.) **꽃이 모락모락 피어나는 것** 같지? 애들아 어떤 색깔을 만들고 싶은데. 모르면 다 물어 봐. 장미꽃이 다 가르쳐 줄 거야. (여태까진 자신들이 이 색 저 색 섞어보곤 뜻대로 색이 만들어지지 않기도 했다. 또 의외로 고운 색이 나와 탄성을 지르기도 했다. 색 만들기와 붓 다루기에서 각자 충분한 경험을 쌓았다고 생각된 후 본격적인 꼭 필요한 기법을 가르쳤다. 스스로 **충분히 실험할 기회**를 줌으로써 주입식 교육이 아닌 **창의적 인 기법을 스스로 터득**하게 되고, 그때 모자란 점을 **보완**해 줌으로써 학습 효과는 극대화된다.) **한 붓으로 여러 가지 물감이 요술처럼 차례로 계속 나오는 법**을 가르쳐 줄께. 자, 어떻게 하면 될까? ① 먼저 맑은 물을 이렇게 찍은 후(붓이 더러우면 물에 잘 흔들어 뺀다.) ② 깊은 접시에 이렇게 세 번 물을 적당히 훑어낸 다음,

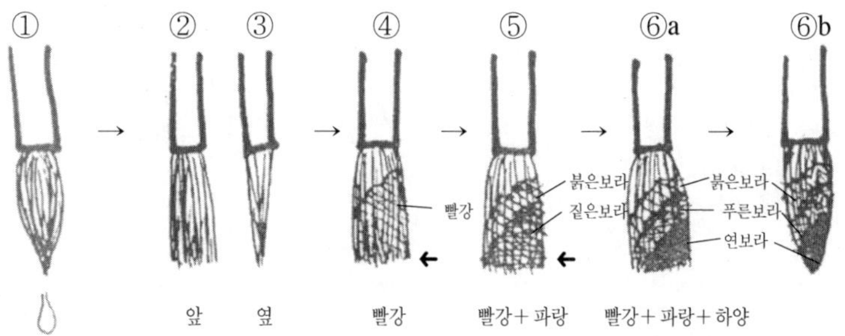

붓을 세워 붓결의 한편인 화살표 부분에만 물감을 묻히면서 접시에 대고 살살 붓끝을 비비며 물감이 위로 서서히 빨려 올라간다. ⑥a 층층이 색이 만들어지면 그대로 쓰거나 ⑥b 가는 선을 원할 땐 접시에 부분을 살살 두드리듯 누르면 붓같이 모아진다.

③ 위 아래로 번갈아 세 번 정도 훑으면 붓이 납작해진다. (훑은 횟수에 따라 물의 양이 조정된다.) 자, 무슨 색을 만들까?

혜림 —— 보라색.

제비꽃 —— ④ 어느 색부터 할까? 보라색이면 빨간색부터 올리자 이렇게 **붓끝에만 물감을 문지르듯이** 계속 묻히면 빨간색이 자꾸자꾸 올라가지? 올라간다. 점점 물감이 위로 올라간다. 올라간다. 점점 붓 위로 올라간다. (마치 요술 주문을 외우듯이) 올라가라, 올라가라. 이제 위에까지 올라갔지? 보라색 만든다고 했지? 그러면 파란색을 올려 보자. 붓끝에 파란색이 다음으로 올라갔네. ⑤ 이제 붓끝이 진보라색이 됐지? 그런데 연보라색으로 하고 싶단 말이야. 그러면 어떻게 하면 될까? 그러면 흰색을 올리면 연보라가 되겠지? ⑥ 이것 봐. 맨 위에 붉은색, 파란색, 흰색. (그 붓으로 종이 위에 툭툭 찍듯이 그린다.) 혜림아! 이렇게 꽃이 많아졌어. 그래도 붓에 **아직 물을 안 찍는다. 물감이 다 없어질 때까지.** (한번 찍어서 수많은 꽃을 단번에 다 그린다. 물이 말라서 안 나올 때까지 그릴 수 있다.) 갈수록 꽃이 엷어지니 멀어져 가는 꽃 같지 않니? ⑦ 너희는 자꾸 물에다 붓을 담그지? 난 안 담그는데 이제 이파리를 그려 볼까? (이제서야 붓을 물에 빤다. 물감의 색깔을 바꾸어야 하니까.) ⑧ 이것도 섞어보자. 자, 이것도.(초록색, 남색, 먹색 순서로

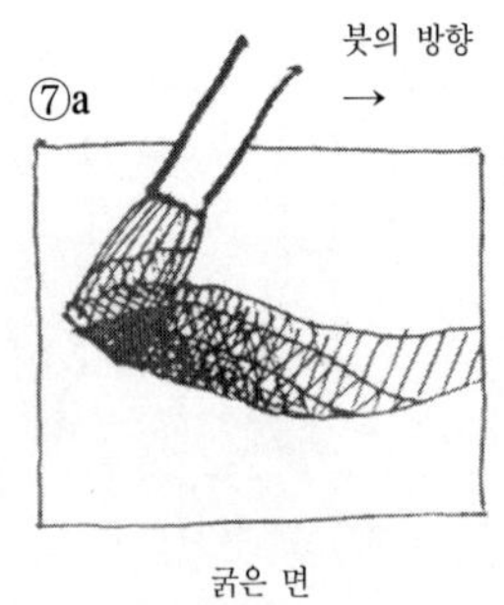

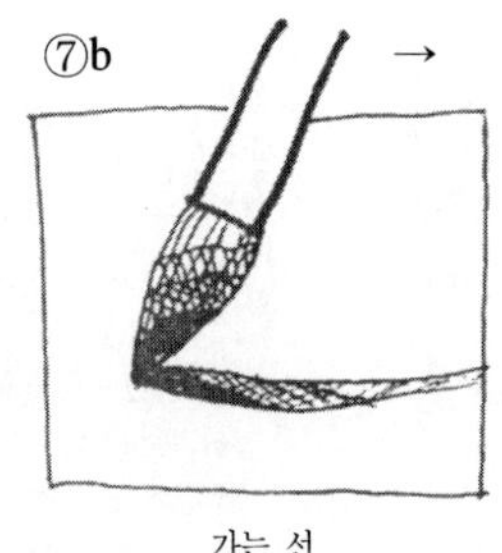

아까와 같은 방법으로 물감을 올린다.) 자, 혜림이가 한번 해봐.

혜림 —— 몰라.

제비꽃 ——**난 관찰 안 해서 모르는데 혜림이가 더 잘 알 텐데**. 달개비꽃이 어떻게 생겼는지. 이파리가 어떻게 생겼지?

혜림 —— 동그래.

제비꽃 ——동그래, 진짜? 이렇게! 이렇게 생겼니? 여기도! 여기도? (붓을 세워서 이리저리 돌리듯 툭툭 찍듯이 그린다.) ⑨ (대를 그려 꽃과 이파리를 연결시킨다.) 자, 이파리는 대가 있겠지? 그러면 여기는 동네네. **달개비 동네**. 여기 굉장히 많은 달개비들이 살고 있어.

혜림 ——아이스크림! 이렇게, 이것 봐, 이런 색이 됐어. 노란색, 주황색, 차례대로 나온다. 이것 봐! 아이스크림, 차례대로 나와! (신기한 기술을 자랑하고 싶은가 보다.)

아이스크림 —— 그거 달개비야?

혜림 —— 달개비 마을이 됐어.

제비꽃 —— 아직도 **물로 빨지 말아. 아주 말라서 안 나올 때까지**. 현정이도 잘 하네. (아이들은 옆에서 아주 잘 그리고 있다. 혜리는 금방 가르쳐준 기법을 잘 활용해서 자기만의 큼직하고 독특한 꽃을 대담하게 그리고 있다. 보랏빛 도는 살구빛의 그 탐스러운 꽃의 농담은 5세 어린이 것이라기엔 놀라운 것이다. 더구나 일필휘지로 단번에 그린 것이기에… **긴 붓에 미리 색 변화를 주는 기법**으로 그렸기에 가능하다.)

위에 묘사된 다섯째, 여섯째 날은 놀이와 학습을 동시에 만끽할 수 있었던 인상 깊은 시간들이었다. 아이들의 기량이 마음껏 발휘될 수 있었던 것은 들꽃에 대한 지식과 애정의 축적 위에, 아이들이 독자적으로 수묵화 기법 등을 체득하도록 기다린 후, 전통적인 기법을 적기에 가르쳤기 때문이다. 즉 어린이 스스로 충분히 기법 등을 실험하게 한 후 교사는 꼭 '필요한 시점'(심화 단계)에서 꼭 '필요한 기법'을 가르침으로써 그 다양성과 효과를 어린이가 직접 체험하게 하고, 나아가 그들 스스로 '새로운 기법과 색·형태를 개발·창출'(창조 단계)해 낼 수 있도록 도와주어야 하는 것이다. 우리나라의 유아 미술 교육 현장에서 아직까지도 가장 큰 문제점은 교사들이 이 단계까지 기다려 주지 않고 기법·형태 등을 일방적으로 주입시키는 일이 종종 있다는 것이다. 그 예로 지난 「공동육아」 1999년 1월호 12쪽에서 정승각 선생님이 지적하신 한 국영 방송국 TV에서 방영된 어린이 미술 교육 프로그램을 보고 나 역시 안타까운 마음뿐이다. 그러한 주입식 미술 교육은 순식간에 송두리째 아이들의 창의력을 말살시키는 것이라 해도 과언이 아니라고 생각되기 때문이다. 그리고 그로 인해 틀에 박히고 고정화된 시각과 관념은 일단 들어가면 고쳐지기가 매우 어렵고 너무 오랜 시간이 걸린다는 점에서 매우 우려된다. 우리가 현재 개선하려고 안간힘 쓰는 입시 미술 교육의 '획일화 현상'을 유아 교육에까지 끌어내려서는 안 된다고 생각한다.

오후 2-5시
장소 — 어린이집
재료 — 현대 화가들의 팜플렛과 스크랩, 동양화, 물감, 붓, 먹, 벼루, 담요
주제 — 현대 작가의 풀 그림 보고 느낌 얘기하기, 릴레이식 '개울 가는 길에 핀 우리 들꽃'(30호) 공동 작업.

큰 그림을 그리기
전에 한번 연습해
보았다. 어린이집에서
개울까지 가는 길을
한 사람씩 이어서
그렸다.(30호 그림)
어찌 보면 서울특별시
지도 같기도? 가운데
한강이 흐르는…

아이들은 '현대 작가들의 풀 그림들'을 보고 신기해 했고 특히 '나비나 곤충들이 곁들여진 꽃 그림'에 관심을 가졌다. 나중의 그림(100호 공동 작업 그림)에서 보면 선민이 그림에 벌과 나비 등이 많이 등장하는데 이때 본 그림도 영향을 주었으리라 본다. 공동 작업의 방법으로 우선 어린이집에서 개울까지 가는 길을 '릴레이식으로 선으로 이어 그리기'로 했다. 빙 둘러앉아 그리니 자연히 위아래도 좌우도 없는 구도의 그림이 되었다. 길은 대각선으로 비스듬히 가운데를 가로질렀다. 나는 원형 구도와 대각선 구도가 복합된 이것을 '태극 구도'라 특징지었다.

일곱째 날, 9월 15일
장소 — 호암 미술관(서울)
주제 — 「조선 후기 국보전」 관람

아이스크림은 나들이로 용인의 호암 미술관을 계획했었는데, 때마침 서울에서 「조선 후기의 국보전」이란 그림과 도자기, 가구 등의 전시회가 열리고

있어서 나는 아이들에게 '선조의 풀, 꽃 그림'을 보여줄 좋은 기회다 싶어 서울의 호암 미술관으로 나들이를 가도록 권했다. 아이들은 여섯째 날 오후에 본 현대 작가들의 풀꽃 그림들과 이 날의 조선 후기 선조들의 풀꽃 그림들을 동시에 조망해 봄으로써 새로운 창조 욕구를 느끼게 되는 경험을 갖게 되었을 것이다. 아이들은 먼 거리라 많이 힘들었을 텐데도 진지하게 관람했다고 한다.

"저것도 먹물로 그린 거야? 그런데 저렇게 잘 그렸어?"

"이파리가 저기는 진하고 여기는 흐리고 하네" 하며 나름의 느낌을 이야기하고 긴 시간 동안 관람했다고 한다.

아이들은 점점 많은 들꽃을 알게 되었고, 그 동안 그린 들꽃 그림도 점점 쌓여갔다.

완성

완성 단계는 아틀리에리스타의 전문성을 특히 필요로 하는 단계다. 그 동

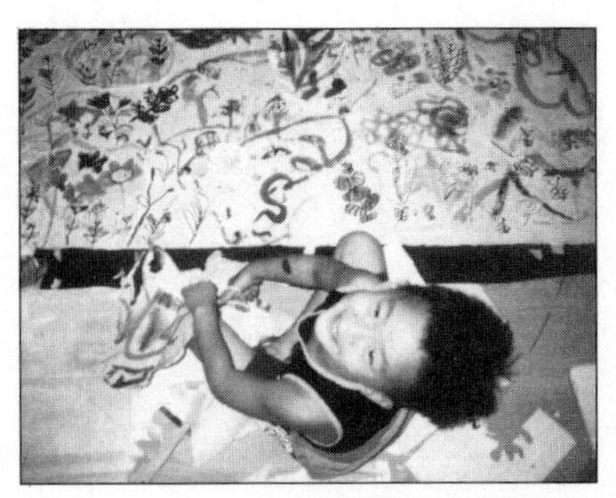

민석, "내 땅을 빨리 가꾸어야지. 가위질이 신이 나요."

안의 학습이 한눈에 보이는 것이기에 아틀리에리스타의 치밀하고도 헌신적인 관찰과 보살핌, 경험과 역량 등을 필요로 한다.

5,6,7세 어린이들의, 한달 반에 걸쳐 일주일에 두 번씩 불과 6회 행해졌던 그림 학습의 효과라고는 믿기 어려울, 300호를 메우고도 많이 남을 정도의 방대한 양의 꽃 그림과 일취월장(日就月將)한 솜씨에 놀라웠다. 이것을 아주 질기고도 큰 '장지'라는 한지에 오려붙이기도 하고 새로 그려넣기도 하여 아주 큰 걸개 그림을 힘을 합해 만들기로 했다. 그래서 깨비반 벽에 꽉 차게 걸기로 했다. 이제껏 이곳 어린이들이 그린 것 중 가장 큰 그림이 될 것이다. 우리 전통 재료를 활용하여 큰 걸개 그림을 공동으로 제작하여 빈 벽을 아름답게 꾸미는 것은 바로 '민화의 정신을 계승'하는 것이기도 하다.

> 여덟째 날, 9월 18일까지
> 오전 10-12시
> 장소 — 개울 가는 길 중간쯤 공터의 나무 그늘
> 재료 — 장지(100호), 먹, 붓, 동양화 물감, 담요, 물통, 접시, 돋보기(大, 小)
> 주제 — 창의적·협동적인 '릴레이식 이어 그리기'

이번 나들이에는 새로운 느낌을 주기 위해 대형 돋보기와 소형 돋보기를 준비해 갔다. 역시 아이들은 돋보기라는 새로운 매체에 대단한 관심을 가졌다. 돋보기 안에 다시 더 확대되는 돋보기가 있는 이중 돋보기를 서로 놓지 않으려

하며 계속 풀들을 들여다보았다.

　그늘진 공터에서 '공동 작업으로
큰 그림 그리기'를 시작했다. 지난 주
에는 30호였지만 오늘은 훨씬 큰 100
호짜리 장지였다. 아이들은 우선 그
커다람에 환성을 지르며 좋아했다.

　'구도 잡기'는 지난번과 같이 '릴레
이식으로 이어 그리기'로 자연스레
빙 둘러앉아, 어린이집에서 개울까지
의 길을 표시했다. 그리고 각자가 그
린 선을 중심으로 '풀꽃 그림을 심을
땅의 경계를 표시'하도록 했다.

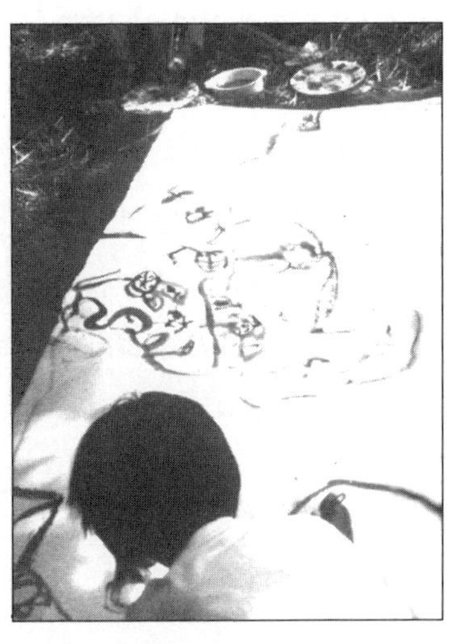

나이 어린 순서대로 혜리부터 어린이집에서
출발하는 길을 그리기 시작해 제일 큰
혜림이가 개울가에 도착하는 길을 그렸다.
릴레이 달리기처럼 '이어 그리기'로.

오후 2-6시
장소 — 어린이집
재료 — 장지(100호), 그 동안 그린 그림들, 가위, 풀, 색한지
주제 — 그 동안 그린 그림을 오려 100호 장지에 오려붙이기

그 동안 놀랍도록 많은 양의 들꽃들을 그렸다. 따라서 오려 놓은 꽃들이
너무 많아 겹쳐졌다. '큰 꽃 위에 작은 꽃을 얹으니 덜 가려졌다.' 마치 꽃밭
에 '꽃을 심는 느낌'이었다. 아이들이 빙 둘러앉아 붙이고 하다 보니 역시
자연스레 하늘이 가운데로 오고 땅이 가장자리로 자리 잡게 되었다. 마치
우리 한옥의 전통적인 구도인 중정(中庭) 형식과 같은 독특한 구도가 되었다.
나는 이 구도를 다음과 같이 정의 내렸다. 네모난 종이에 그렸지만 '위아래
도 좌우도 없는, 가운데를 향해 열려 있고 가장자리를 향해 뻗어나가는' 즉,

도넛처럼 가운데가 뚫린 이중원(二重圓)의 '중정식 원형 구도'(中庭式 圓形構圖) — 이것은 '릴레이식으로 이어 그리기'란 새로운 놀이로 이끌어낸 자율적인 구도란 점에 더욱 의의를 두고 싶다. 또 아이들이 아주 긴 시간 동안을 오리기 작업에 열중하는 모습은 인상적이었는데, 들꽃에 몰입한 때문에 이 모든 과정에 심취된 때문이라 생각한다. 아이들은 이 과정을 통해 공예적 즐거운 노동과, 구성과 배치, 분업과 협동을 체험했다.

역시 아이들의 시각은 항상 새롭고 꾸밈이 없다. 잘못된 교육만 받지 않는다면 고정 관념이 없기에 '무궁무진한 잠재력과 가능성'을 가지고 있다. 그것을 '다치지 않고 잘 이끌어주는 것은 우리 어른들의 몫'이다.

아이들의 소중한 그림들을 다 붙이려는 욕심에, 오린 꽃들을 너무 빽빽이 붙이다 보니 그림이 산만해졌다. 그래서 길이라 그어진 선 안쪽을 하늘로 처리하여 즉, 그림의 중앙 부분을 동양화의 '우리기 기법'으로 짙푸르게 칠해 놓고 보니 이제야 구도가 잡히고 꽃들의 윤곽이 시원하게 살아났다. 여기서 주의할 점은 이렇듯 복잡한 배경 처리 등 아이들에겐 아직 어려운 작업으로 판단되면 아틀리에리스타가 꼭 필요하다고 생각할 때만 '최소한의 도움'을 주어야 한다는 것이다.

꽃과 풀을 다 심은 다음엔 빨주노초파남보 중 각자 좋아하는 색한지를 선택해 뜯어 붙여 각자 심은 땅임을 구분했다. 그리고 그 땅위에 각자의 이름도 새겼다. 하늘하늘 반투명의 색한지는 수묵 담채의 스며드는 느낌과 아주 잘 어울렸다. 바탕으로 택한 색들이 모두 자신들 이미지와 엇비슷하게 맞는 것 같아 신기했다.

아이들은 "내 땅이야." "이 색깔은 내 땅!" 하며 각자 가꾼 땅에 대한 애착을 보였다. 그러므로 각자 공들여 가꾼 땅에 대한 보상의 의미로 이름을 새겨넣게 했더니 아주 만족해 했다. 천지창조 후 '보시기에 좋더라' 하신

조물주의 기분을 맛보기라도 한 듯, 자신들이 만든 작품 속 땅들을 흐뭇하게 바라보았다.

그러나 중요한 것을 잊어선 안 된다. 그 땅은 우리의 땀과 노력으로 심고 가꾼 땅이지만 우리의 땅은 아니란 것 또한 주지시켜야 한다. 앞으로 우리가 돌보고 지켜 줘야 할 우리 모두의 땅을 상징함을 강조했다. 땅에 대한 인간의 책임감, 사명감, 공유의 개념, 나아가 '자연에 대한 사랑' 등을 '슬라이드 혹은 비디오 관람'이나 '역할 놀이' 등의 재미있는 '연계 학습'으로 확대해 나갈 수 있을 것이다.

아홉째 날, 9월 23일
오후 잠시
장소 — 어린이집
재료 — 슬라이드 필름
주제 — 슬라이드 보기 - 재방문

"하늘을 칠했더니 이제 구분이 되어 보이죠?
가운데를 동양화의 '우리기 기법'으로 짙푸르게
칠하니 꽃들의 윤곽이 살아났다."

열째 날, 9월 24일
오후 2-5시
장소 — 어린이집
재료 — 장지(100호+100호), 그 동안 그린 그림들, 풀, 가위, 색한지
주제 — 시각 미술 지원가의 창의력과 열린 시각, 구도의 융통성 있는 변형

아이들에게 하늘을 푸르게 칠해온 그림을 보여 주었더니 동시에 '개울물이다!', '하늘이야!' 한다. 참 재미있었다. 나는 그림 가운데를 올려다본 하늘이라고 색칠했는데 보는 아이들은 의외로 개울물로도 보는 것이었다.

그림이란 보는 사람에 따라 달리 보일 수도 있다. 그래서 일부러 보는 이들 각자의 상상력을 유도하기도 한다. 가운데의 푸르게 칠한 부분은 상반

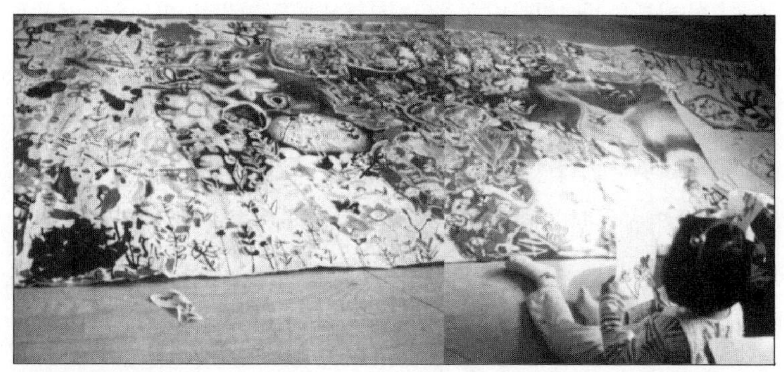

"하늘이 개울물로도 보이지 않나요? 선민이는 열심히 현정이 것을 오려 줍니다. 오리기가 재미있나봐요."

된 두 의견을 합쳐서 '개울물에 비친 가을 하늘'이라 명명했다. 이렇게 재해석을 함으로써 '하늘이면서도 개울물인 복합적 의미의 배경이 창출'되었고, 두 의견을 다 만족시킬 수 있었다.

승연이는 하늘에 비친 그 개울물에 눈 코 입이 있는 올챙이 몇 마리를 붙였다. 못다 붙인 혜리의 꽃을 다 붙이기 위해 50호 정도를 왼쪽으로 더 이어 붙여 땅을 늘려 주었다. 오른쪽 끝도 50호쯤 덧붙여서 그날 감기로 조퇴했던 준성이와 현정이의 꽃을 붙일 자리를 마련해 주었다.

마지막 붙이는 단계에선 풀이 마르기 전에 교사가 한번 점검해 줄 필요가 있다. 겹쳐서 가려진 꽃이 있어선 안 되기 때문이다. 전체의 구도를 보니 왼쪽 아래 끝의 땅을 푸른색으로 칠해 주면 그것이 하류가 되어 자연히 오른쪽 옆 상류에서 왼쪽의 어린이집이 있는 하류로 흐르는 개울물의 모양새가 잡힐 것이라 생각되었다.

그리고 보니 왼쪽 하단의 푸른빛은 '바다'를 연상시키고, 가운데를 중심으로 짙푸른 빛의 왼쪽은 '달이 뜬 밤하늘' 같기도 하고, 푸르른 가운데는 '개울물' 같기도 하다. 오른쪽은 '구름이 떠다니는 화창한 봄 하늘' 같기도

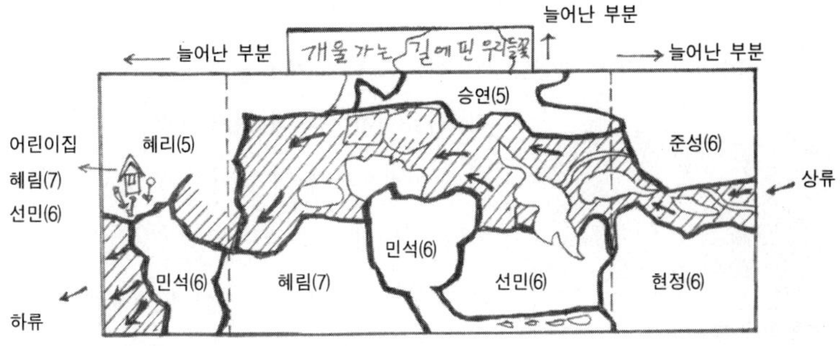

"어찌 보면 오대양 육대주의 세계 지도를 넓게 펼친 것과 흡사하지 않습니까? 이것은 또 오른쪽 계곡 상류에서 두껍아두껍아뭐하니 어린이집 쪽의 하류로 흘러가는 개울물 같아 보이지 않습니까?"

하고 또 어찌 보면 '구름이 비친 개울물' 같기도 하다.

이때 시각 미술 지원가는 미리 어떤 계획을 구상해 두었어도 아이들의 관심 이동 등, 항시 상황이 변할 수 있으므로 융통성 있는 대처를 할 필요가 있다. 즉 아이들의 결과물이 효과적으로 표현되도록, 최대한 아이들의 자율성을 존중하고 유지하면서도, 때로는 더 나은 방향으로 유도할 필요도 있다.

비협조적인 어린이에 대한 대처

여기서 잠시, 항시 있을 수 있는 비협조적인 어린이는 어떻게 해야 하나 생각해 보자. 그런 어린이는 유형별로 여러 가지가 있겠으나 여기선 준성이의 경우를 예로 들어보자. 준성이는 첫날부터 그리기에는 별 흥미를 보이지 않았고 꽃 이름 찾기에만 열심이었다.

넷째 날에는 준성 어머니께서 날적이를 통해 "준성이가 그림 그리기 싫다 하니 프로젝트 그만했으면 좋겠다"는 건의를 해왔다. 그러나 난 자신이 있었다. 준성이를 끌어당길 수 있다는…

준성이가 정말 싫어하는 것이 아닐 것이라고, 어쩌면 누구보다도 잘하고 싶은데 잘할 자신이 없어 그럴 것이라고 확신했다. 그래서 준성이에게 자신감을 넣어주기 위해서 관찰을 계속하고 있던 중 좋은 기회를 포착할 수 있었

"그러고 보니 준성이도 힘찬 필체로 아주 많이 그렸습니다."

다. 자유놀이 시간에 깨비반 방문이 잘 안 열려 팽이반 동생들이 나가지 못하고 있을 때였다. 이때다 싶어 "준성아, 동생들 문 좀 열어 줄래? 어휴 준성이 힘세게 생겼다." 그러자 준성이는 말없이 일어나 문을 열려고 손잡이를 돌렸다. 그러나 얼굴이 시뻘개지도록 준성이가 힘을 주어도 문은 여전히 열리지 않았다. 내 마음은 조마조마했다. 여러 번 시도 끝에 순간 문이 열리고 준성이 얼굴도 활짝 피었다. "아유 힘센 준성이, 어쩜 그리 힘이 셀까!" 놀랍다는 듯이 크게 감탄해 주었다. 내 예상은 적중했다. 놀랍게도 준성이는 그 후부터는 누구보다 적극적인 태도로 끝까지 열심히 그림을 그리는 게 아닌가? 재미있는 것은 필체 또한 아주 굵고 힘이 넘치는 대담함을 보인다는 것이다. 그 후 나는 준성이를 부를 때 항상 "우리 힘센 준성이!"라고 불러주었다. 사실은 준성이의 외모는 가녀린 편이었지만 말이다. 준성이는 그 말에 답하듯이 항상 먼저 달려가 깨비반 문을 열어 주곤 했다.

　여기서 내가 강조하고 싶은 것은 아이들 중엔 항상 비협조적이거나 방해꾼인 어린이가 있을 수 있는데 이럴 때는 특별히 그 아이에게 '관심'을 기울이고 '약간 과장된 애정 표현'도 해줄 필요가 있다는 것이다. 특히 그 아이를 관찰해 보면 그 아이가 '잘할 수 있는 것,' 혹은 그 '가능성'이 엿보이는 것이 있는데 그것을 '강조해 주어야 한다. 즉 '감탄과 칭찬'이다. '비협조적인 아이들은 실은 가장 하고 싶어하는 아이'일 수도 있다. 개성이 강하거나

내성적인 아이, 그리고 승부욕이 강한 아이일 경우가 많다. 그러므로 교사가 그런 아이들을 포기할 것이 아니라 인내심으로 기다려 주고 나아가 적극 유도해야 한다고 생각한다.

　'감탄과 칭찬' 그것은 어린이뿐만 아니라 어른에게도 아주 큰 약효를 발휘할 것이다.

그림을 끝낸 아이들은 각자 꾸민 땅에 서명을 한 후, '제목 쓰기 작업'을 진행하였는데 그림의 제목인 '개울 가는 길에 핀 우리 들꽃'을 크게 써서 그림 가운데 위에 오도록 붙이기로 했다. '각자 한 글자씩 쓰고 자기가 원하는 색의 크레파스로 칠'하도록 권했다. '오리고 남은 쓸모 없어 보이는 그림까지 알뜰하게 오려서 바탕에 붙였'더니 그것 역시 훌륭한 간판 같아 보였다. 나는 어린이 손이 거쳐 간 사소한 흔적이라도 소중히 여기는 버릇이 있다. 그래서 낙서까지도 모아둔다. 때론 하찮은 낙서에서 진짜 '귀중한 보물 같은 동심'을 캐낼 수 있기 때문이다. 그러므로 어린이가 한 것은 무엇이든 함부로 버리지 말고 과연 '활용할 데가 없을까 연구해 보는 자세'가 필요하다. 아이들 들꽃 그림이 너무 많아 이미 붙여 놓은 것도 구도상 필요하면 과감히 뜯어내어 다시 재배치하여 붙이는 등 치밀하게 재구성해야 할 부분도 생겼다. 이때 시각 미술 지원가는 '최소한의 도움'을 주어 아이들의 의도가 더욱 빛나게 유도하는 '융통성 있는 대처'가 필요하다고 생각한다.

먼저 끝낸 아이들을 위해 작업중인 한켠에서 장미꽃에게『자연 음악』이란 책을 읽어 주도록 부탁했다. 그 책은 일본의 가제오 메그르라는 15세 소녀의 전곡(轉曲, 자연의 소리를 그대로 옮겨 적었다 하여 전곡이라 표현함)에 대한 이야기다. 자연 음악이란 나무나 꽃, 풀 등 식물과 바람, 물, 대지, 빛, 별 등 '대자연이 부르고 있는 노래를 듣고 악보를 만들어 부르기 시작한 새로운 음악 장르'다. '우주에 충만해 있는 생명 에너지를 음악으로 표현한 자연 음악'은 들으면서 치유되고 부르면 더욱 잘 치유되는 '자연이 내는 생명 에너지 그 자체의 음'이라고 한다. 그래서 심신의 병 치유에도 효과가 크다고 한다. 그 중에서「자연과 이야기하기」「요정과 이야기하기」「파동이 생겨난 이야기」 등을 발췌하여 장미꽃이 구연 낭독해 주었다. 아이들은 장미꽃의 기발하면서도 익살스러운 표현에 "까르르 까르르" 데굴데굴 구르며 웃는 바람에 시간 가는 줄 모르고 듣기를 즐겼다. 장미꽃은 어린이를 흡입하는 특별한 재능이 있는 것 같다. 아마 그녀에겐 아직도 아이들과 같이 공유할 수 있는 동심이 많이 남아 있는가 보다. 장미꽃의 익살스럽고 우스꽝스런 '아이들의 목소리, 표정과 몸짓 흉내내기' 때문에 아이들은 그 긴 책을 다 읽도록 깔깔거리며 재미있게 들을 수 있던 것이다. 하도 웃는 소리가 재미나게 들리니 팽이반 동생들이 기웃거리며 들어오려고 했다. 그러나 깨비반 아이들은 "아직 안 끝났어. 들어오면 안 돼!" 하고 형이나 누나로서 준엄히 꾸짖는 걸 보면, 떼굴떼굴 구르며 떠들썩해도 이것은 '엄연히 진중한 수업 시간'이라는 뜻 같았다. 이렇게 '몰입할 수 있도록 재미있는 수업 방법'을 우리 어른들은 더욱 연구해 내야 하겠다.

다음은 장미꽃이 구연 낭독한「자연 음악이 태어나기까지」의 내용 중에서 발췌한 것이다.

다섯째 날(309-317쪽 참조)의 일곱 어린이들의 대화 내용과 비교해 보면서 읽어 보자.

장미꽃은 너무 재미있게 이야기를 읽어 준다. "이번엔 누구 목소리로 읽어 줄까?('요정과 이야기하기' 구연 낭독 장면)

장미꽃 ——— (익살스런 목소리로) "어떻게 들을 수가 있었냐구요?" 그러니까 혜림이가 이렇게 물었지. (혜림이 목소리와 몸짓을 흉내 내며) **"나무나 꽃이 어떻게 노래를 부른단 말씀인가요?** 재미있는 이야기지만 직접 듣지 않고 알 수 없거든요."… (중략)… 그러니까 민석이가 (민석이의 목소리를 흉내 내며, 민석이 특유의 어깨를 들썩이는 모습으로) 뭐랄까… 칫칫!(민석이 장난칠 때 웃는 모습) **식물의 호흡 같은 거**였어. 칫! 식물이 나한테 뭐라고 **말하고** 있다! 식물이 **숨을 쉬고** 있다. 칫! 식물이 **싫어하고** 있다. 칫칫! 그런 것을 강하게 느꼈다구!" (아이들은 씩씩한 민석이의 크고 익살스런 목소리를 과장되게 흉내 내는 장미꽃의 표정과 목소리에 까르르 깔깔 웃느라 정신이 없다.)…(중략)… 아 그랬더니 (장미꽃은 이번에는 할아버지 목소리와 할머니 목소리로 번갈아 대화하듯이 바꾸어 가며 익살을 떤다.) **"소리로유?"** "네, 소리로용." "그러니까 말로?" **"아니요용 말이 아니랑 바람**이 조용히 흔들리는 소리, 산들산들 부는 소리잉—. 그래서 처음에는 식물이 호흡하는 소리인가 하고 생각했어용." "아, 소리로 **식물의 기분**을 알 수 있었나유?" "네엥—. **식물이 분명히 살아 있고 우리들과 똑같이 생각한다는 사실**을 알았어용." "언제부터?" "언제부터인지는 모르겠지만용, **유치원 다닐 때는 확실히 알았어용.**"

민석 ——— 할망구? 할아방구가 왜그래?

승연 ——— 할아방구?! 우후후… (아이들 웃음소리도 가지가지다. **에헤헤!** <u>트흐흐</u>

흐! 푸하하하! 칫칫! 깔깔! 까르륵! 깍깍!…)

장미꽃 —— (다시 할아버지 목소리와 할머니 목소리로 흉내 낸다.) "대화도 했었나유, 마누라?" "네엥 - , **무의식중**에용. 꽃 목걸이를 만들어 목에 걸거나 나무를 만지면서 친구 어깨를 톡톡 치듯이 무의식중에 이야기를 걸었던 것 같아용. 안 그래요 - 옹 - ? 땡강…" (고개를 갑자기 아래로 까딱 내린다. 할머니라 기력이 떨어진 양.)

승연 —— 땡강? 와하하하!

장미꽃 —— 아! 이젠 노처녀 할래. 할머니 그만! 자, 그래서 다시 노처녀가 말했어요. (단아하고 고운 목소리로) "보는 것을 아주 좋아했어요. **식물의 잎맥**이라든가. **꽃, 잎사귀 모양** 등등… 같은 꽃이라도 색이 각기 다르잖아요. 그것을 **보고 있으면 식물의 소리가 들려와요. '슝'** 하고, 그런 게 너무너무 재미있었어요. 뭐라고 할까. 예쁜 그림책을 보고 있는 기분이에요. **'얼굴을 땅에 딱 대고 풀과 같은 높이에서 본 적'**(다섯째 날의 활동은 이 구절을 아이들에게 적용해 본 것이다)도 자주 있어요. 그렇게 하고 있으면 **내 속에서 뭔가가 지나가는 느낌**이 들어요. 그러면 **그 세계에 저도 들어가고 싶어져요**… 그 작은 세계에서 누군가가 **움직이고 있어요. 작고 투명한 누군가가**… 그것이 재미있어 시간만 나면 보곤 했어요."

정신없이 웃으며 아이들과 장미꽃은 '혼연일체'가 되어 즐겁게 낭독하고 듣고 있었다. 그러한 모습을 바라보는 나 역시 한 폭의 그림을 보는 것 같아 무척 기뻤다. "그래, 바로 저런 거야. 저렇게 '즐거운 학습'이어야 해."

여기서 우리는 앞의 다섯째 날의 아이들의 대화록과 위의 장미꽃이 낭독한 가제오 메그르의 이야기를 비교해 보면, 어떤 유사점을 발견하고 다음과 같은 것을 느낄 수 있을 것이다.

첫째, 가제오 메그르와 우리 깨비반 어린이들은 거의 흡사한 것을 느낄 수 있었다는 것이다. 어쩜 가제오 메그르보다 더 '다양하고 심도 깊은 동화(同化)'가 일어났을지도 모른다. 그것은 우리 깨비반 어린이들은 서로 그 기쁨을 '공유'할 수 있었기 때문일 것이다.

둘째, 우리 어른들에 대한 반성이다. 이렇게 감수성이 예민한 우리 어린이들을 어떻게 대해 왔나 하는 것이다. 그들의 '무한한 가능성'을 우리 어른들이 진정으로 인정하였나 하는 것이다. 그래서 그것을 일깨워 주려고 과연 최선을 다하였나 하는 것이다.

셋째, 어린이들은 누구나 그런 '자연과의 동화'를 느낄 수 있다는 것이다. 물론 때묻지 않고 창의력이 잘 보존되거나 개발된 아이들이 더욱 많이 느낄 수 있기는 하지만 어린이 누구나 가능한 일이라고 믿는다.

넷째, 우리는 무한한 가능성을 가진 이 어린이들을 위해 무엇을 해줄 수 있을 것인가 하는 물음일 것이다. 나는 '그 해답을 자연에서 찾고자' 한다. 그러나 대부분의 어머니들은 아이들이 방안에서 컴퓨터나 영어 아니면 숫자 공부를 하고 있을 땐 흐뭇한 미소를 짓다가도, '나들이' 가서 두세 시간 놀다오면 우리 아이가 학교 공부에서 뒤처지면 어쩌나 은근히 걱정스러운 것 또한 사실일 것이다. 그러나 앞의 아이들 대화 내용을 보아도 그렇고 자연 속에서 동심을 보내온 아이들이 남다른 걸 보면 노자나 장자의 심오한 '무위 자연사상'(無爲自然思想)의 경지까지도 이미 그들은 터득한 듯 알 수 없는 무언가가 자연을 통해 '지혜와 창의력'을 주는 것임에 틀림없다.

다섯째, 우리 어른들은 어린이들이 놀이를 통해서 즐겁게 학습으로 이어지도록 '매개체 역할'을 해야겠다. 그러기 위해선 아이들의 '대화 속에서 새로운 놀이의 아이디어를 찾아내는 것'이 중요하다고 본다. 단순한 나들이로 그칠 것이 아니라 아이들의 '관심사'를 찾아내기도 하고 때론 다양한 질문 등으로 자극하기도 하면서 거기서 놀잇감을 찾아내 '폭넓은 학습'으로 이어지고 심화되도록 유도해야 할 것이다. 그것이 '자율적이고 흥미있는 심화 학습'이라고 생각한다. 또한 그것이 바로 통합 교육이라 생각한다.

> 오후 2-5시
> 장소 ― 어린이집 깨비반
> 재료 ― 오전과 같음
> 주제 ― 바탕에 색한지 붙이기 작업, 걸개 그림 전시회 토의

몇 명은 마무리 작업을 하고, 끝낸 아이들은 한켠에서 '큰걸개 그림 전시회'에 대해 토의했다. 전시 날짜를 정하고 개울물에 비친 하늘 바탕은 내가 마저 마무리한 후 배접해 오기로 결정했다. 팽이반 동생들이 궁금해 해도 깨비반 아이들은 문을 닫고 "초대한 날까진 안 돼" 하고 보여 주지 않으려 했다. 아이들이 '힘들게 한 일'에 대해서는 보여 주는 것 역시 어떤 '형식이나 절차'를 원한다는 것을 알 수 있었다.

발표 · 평가

• 발표 준비
아이스크림이 진행한 '초대장 만들기'를 다음과 같이 요약해 본다.

열둘째 날, 9월 28일
· 어떻게 알릴 것인지 토의 ― 초대장 만들기 결정.
· 어떤 말을 쓸 건지 어떤 그림을 그릴 건지 생각해 오기로 함.

열셋째 날, 9월29일

· 각자 쓰고 싶은 말 회의록 기록 — 언제, 어디서, 무엇 때문에…

· 어른들도 간식을 줄 것인지 — "이렇게 귀중한 것을 보러 오니까" 어른들은 각자 간식을 싸오게 하기로 결정.

· 글씨는 각자 쓰고 복사하기로 함.

열넷째 날, 9월 30일

· 미리 복사한 글을 필요한 만큼 나누어 주고 그림 그리게 함 — 개역귀가 가장 많이 그려졌음.

· 봉투에 넣어서 각자 가져다 드리고 깨비반에게만 주소와 우표를 붙여 민석이가 우편으로 부치기로 했음.

· 작은 포스터 만듦.

열다섯째 날, 10월 1일

· 마루에 붙일 큰 포스터 만듦 — '걸개 그림 제목 쓰기'와 같은 방식으로 각자 글씨를 쓰고 꽃을 그린 후 오려서 배치하여 붙임.

열여섯째 날, 10월 2일

· 각방과 마루에 포스터 붙임 — 의견 충돌도 있었으나 한 명은 의자, 한 명은 그림을 잡아주고, 다른 한 명은 위치를 봐주는 등 서로 역할을 나누어 알아서 잘함.

· 조선일보 기자의 요청으로 들꽃 관찰하는 사진 찍음 — 엉겅퀴가 민들레 씨앗처럼 씨앗이 여문 것 새로이 발견함.(재방문의 효과)

위와 같이 9월 28일부터 10월 2일까지 연속 닷새간 매일 시간을 내어 토론과 초대장, 포스터를 완성했다.

열일곱째 날, 10월 8일

나는 집에서 큰 그림의 하늘 바탕을 마저 마무리한 후 직접 배접해 가지고 와 파랑방에 붙였다. '아이들 대화록'과 그 동안 '활동한 사진'들은 현관문에 붙였다. 못다 붙인 그림들도 배접해 와 팽이방에 붙였다. 아이들은 '입장권'을 만들었다. 벽에 꽉 차게 붙여진 그림을

"그 동안 활동한 모습이 사진에 담겨 있어요. 비디오도 찍었어요. 보러 오세요. 우리가 한 말들도 다 적혀 있어요. 기분이 좋아요. 우리가 한 말이 무척 중요한가 보죠?"

보고는 좋아하며 내일 초대 시간 전까진 아무도 보여 주면 안 된다고 '문을 지키는 모습이 진지'했다.

- 발표

열여덟째 날, 10월 9일

오후 4시 30분–6시 30분

장소 — 어린이집

주제 — '개울 가는 길에 핀 우리 들꽃'이란 큰 벽걸개 그림 전시회와 발표

드디어 오늘은 우리의 큰 걸개 그림을 손님들을 초대하여 보여 주는 날이다. 우리끼리만 보기가 아까웠기 때문이다. 알록달록 마루 유리창에 달아놓은 오색 풍선과 포스터가 한결 축제 분위기를 냈다. 그런데 부모님이 한 분 두 분 오셔서 그림부터 보시다 보니 아이들이 계획했던 대로 '극장처럼 입장권을 나누어 주고 줄서서 들어가기'가 되지 않았다. 애써 만든 입장표도 그만 쓸모가 없어져 버렸다.

'자신이 그린 그림 설명하기' 시간이 되었다. 다양한 용도의 긴 막대기(나

는 '모세의 지팡이'라 명명)로 그림
을 가리키며 각자 그림을 설명했
다. 왠지 아는 것만큼 말을 잘할
수가 없나 보다. 속삭이듯 얘기하
는 아이, 말을 못하고 막대기만 들
고 서 있는 아이… 그래도 자신있
게 설명하는 아이…

열아홉째 날, 10월 10일
오후 2-6시
장소 — 어린이집부터 개울가까지

발표 다음날인 토요일이었는데 이
번에는 아빠 엄마가 같이 오셨다. 그 동안 관찰하고 그린 수많은 풀들을
다시 환등기로 보며 이름의 뜻을 듣고 다시 마음에 새겨두었다. 그리고 나서
부모님들이랑 같이 우리의 '개울 가는 길'을 따라 걸으며 꽃 이름을 가르쳐
드렸다. 맛과 향기, 들러붙는 풀, 물들일 수 있는 풀, 빗자루 만드는 풀, 꽃반
지·소꿉놀이·바구니 만드는 풀도 모두 가르쳐 드렸다. 이처럼 '재방문'
을 함으로써 성취한 일에 대한 '포괄적 의미'를 되돌아볼 수 있고 미처 못
보았던 '새로운 것을 또 발견'하게 된다.

드디어 개울에 이르러서는 참지 못하고 모두 풍덩풍덩 물 속에 들어갔다.
물이 너무 좋아 팽이반의 한 동생은 옷을 훌렁훌렁 모두 벗어던졌다. 자연을
만끽하고 향유하며 한참을 놀다가 아쉬움 속에서 해질녘에 어린이집으로
돌아왔다. 돌아오는 길에 풀 속에서 장수벌레를 닮은 이상한 벌레를 발견해

"엄마랑 아빠랑 개울 가는 길에 핀 우리 들꽃을 구경하러 나섰어요. 우리가 꽃 이름이랑 맛, 향기 모두 가르쳐 드렸죠."

관찰했다. 이렇듯 나들이는 '주변 학습'으로 무한대로 '확장 연결할 소재'를 제공한다.

마당에서 아빠들은 맥주를 마시며 환담을 나누셨고, 엄마들은 안에서 우리들 애기를 도란도란 나누셨다. 아빠들은 새로 옮겨 만든 출입구 계단을 만들어 주시기로 약속을 하셨다. 건너편 공원 공사장에서 쓰다버린 나무를 주워와 계단을 만들 계획을 의논했다. 그리고 얼마 후 그 약속은 이루어져 우리는 멋진 나무 계단을 갖게 되었다. '부모의 참여'로 인해 쉽게 문제가 해결되었고, 같은 '공동체라는 공감대'가 형성되었다.

- 평가

스무번째 날, 10월 22일
장소 ― 「백두산」 음식점
주제 ― 들꽃 프로젝트 평가

아이스크림과 깨몽 지도 아래 아이들은 좋았던 것, 싫었던 것, 앞으로 해보고 싶은 것, 다음해 들꽃 프로젝트 또 할 것인가, 기억에 남는 것, 이제 끝나는 데 대한 기분 등에 대해 토의했다고 한다. 그날의 짤막한 요약 기록을 통해 난 다음과 같은 것을 알 수 있었다. 다소 끈기를 요하는 작업도 용케 해낸 아이들은 스스로를 대견해 하고 있었다. 그리고 들꽃에 대한 그들의 욕구가 만끽할 정도로 충족되었음에도 여전히 아쉬움과 애정이 식지 않았다. 봄꽃에 대해 다시 호기심을 일으켰으나, 아빠들께서 만들어 주신 나무 계단 덕분인지 자연스레 '집짓기'로 '관심이 이동'되었다.

한 가지 내가 확신할 수 있는 것은 그들은 이후로도 계속 들꽃에 대해 남다른 관심과 애정을 가지게 될 것이란 점이다. 이는 마치 논문을 쓰는 과정과도 같아서 점점 더 깊고 더 넓게 서서히 들꽃과 사랑에 빠져들게 될 것이다.

이번 여름 아이들은 특별한 경험을 했다. 이 여름이 생각날 때면 다시 그때를 떠올려 기억하라고 이번 들꽃 프로젝트를 담은 비디오 테이프를 「두껍아두껍아뭐하니 어린이집」과 이번 졸업하게 되는 혜림이에게 선사할 것이다.

언젠가 먼 훗날 "개울 가는 길에 핀 우리 들꽃"이란 우리의 이 걸개 그림 앞에서 다시 모두 만나게 될지도 모른다. 그때 그 자리는, 작은 힘을 합해서 큰 걸개 그림을 그려 휑한 벽을 가득 채워 큰 변화를 주었던 그 기억을 되살려, 다시 힘을 합해 이 사회를 위해 의미있는 변화를 줄 것을 크게 결의하는 자리가 될지도 모른다.

본 프로젝트는 몇몇 아쉬운 점도 있었으나 대부분의 과정이 기대 이상으로 성공적인 교육 효과를 거두었다고 감히 말하고 싶다. 이 모든 것은 네 가지가 조화를 이루었기 때문에 가능한 것이었다고 생각한다.

첫째, '자연 친화적 교육 환경,' 둘째, 어린이집 원장과 학부모들의 '나들이 교육을 실현하려는 굳은 의지와 확신,' 통솔력 있고 공동육아의 이념에 맞는 '어린이집 교사의 노력,' 셋째, 사랑과 열정으로 아낌없이 헌신하는 '창의적인 시각 미술 지원가'의 통찰력, 그러나 무엇보다 중요한 것은 공동육아 이념의 질서인 '양보와 자율'이 몸에 밴 '아이들의 순수함과 무한한 가능성'이다. 또한 창의적 교육을 절실히 구현해 내려는 공동육아 연구 위원들의

'공동체 의식'이라고 생각한다.

　이러한 프로젝트 교육의 필요성은 기존 교육의 획일적이고 비창조적인 교육의 대안으로서 또한 열린 교육에의 학습 효과 불신에 대한 대안 교육으로서 '창의력과 학습의 심화를 동시에 추구'할 수 있으며, 여러 교과목의 '통합적 교육'이라는 데 있는 것이다.

의의

내가 추구하고자 하는 창의적 유아 교육 방법론은 다음과 같다. 첫째, 전통의 현대적 해석에 의한 실용주의, 즉 '현대적 민화·민예품 만들기'와 '진경 산수(마음의 눈으로 체험한 풍경) 운동' 등의 뿌리 의식과 정체성의 조기 교육. 둘째, 공동육아연구원의 나들이 등 '자연 친화적·자율적 교육'과 '공동체 의식'. 셋째로 레지오 에밀리아 식의 '유아기 구성적 갈등의 자율적 해결'을 통한 학습 원리와 '상징적 표상'이라는 학습 수단의 인용이다. 이 세 가지가 잘 어우러져 전통에 뿌리를 둔 현대적이면서도 이상적인 '통합적·한국적 유아 전인 교육 프로젝트'의 실현이 유아 교육에 대한 나의 이상이다. 본 프로젝트가 아직은 완전한 것은 아니지만 그 이상에 다가가는 한 걸음이기를 기원한다. ■

* 글쓴이 박소영은 공동육아연구원 전문위원, 강릉대 미술학과 강사이며, 화가로 활동중이다. 아이들은 '제비꽃'이라 부른다. "이 글을 쓰도록 동기를 부여해 준 「두껍아두껍아뭐하니 어린이집」 원장님, 부모님, 교사님들, 공동육아연구원, 그리고 무엇보다 본 프로젝트를 같이해 준 어린이들께 감사드린다 — 1999년 6월 려산재에서."

가입비 — 터전 전세금 이외에 시설 투자 등의 소모성 비용.

공동육아 — 부모, 교사, 지역 사회가 아이를 함께 기르자는 정신을 담음. 현재 맞벌이 중심으로 운영되고 있는 조합형 공동육아, 부모가 교사로서의 역할도 담당하는 품앗이 공동육아가 운영되고 있음.

교사 협의회 — 공동육아 어린이집의 교사들의 모임.

긴 나들이 — 어린이집 어린이 모두가 하루종일 나들이하는 것.

까꿍방 — 만 1세 방 이름.

나들이 — 자연 친화를 구체화시키는 몸과 마음의 활동.

날적이 — 아이의 하루 생활을 교사와 부모가 기록하여 상호 소통하는 수첩.

당실방 — 만 5,6세 방 이름.

도글방 — 만 2세 방 이름.

들살이 — 만 3세 이상 어린이가 1박 이상 집을 떠나서 생활하는 것.

모둠 — 어린이들이 서로의 의견을 활발하게 토의하는 것.

방모임 — 부모들이 아이의 교육 문제에 대해 논의하는 모임.

별명 — 공동육아에서는 어른들, 특히 교사들을 아이들이 선생님이라는 호칭 대신 별명으로 부른다. 예를 들어 '까마귀', '싱글벙글', '호랑이' 등이다. 공동육아 전체 교사가 100여 명이므로 약 100여 가지의 별명이 있다. 본문에 '까마귀'와 같은 낯선 주어가 나오면 별명으로 이해하기 바람.

새참 — 간식.

소근방 — 만 3,4세 방 이름.

소식지 — 각 어린이집의 소식을 담은 회보.

아마 — 아빠, 엄마의 줄임말. 어린이집에서 일일교사 역할을 함.

아이들 방 이름 — 당실방, 소근방, 도글방, 까꿍방 등이 있고, 이 밖에도 각 어린이집마다 개성 있는 방 이름이 있다.

이사회 — 조합형 공동육아 어린이집을 운영하기 위한 실행 기구.

일상 나들이 — 기상이변이 없는 한 매일 1,2시간씩 터전 밖에서 하는 활동.

자발적인 놀이 — 아이들이 스스로 만들어 내는 놀이.

조합 협의회 — 공동육아 어린이집의 조합 대표자들 모임.

조합비 — 터전 전세금을 충당하기 위해 조합원이 내는 분담금.

조합원 — 조합형 공동육아 어린이집에 출자금을 내고 아이를 보내는 부모.

총회 — 최고 의결기구.

터전 — 어린이집을 부를 때 사용.

품앗이 공동육아 — 전업 주부나 시간제 일을 하는 엄마들이 돌아가며 함께 아이들을 돌보는 육아 방식.

현장 교육 전문가 — 공동육아 현장에 대한 경험과 전문 지식을 가지고 나중에 설립된 어린이집의 교육과 운영을 지원하는 사람.

활동 — 교사가 의도적인 계획을 가지고 진행하는 놀이.

출처

자연과 공동육아 — 『녹색평론』, 1993년 7·8월호 ; **공동육아의 생명 교육** — 『녹색평론』, 1998년 11·12월호 ; **도전과 모험** — 산 어린이집 소식지, 「산들꽃」 5호(1997. 7.1), "모험과 도전의 나들이: 도글이들의 첫 원정"과 「산들꽃」 15호(1998.6), "모험과 도전의 나들이: 덩더쿵 아이들의 소래산 등반" ; **쓰레기로 텃밭 가꾸기** — 「공동육아」 28호, "이렇게 쓸 만한 걸 누가 버렸지!!!" ; **야간 산행** — 산 어린이집 소식지, 「산들꽃」 19호(1998.9.4), "야간 산행에서 각방 발표회까지" ; **겨울 바닷가** — 「재미난 아이들」, 1998년 3월호 ; **한겨울에 폐교에서** — 「함께 크는 우리 아이」(1998.3), "겨울 들살이" ; **개울 가는 길에 핀 우리 들꽃** — 「공동육아」 39호(1998.11), 40호(1998.12), 43호(1999.3), 44호(1999.4), 46호(1999.7·8).

 * 위의 글들을 수정, 보완하여 이 책에 실었습니다.

공동육아 협동조합 연락처

서울

개구리 어린이집 · 02-691-7338 · 157-019 · 서울시 강서구 화곡본동 105-135

꿈꾸는 어린이집 · 02-995-1802 · 142-090 · 서울시 강북구 우이동 154-9

날으는 어린이집 · 02-323-4796 · 121-210 · 서울시 마포구 서교동 477-7

소리나는 어린이집 · 02-358-7725 · 122-050 · 서울시 은평구 갈현동 494-12

우리 어린이집 · 02-324-0933 · 121-240 · 서울시 마포구 성산동 249-6

재미난 어린이집 · 02-442-0065 · 134-053 · 서울시 강동구 암사3동116-17 점마을13

즐거운 어린이집 · 02-458-0659 · 143-222 · 서울시 광진구 중곡2동 141-1

통통 어린이집 · 02-3391-2889 · 139-224 · 서울시 노원구 중계4동 171-5

함께크는 어린이집 · 02-3462-7599 · 137-140 · 서울시 서초구 우면동 28-7

고양 · 과천 · 부천 · 분당 · 의왕 · 인천 · 평택

도토리 어린이집 · 0344-973-3488 · 412-060 · 경기도 고양시 덕양구 도내동 799-1

야호! 어린이집 · 0344-917-4788 · 411-410 · 경기도 고양시 일산구 대화동 1087-2

열리는 어린이집 · 02-507-1798 · 427-060 · 경기도 과천시 과천동 364-3 단독101

튼튼 어린이집 · 02-507-5862 · 427-060 · 경기도 과천시 과천동(뒷골) 400-1

산 어린이집 · 032-345-9213 · 422-231 · 경기도 부천시 소사구 소사본1동 188-6

꾸러기 어린이집 · 0342-711-4858 · 463-010 · 경기도 성남시 분당구 정자동 228-5

두껍아두껍아뭐하니 어린이집 · 0342-708-9954 · 463-040 · 경기도 성남시 분당구
　율동 323-7

하늘땅 어린이집 · 0343-422-4633 · 437-082 · 경기도 의왕시 내손2동 705-9

해맑은 어린이집 · 032-546-2889 · 407-052 · 인천시 계양구 계산2동 933-6

느티나무 어린이집 · 0333-681-9650 · 451-870 · 경기도 평택시 오성면 양교리 598-1

대구

씩씩한 어린이집 · 053-755-6779 · 706-022 · 대구시 수성구 만천2동 1032-46

대전

친구랑 어린이집 · 042-824-0065 · 305-328 · 대전시 유성구 죽동 49-1

부산

도토리 친구들 어린이집 · 051-512-2122 · 609-340 · 부산시 금정구 남산동 483-8

씽씽 어린이집 · 051-865-5242 · 614-051 · 부산시 부산진구 양정1동 471-1

아이들세상 어린이집 · 051-515-6832 · 609-391 · 부산시 금정구 장전1동 275-15

쿵쿵 어린이집 · 051-342-2595 · 616-102 · 부산시 북구 덕천2동 303-31

원주

소꿉마당 어린이집 · 0371-766-6009 · 220-840 · 강원도 원주시 흥업면 흥업1리 107

충주

아이들세상 어린이집 · 0441-847-7934 · 380-080 · 충청북도 충주시 봉방동 87-17

▪ 방과후 학교

꿈꾸는 방과후 · 02-995-1802 · 134-024 · 서울시 강동구 천호4동 364-5

도토리 방과후 · 02-334-2346 · 121-240 · 서울시 마포구 성산동 249-6

산 방과후 · 032-345-9213 · 422-231 · 경기도 부천시 소사구 소사본1동 188-6

소리나는 방과후 · 02-358-7725 · 122-050 · 서울시 은평구 갈현동 494-12

(부산) 아이들세상 방과후 · 051-515-6832 · 609-391 · 부산시 금정구 장전1동 275-15

열리는 방과후 · 02-502-0677 · 427-040 · 경기도 과천시 별양동 1-4 상아빌딩 601호

재미난 방과후 · 02-428-0605 · 134-090 · 서울시 강동구 상일동 187 일반상가29

즐거운 방과후 · 02-458-0659 · 143-222 · 서울시 광진구 중곡2동 141-1

친구랑 방과후 · 042-862-5721 · 305-345 · 대전시 유성구 신성동 하늘A 111동 101호

튼튼 방과후 · 02-504-7643 · 427-120 · 경기도 과천시 갈현2동 22-9 마을회관 2층

풀잎새 방과후 · 02-323-0729 · 121-210 · 서울시 마포구 서교동 376-9 4층

하늘땅 방과후 · 0343-422-4633 · 437-082 · 경기도 의왕시 내손2동 705-9

함께크는 방과후 · 02-3462-7599 · 137-140 · 서울시 서초구 우면동 28-7

해맑은 방과후 · 032-546-2889 · 407-052 · 인천시 계양구 계산2동 933-6

▪ 저소득층 어린이를 위한 지역 공동체 학교

해송 어린이둥지공동체 · 02-762-9201 · 110-542 · 서울시 종로구 창신2동 626-36

(강동) 꿈나무학교 · 02-478-7220 · 134-024 · 서울시 강동구 암사2동 515-16

(송파) 꿈나무학교 · 016-268-2158 · 138-170 · 서울시 송파구 송파동 182

(성남) 꿈나무학교 · 0342-743-4416 · 462-152 · 경기도 성남시 중원구 은행2동 1822

공동육아 ❷

코뿔소~ 나들이 가자

초판 발행일 2000년 4월 20일
5 쇄 발행일 2011년 9월 6일
지은이 (사)공동육아연구원
펴낸이 유승희
펴낸곳 도서출판 또하나의문화
121-899 · 서울 마포구 와우산로 174-5 대재빌라 302
전화 (02)324-7486 팩스(02)323-2934
tomoon@tomoon.com http://www.tomoon.com
등록번호 제9-129호(1987.12.29)

ISBN 89-85635-41-7 03330

ⓒ (사)공동육아연구원, 2000

* 잘못된 책은 바꾸어 드립니다.
* 인지는 지은이와 협의하에 생략합니다.
* 책값은 표지에 있습니다.

새천년 어린이 선언

■ 어린이 운동의 나아갈 길

- 어린이가 평화로운 가정·평화로운 학교·평화로운 사회·평화로운 한반도·평화로운 지구촌에서 살 수 있게 합시다.
- 어린이들이 서로 친구가 되고, 자연과 친구가 되어, 이 세상을 모든 생명과 함께 새롭게 열어가게 합시다.
- 어린이들이 자유롭게 꿈을 꾸고, 그 꿈을 키워가며, 이를 실현할 수 있게 합시다.

■ 어른들께

- 어린이를 어른 마음대로 다스리려고 하지 말아 주세요.
- 어린이들을 어리거나 다르다고 차별하지 말아 주세요.
- 어린이들이 친구들과 함께 놀 수 있는 시간을 주세요.
- 어린이들이 생명을 존중하고, 자연 속에서 살 수 있게 해주세요.
- 어린이들을 때리거나 괴롭히지 말아 주세요.
- 어린이들이 풍부한 문화를 경험하게 해주세요.
- 불편한 어린이도 다니기 쉽게 해주세요.
- 남과 북의 어린이들이 건강하게 자랄 수 있도록 도와주세요
- 하루 빨리 통일을 이루어 남과 북의 어린이들이 친구가 되게 해주세요.

■ 어린 동무들에게

- 많이 웃고 많이 뛰어 놉시다.
- 모든 생명을 소중하게 여기고 자연을 가까이 합시다.
- 아끼고 살며, 여유 있는 마음을 어려운 친구와 나눕시다.
- 다른 사람을 놀리거나 따돌리지 맙시다.
- 좋은 책을 읽고, 아름답고 희망찬 꿈을 가집시다.
- 북녘 어린이를 친구로 여기고 사랑을 나눕시다.

우리들의 희망은 오직 한 가지 어린이들이 건강하고 바람직하게 자라는 데 있습니다. 다 같이 내일을 살리기 위해 다음 몇 가지를 실천합시다.

○ 어린이들은 평화·생명·꿈의 새 날을 만들어갈 사람들입니다.

어제의 경험으로 오늘을 억압하고 내일을 제한하지 맙시다. 어린이들은 어른들의 잣대로 보호하고

양육해야 하는 대상이 아니라 온전한 인격과 권리의 주체입니다. 어린이들의 권리를 존중하고, 그 의견을 귀담아 들읍시다. 어린이들이 만들어 가는 새로운 삶의 방식이 새 천년의 희망입니다.

○ 어린이들을 차별하지 마십시오.

어린이는 어떠한 차별도 받지 않고 태어나 행복하게 자라나야 합니다. 특히 성별, 외모, 장애, 출생지, 국적, 민족, 인종, 언어, 종교, 그리고 부모의 재산과 지위에 따른 차별이 없어야 합니다.

○ 어린이들은 또래들과 함께 자라야 합니다.

어린이들이 경쟁 속에서 시들어가고 서로를 미워하지 않게 합시다. 어린이들이 어려운 이웃과 작은 것부터 서로 나누면서 살 수 있도록 합시다. 가정, 학교, 지역 사회에 어린이들이 함께 놀고 쉬면서 생활할 수 있는 시간과 공간을 마련합시다.

○ 어린이들은 생명이 가득한 자연 속에서 살아야 합니다.

어린이들은 자연 속에서 마음껏 숨을 쉽니다. 어린이들을 방이나 교실에만 가둬두지 말고, 햇볕·바람·물·흙을 넉넉하게 누리면서 모든 생명들과 함께 삶의 즐거움을 느낄 수 있도록 합시다. 어린이들이 모든 생명을 귀하게 여기며 살아갈 수 있도록 해야 합니다.

○ 어린이들을 때리거나 괴롭히지 맙시다.

어린이들을 윽박지르거나 때려서 길들여서는 안 됩니다. 또 어른의 욕심을 채우기 위해 어린이들을 이용하거나 괴롭혀서는 안 됩니다. 어린이를 학대하는 모든 행위를 없애기 위해 힘씁시다.

○ 어린이들이 바람직한 문화 활동을 즐겨야 합니다.

어린이 마음을 거칠게 하는 장난감, 볼거리, 읽을 거리를 멀리 치워 버립시다. 대신 꿈을 키울 수 있는 좋은 책, 비디오, 영화, 연극, 예술을 마음껏 만날 수 있는 환경을 만들어 줍시다. 어린이들은 전통 문화와 지구촌의 다양한 문화를 체험하여 새로운 인류 공동체 문명의 창조자가 되어야 합니다.

○ 남과 북의 어린이들이 함께 어깨동무하고 놀게 합시다.

굶주린 어린이는 먹여야 하고, 병든 어린이는 치료받아야 합니다. 남북의 모든 어린이들 몸과 마음이 건강하게 자라야 합니다. 남북의 어린이들이 서로를 이해하고 친구가 되도록 합시다.

희망을 위하여
내일을 위하여
모든 어린이가 잘 자라나야 합니다.

※ 소파 방정환 선생의 탄신 100주기를 기념하여 1923년 5월 1일 첫 어린이날에 선포된 "어린이 선언문"과 "어린이 헌장"(1957년, 1988년), "어린이 다짐"(1972년), "유엔 어린이·청소년 권리 조약"(1989년)을 참고하여 1999년 5월 1일, 공동육아연구원과 어린이 도서연구회, 남북 어린이 어깨동무가 21세기를 살아갈 우리 어린이들을 위해 공동으로 마련한 선언문이다.